A n n e l i e   K e i l

Dem Leben begegnen

Annelie Keil

Dem Leben begegnen

Vom biologischen Überraschungsei zur eigenen Biografie

ARISTON

Bibliografische Information der Deutschen Bibliothek

Die Deutsche Bibliothek verzeichnet diese Publikation
in der Deutschen Nationalbibliografie; detaillierte bibliografische Daten
sind im Internet unter http://dnb.ddb.de abrufbar.

Textredaktion: Vera Baschlakow, Berlin
Umschlaggestaltung: Weiss / Zembsch / Partner: Werkstatt/München
unter Verwendung eines Fotos von Gia Hupperschwiller, Berlin
Produktion: Robert Gigler
Satz: EDV-Fotosatz Huber/Verlagsservice G. Pfeifer, Germering
Druck und Bindung: GGP Media GmbH, Pößneck
Printed in Germany

ISBN-10: 3-7205-2851-0
ISBN-13: 978-3-7205-2851-1

Inhalt

Wer träumt, hat mehr vom Leben
Eine Einladung

Es interessiert mich nicht, womit du deinen Lebensunterhalt
verdienst.
Ich möchte wissen, wonach du innerlich schreist
und ob du zu träumen wagst, der Sehnsucht deines Herzens
zu begegnen.

Es interessiert mich nicht, wie alt du bist.
Ich will wissen, ob du es riskierst, wie ein Narr auszusehen,
um deiner Liebe willen, um deiner Träume willen
und für das Abenteuer des Lebendigseins.

Es interessiert mich nicht, welche Planeten im Quadrat zu
deinem Mond stehen.
Ich will wissen, ob du den tiefsten Punkt deines eigenen Leids
berührt hast,
ob du geöffnet worden bist von all dem Verrat,
oder ob du zusammengezogen und verschlossen bist
aus Angst vor weiterer Qual.
Ich will wissen, ob du mit dem Schmerz dasitzen kannst,
ohne zu versuchen, ihn zu verbergen oder zu mindern oder
ihn zu beseitigen.
Ich will wissen, ob du mit Freude dasitzen kannst,
ob du mit Wildheit tanzen und dich von der Ekstase erfüllen
lassen kannst,
von den Fingerspitzen bis zu den Zehenspitzen,
ohne dich zur Vorsicht zu gemahnen, zur Vernunft
und ohne die Grenzen des Menschseins zu bedenken.

Es interessiert mich nicht, ob die Geschichte, die du erzählst,
wahr ist.

Ich will wissen, ob du jemand enttäuschen kannst, um dir selbst
treu zu sein.
Ob du den Vorwurf des Verrats ertragen kannst
und nicht deine eigene Seele verrätst.
Ich will wissen, ob du vertrauensvoll sein kannst
und von daher vertrauenswürdig.
Ich will wissen, ob du mit dem Scheitern leben kannst
und trotzdem am Rande des Sees stehen bleibst
und zu dem Silber des Mondes rufst: »Ja!«

Es interessiert mich nicht zu erfahren, wo du lebst und wie viel
Geld du hast.
Ich will wissen, ob du in der Mitte des Feuers stehen wirst
und nicht zurückschreckst.

Es interessiert mich nicht, wo oder was oder mit wem du gelernt hast.
Ich will wissen, was dich von innen hält, wenn sonst alles wegfällt.

Oriah Mountain Dreamer,
indianischer Stammesältester

Träumen kann jeder Mensch. Von seinem eigenen Leben, dem in einer besseren Welt oder nach dem Tod. Vom Leben allein, vom Familienleben oder von einem Arbeitsleben mit sinnerfülltem Broterwerb für lebendige Menschen, die davon auch noch leben können. Damit hat der Mensch lebenslang zu tun. Träumen kann jeder. Vom guten Wetter, der großen Liebe, einem stressfreien Leben, von ewiger Gesundheit, pflegeleichten Kindern, sozialer Gerechtigkeit oder von den Sternen, die der Mensch vom Himmel holt, um sie an seine Liebsten zu verschenken.

Von einem Leben in Frieden und Freiheit für alle Menschen dieser Welt träumt es sich schon schwieriger. Es ist wichtig, für seine Träume einige Kämpfe durchzustehen. Nicht als Opfer, sondern als aufrechte Streiterin, als jemand, für den das Abenteuer des Lebens nicht als Reklame für eine Zigarettenmarke, sondern gerade bei den Menschen endet, die das Träumen aus vielen Gründen aufgegeben haben. Der Traum von einem

Leben, das zur großen Liebe und treuen Freundschaft des Menschen mit sich selbst und seinem Leben führt, ist niemals aussichtslos. Nur haben viele Menschen noch gar nicht gewagt, ihn zu träumen. Er gehört zu dem tiefen Geheimnis, das im Leben selbst verborgen und nur in der Begegnung mit ihm zu entdecken ist.

Träumen kann jeder. Vom Leben, das leben will, inmitten von Leben, das leben will, wie Albert Schweitzer den Willen zum Leben und das Lebensmotiv aller Lebewesen beschreibt. Um diesen Willen zum Leben und seinen Ursprung, von dem der Mensch mit seiner Geburt und mit seinem Leben Zeugnis ablegt, geht es in diesem Buch. Es geht um einen »göttlichen Funken«, der ein Leben lang Feuer entfachen kann, um die bewussten und unbewussten Tag- und Nachtträume, in denen Menschen die Möglichkeiten des Lebens entdecken und durchspielen, sich um ihre Verwirklichung bemühen und die Nichterfüllung ihrer Träume anzunehmen und auszuhalten versuchen.

Wer den Traum von einem Leben in eigener Hand verwirklichen will, muss sich auf den Weg vom kleinen Überraschungsei zur eigenen Biografie machen, sich mit sich selbst und seinem konkreten Leben anfreunden, um mit beiden durch dick und dünn zu gehen, wie es sich für gute Freunde und Freundinnen gehört. Der Träumer, der sich mit und in seinem Leben verwirklichen will, muss sich selbst überraschen und für jede andere Überraschung gut genug sein. Er nutzt die Pläne der Realität, die auf ihn zukommen und ihn abholen, und die Zufälle, die ihm andere Möglichkeiten zuspielen oder die verwirklichten Pläne wieder aus der Hand nehmen. »Träume knüpfen Zusammenhänge und lösen sie auf, formen Konstellationen und verwirren sie, bringen das Selbst auf eine Idee oder warnen es vor drohenden Gefahren.« (Wilhelm Schmid)

Dass sich die Erde doch bewegt und mit ihr die Bewohner des Planeten in Turbulenzen geraten, wird in der Begegnung mit dem Leben zur existenziellen Erfahrung! Die Vernunft des Lebens, das leben will, zieht Konsequenzen und ermutigt den Menschen, im menschlichen Maß inkonsequent zu sein. Sie hat eine Meinung und hofft, dass Menschen ihre Meinungen ändern, wenn andere Menschen dabei nicht zu Schaden kommen. Was die anderen denken, ist der lebendigen Vernunft gleichgültig, sie denken sich ohnehin, was sie wollen. Der Mensch ist kein logisches, sondern ein lebendiges, einzigartiges Beispiel des Lebens, dessen Lebensvernunft nicht bei der Frage endet, ob die Socken zur Krawatte passen, die Kinder, Kranken und alten Menschen satt, sauber und still sind oder wie er morgen noch die Meinung von gestern vertreten kann.

Wer träumt, hat mehr vom Leben. Er investiert, was in ihm steckt, arbeitet in den Nächten für den nächsten Tag. Lebensträume stehen nicht links oder rechts, sondern quer zum Leben. Sie sind die Hürden, die sich uns auf den routinierten Wegen durchs Leben entgegenstellen, und Wegweiser in ein unbekanntes Land. Die großen und die kleinen, die individuellen wie die kollektiven Träume warten auf Menschen, die sie verstehen lernen und verwirklichen wollen, die dem Leben mit ihren Ideen, Talenten und Ressourcen beispringen, um daraus ihr eigenes Leben zu gestalten. Sie warten auf Kinder und Menschen jeden Alters, auf Frauen und Männer, auf die Erfolgreichen und die Enttäuschten, auf die Kriegsführer und Friedensstifter in allen Bereichen des Lebens und vor allem auf die, die Leben entfalten, unterstützen und ihm dienen wollen, statt Leben mit einem Selbstbedienungsladen zu verwechseln.

Zu meinen persönlichen unerfüllten Wunschträumen gehört ein Schweigemarsch der politischen, wissenschaftlichen und auf andere Weise überheblichen Redner mit den Machtworten über das Leben der anderen, über das richtige und falsche Leben, über die Vaterlandsliebe, für die man sein Leben lassen soll, über die Erziehung und Bildung der Kinder, ohne deren soziale Hintergründe zu berücksichtigen, über die Leistungsstärke, die ohne Gefühle oder Wunden auskommt, über die wirtschaftlichen Sonnenseiten des Lebens, die dem Verschweigen der Schattenseiten ihr Strahlen verdanken. »Um Lebendes zu erforschen, muss man sich am Leben beteiligen.« (Viktor von Weizsäcker)

Als fragende und lernende Menschen müssen wir praktisch werden. Auch wenn wir mehr an unsere Modelle vom Leben als an das Leben selbst, mehr an die Menschenbilder als an den Menschen selbst, mehr an feste Gesellschaftsbilder als an gesellschaftlichen Wandel glauben, wissen wir längst, dass Politik, Wissenschaft und Erkenntnis nicht am Anfang des Lebens stehen, sondern hilfreich für die Unterstützung und Förderung von Lebensprozessen nur dann sind, wenn ihre Fragen mitten im Leben, das heißt in der Begegnung mit dem Leben anfangen. Was das biologische Überraschungsei auf der Reise zur eigenen Biografie trägt, schützt und vorantreibt, ist genau dieses Fragen mitten im Leben. Nur so kann der Mensch die ungeheure und umwälzende Kraft der Liebe, des Glaubens und Vertrauens wie der begründeten Hoffnung auf Zukunft erfahren und die Schmerzen aushalten lernen, die mit dem drohenden Verlust dieser jedem Menschen innewohnenden Kräfte verbunden sind. Damit dies kein unerfüllter Traum bleibt, dazu möchte dieses Buch auch beitragen.

Warum werden wir geboren? Wo kommen wir her? Wer sind wir? Wohin gehen wir? Was erwarten wir? Was erwartet uns? Diese Fragen bewegen und beunruhigen die Menschen, seit sie die Erde bevölkern, und ihr Wohlbefinden hängt maßgeblich davon ab, ob sie befriedigende Antworten darauf finden. Werden diese Fragen verdrängt oder bleiben sie gänzlich unbeantwortet, so legt sich ein dunkler Schatten auf die Seele, weil ihre »religiöse Urfunktion« (C. G. Jung) nicht befriedigt wird. Viele von uns fühlen sich über längere Zeiträume und manchmal bis zum Tod verwirrt. Manche Frage wird im Kein erstickt. Immer wieder schwankt der Boden, und oft wissen wir nicht, warum und von was. Nicht wenige ziehen ins Leben hinaus, um das Fürchten zu lernen. Ob und wie sie zurückkehren, kann man in ihren Biografien nachlesen. Aber eigentlich sollten wir ins Leben ausziehen, um das Lieben, Hoffen und Gestalten zu lernen, und der Lebensangst wie dem Fürchten mit diesen Kräften entgegentreten.

Wenn Kinder geboren werden, ist ihnen ein Wissen um die großen spirituellen Zusammenhänge selbstverständlich. Sie haben im Prozess des eigenen Werdens die Prinzipien der Schöpfung als Form nachhaltiger Koexistenz erfahren, neun Monate lang bedingungsloses Asyl erlebt. Deshalb wissen sie, dass es auch weiterhin im Leben um die Liebe, die Notwendigkeit von Beziehungsaufnahme und die Hoffnung auf Zukunft geht. Voller Vertrauen strecken sie die Hände nach den Menschen aus, die schon da sind, um den Traum zu erfüllen, der in dem Versprechen liegt, welches wir mit unserer Geburt erhalten. Kleine Menschen klagen die Verwirklichung des Traumes mit lautem Gebrüll ein und belohnen die, die ihn erfüllen, mit dem schönsten Lächeln der Welt. Kinder, die am Anfang ihres Lebens stehen, geben Antworten auf viele Lebensfragen, die Erwachsene später vergessen oder die sie umtreiben, ohne dass sie wirklich nach Antworten suchen. Sie unterbrechen als Fünfjährige ihr Spiel, um einen Baum zu umarmen, der das gerade braucht. Hätte der Vater die Umarmung Blödsinn genannt, hätte das Kind damit aufgehört und sich ein Stück von seinem Wissen verabschiedet, erzählt Andre Heller über seinen Sohn. Durch ihn hat er verstanden, was bedingungslose Liebe ist.

Träumen kann jeder. Erkennen auch. Das Leben ist der Erkenntnis immer voraus. Neugier und Erkenntnis sind Kinder der Freiheit, und Kinder sind der Inbegriff für die Befragung des Lebens. Sie befragen die Welt, um in ihr überleben zu können und im absoluten Vertrauen darauf, dass es Antworten gibt, weil sie einige schon kennen. »Man kann Gott zwar nicht sehen, aber man kann Gott in Träumen hören«, schreibt ein zehn Jahre altes Kind. Ein anderes erträumt sich sein eigenes Gottesbild: »Gott ist kein weiter Herrscher, sondern eine weitergebende Liebe.« Wenn Kinder eines dritten Schuljahres sich in Gedichte über die Stille hineinfühlen und ihre Seele die eigenen Bilder ertastet, dann berühren sie den Traum vom universalen Zusammenhang allen Lebens. Dann sind sie Leben, das sich mit allem verbunden weiß. Ihre Stille ist dann »wie der Mond, der am Himmel steht«, wie »das Knacken der Äste, die nicht vorhanden sind«, wie »das Brüllen der Löwen, wenn sie schlafen«, wie »ein Zirkus mit Spannung«, wie »das Rauschen der Blätter, wenn sie vom Baum fallen«, wie »ein Apfel, wenn er langsam reift«, wie »das Rascheln der Blätter, wenn die Schnecke sie überkriecht« oder wie »ein Stern, der die Nacht wieder sichtbar macht«. (Oberthür)

Träumen und erkennen kann jeder. Bedingungslos lieben auch. Aber der »göttliche Funke«, der die Liebe und den Wandel des Lebens als Zündstoff hat, darf nicht erlöschen. Um dem Leben bedingungslos zu begegnen, muss der Mensch immer wieder bereit sein, neue Erfahrungen unter immer neuen Umständen zu machen. »Wir warten, dass der Fels ein wenig wächst«, sagen die Zen-Mönche. Der Zen-Meister sagt: »Alles um uns herum verändert sich ständig. Jeden Tag bescheint die Sonne eine neue Welt. Was wir Routine nennen, steckt voller neuer Vorschläge und Möglichkeiten. Doch wir bemerken nicht, dass jeder Tag sich von allen bisherigen unterscheidet … Das Leben besteht aus großen und kleinen Wundern. Nichts ist langweilig, weil alles sich ständig verändert. Langeweile ist nicht Teil der Welt, sondern sie entsteht dadurch, wie wir die Welt ansehen.« (Paulo Coelho)

Manchmal werden die Antennen, durch die wir ein universelles Wissen vom Leben erhalten können, gekappt. Die Neugier verkümmert zum Strohfeuer eines Lernens für das, was gerade gebraucht wird. Aus der Traum. Spontane, eigenständige und kreative Begegnungen mit dem Leben werden abgesagt. Man denkt in Reih und Glied und wiederholt, was andere gedacht, gesagt und geschrieben haben. »Der Mensch gewöhnt sich an alles«, ist ein vernichtendes Urteil und die rote Karte für alle, die weiterträumen. »Hör auf zu träumen!« ist einer der typischen Notrufe, mit denen Erwachsene ihre eigenen und die Wünsche ihrer Kinder nach Begegnungen mit dem Leben bremsen und als Mauern zwischen sich und ihre Kinder stellen.

Träumen kann jeder. Träume sind Lebendigkeit. Beides stimmt mit dem Leben überein. Uns fehlt der Träumer, der wahre begeisterte Irre, der Einsame, der wirklich Verlassene, der einzige tatsächliche Rebell, schrieb der Schriftsteller Henry Miller vor etwa 60 Jahren, und wir könnten ergänzen, uns fehlen die Kinder, die auch nach der Geburt den Mut beibehalten, sich ihren Weg ins Leben selbst zu bahnen. Naiv wie ein Kind, aber weise wie ein alter Mann, fordert der über 80-jährige Arno Gruen mit dem Titel seines letzten Buches immer noch: »Ich will eine Welt ohne Krieg.« Träume können subversiver sein als politische Ideologien, wenn es um das Leben der Menschen geht. »Träume durchdringen die Mauern der Ignoranz und öffnen den Blick für das, was im Leben alles möglich wäre.« (Gruen)

Träumen macht vielen Erwachsenen und vor allem den Herrschenden der Welt Angst, denn es ist ein Denken, das die Grenzen überschreiten und die Begrenzungen durchbrechen will, hinter denen die Menschen Schutz vor Zweifel, Unsicherheit und eigener Verantwortung suchen. Gegen das Bollwerk der Pseudo-Wahrheiten der Erwachsenen, welches diese für den Ausdruck der Vernunft und eine realistische Einschätzung halten, schreibt der zehnjährige Christian seine Rede an die Menschheit:

> *»Hört mir zu, ihr Menschen!*
> *Wofür leben wir?, fragen sich viele Menschen, doch jeder lebt für den anderen. Ihr lebt für eure Kinder, für jedes andere Stückchen Hilfe. Alle, die leben, leben für etwas. Und alles zusammen sind die Menschheit. Der Krieg zerstört die Menschheit. Im Krieg lebt jeder für sich selbst und nicht für den anderen. Wenn das so weitergeht, gibt es bald keine Menschheit mehr. Wer will das schon?«* (Oberthür)

Und die gleichaltrige Anne ergänzt Christian und ermutigt in ihrer Rede an die Menschheit Arno Gruen:

»Findet Frieden zueinander, räumt den Krieg aus der Mitte. Es ist nicht gut, Menschen umbringen zu wollen, nur weil ihr sie hasst. Es ist besser, wenn Frieden herrscht und alle sich vertragen, so dass es das Wort Krieg nicht mehr gibt. Kehrt mit Besen den Krieg aus der Welt.« (Oberthür)

Träume im eigenen Leben wie im gemeinschaftlichen Zusammenleben verwirklichen zu lernen, dem Leben ohne Vorbehalte zu begegnen, sich selbst und die dem Leben zugrunde liegende »Biologie der Liebe« zu erkennen und den Gestaltungsprinzipien wie der inneren Weisheit des Lebendigen in der Schöpfung der eigenen Biografie zu folgen, ist das, wozu ich mit diesem Buch ermutigen will. Die Tatsache »Ich bin Leben, das leben will, inmitten von Leben, das leben will«, wie Albert Schweitzer schreibt, ist Sinn und zu erfüllender Auftrag der menschlichen Geburt. Dieser Gedanke hat mich auf den Weg gebracht. Schon als Kind im Waisenhaus, im Krieg, auf der Flucht, im Kampf um das tägliche Brot, später in der wissenschaftlichen, politischen und menschlichen Auseinandersetzung mit den ungeheuren Bedrohungen und Gefährdungen, die menschliches Leben im Einzelnen wie im Leben ganzer Völker erfährt, hat mich eine Art Ehrfurcht vor dem geheimnisvollen Willen zum Leben ergriffen, die mich bis heute fesselt, motiviert und trägt. Diese Ehrfurcht hat mich staunend, suchend, hoffend und auch demütig gemacht. Sie hat mich das neugierige Fragen in glücklichen wie in Zeiten der Resignation und Verzweiflung gelehrt, hat mich wissender gemacht auch in dem, was ich nicht weiß und worin ich mich getäuscht habe.

Dem Leben begegnen heißt wesentlich, Menschen zu begegnen. Das gilt auch für den Prozess des Schreibens. Wir denken, fühlen und handeln immer in eine Welt hinein, in der schon andere ihre Spuren hinterlassen haben, und manche werden uns zu wichtigen geistigen Weggefährten und Lebensbegleiterinnen. Diejenigen Menschen, die im Denken, Fühlen und Handeln die Grenzen überschreiten, mit denen sich das Vorhandende gegen die Hoffnung auf Veränderung sperrt, und zur Tat schreiten, fühlen den Willen zum Leben in sich und anderen. An ihnen habe ich mich orientiert. Mit zwölf Jahren ließ ich mich gegen den Willen meiner Mutter taufen, weil ich in dem Theologen, Arzt und in Afrika praktizierenden Christen Albert Schweitzer meinen Jugendhelden fand, der mir als Erster die Gewissheit gab, dass die Menschheit nicht zugrunde gehen wird, wenn wir Menschen uns entschließen, uns einem Denken zu öffnen, das auch das Herz öffnet.. Seine einfach zu verstehende und doch so umfassende »Ethik der Hingebung an das Leben aus Ehrfurcht vor dem Leben«, hat mich immer wieder herausgefordert. Diese Grundhaltung nötigt den Menschen, allem Willen zum Leben die gleiche Ehrfurcht vor dem Leben entgegenzubringen wie dem eigenen. Jeder einzelne Mensch braucht einen festen Lebenswillen, an dem er wie an einem Wanderstab Unterstützung findet. Wir können ahnen, was es bedeutet, wenn dieser Wille schon in frühen Tagen gebrochen wird, weil man einem Kind den Willen der Erwachsenen aufzwingt, ohne dass es den eigenen Willen zum Leben entwickeln kann. Der Mensch, der sein Leben wirklich will, das ihm als offener Traum im nackten Zustand geschenkt wurde, muss diesen Willen in der Hingabe und der damit verbundenen Verantwortung in seinem konkreten Leben üben. Das »Ja« zur Welt geht deshalb immer auch kritisch mit dem »Nein« zur Welt Hand in Hand, wenn diese nicht die Bedingungen schafft, unter denen sich Leben für alle Menschen entfalten kann. Für Schweitzer ist die Hingebung an das Leben als Erscheinung eines innerlichen, geistigen, seelischen, sozialen und spirituellen Verhältnisses zur Welt zu begreifen, das nicht abstrakt ist, sondern konsequent auf Verwirklichung drängt. Nur wer sich mit dem Leben verabredet, kann entdecken, welche Dimensionen sich öffnen und welche Erfahrungen es ermöglicht.

Später konnte ich bei dem Philosophen Ernst Bloch in seinem Werk »Das Prinzip Hoffnung« lesen, dass es darauf ankommt, das Hoffen zu lernen, weil die Hoffnung keine Arbeit scheut, sondern ins Gelingen statt ins Scheitern verliebt ist. Für ihn war das Hoffen ein Affekt, der aus sich herausgeht, die Menschen weit macht, statt sie zu verengen, und sich ständig nach Bündnispartnern umsieht. Die Arbeit dieses Affekts verlangt Menschen, die sich ins Leben hineinbegeben und tätig werden. »Hoffnung erträgt kein Hundeleben« (Bloch), richtet sich gegen die Urheber der Lebensangst und sucht in der Welt selber, was der Welt hilft, weil es nur da zu finden ist.

Zu den »guten Geistern«, die mich nicht verlassen und auf meinem Weg der Fragen an das Leben begleitet haben, gehört auch der Arzt, Psychoanalytiker und Lebensforscher Wilhelm Reich, der mich seit mehr als vierzig Jahren und bis heute mit seinen Forschungen zur Lebensenergie und seiner praktischen Arbeit als Arzt, Psychotherapeut und politisch engagierter Bürger sehr beeindruckt. In seinem letzten Buch »Christusmord«, das er den noch ungeborenen Kindern der Zukunft widmet, wählt er den Leidensweg Christi als Metapher für die wahre Geschichte der menschlichen Tragödie, in deren Zentrum er die Verfolgung und die sich wiederholende Tötung des Lebendigen sieht. Verzweifelt steht er gegen die »emotionale Pest« des Menschen auf, der gut getarnt, träge und gewissermaßen sitzend den Problemen des lebendigen Lebens auszuweichen und sich auf diese Weise dem Schöpfungsauftrag zu entziehen sucht. Tröstend war für Reich allein die Tatsache, dass jedes neugeborene Kind mit dem Wunsch, leben zu wollen, auf die Welt kommt, und alle menschlichen Entwicklungsmöglichkeiten als Potenzial und Ausstattung mitbringt, so dass es irgendwann in der Lage sein kann, der Verfolgung des Lebendigen entgegenzutreten. So umstritten Reichs Deutung der Gestalt Christi sein mag, seine Fragen sind immer noch aktuell und treffen das Wesentliche, wobei unsere Antworten bis heute nach wie vor unzureichend sind. Die Menschen werden gleich geboren, aber sie entwickeln sich nicht gleich. Sie bringen große Lehren hervor, aber nutzen sie eher zur Unterdrückung als zur Befreiung ihrer Mitmenschen. Um im Kampf mit der Natur zu bestehen, hat die Menschheit viele Denksysteme entworfen, aber die schöpferische Natur ist ihr durch die Finger geglitten. Der frei geborene Mensch liegt in Ketten. Die Menschheit ist den kleinsten Spuren von Hoffnung und Erkenntnis verbissen hinterhergelaufen, hat abweichende Meinungen und vermeintliche Irrlehren verfolgt, aber Geist und Körper in ein und demselben Organismus sind im Denken der Menschen noch immer voneinander getrennt. Der Mensch verweigert sich der Selbsterkenntnis und läuft wie in einem Käfig im Kreis umher und findet den Ausgang nicht. Warum bleibt ihm der Ausgang in die Freiheit und den unendlichen Raum der Schöpfung verborgen? Warum weicht der Mensch dem Wesentlichen aus? »Das Philosophieren über den Sinn des Lebens nützt nichts, solange wir nicht wissen, was das Leben ist«, fasst Reich seine Argumente zusammen. »Die Gesellschaftskrise, in der wir uns befinden, ist im Grunde eine Folge der Unfähigkeit der Menschen ganz allgemein, über ihr eigenes Leben zu bestimmen.« Nicht das Leben ist das Rätsel, sondern rätselhaft bleibt, wie das Wesen des Lebens so lange verborgen bleiben konnte. Reichs Hoffnung hat mich an die Hand genommen.

> Liebe, Arbeit und Wissen
> sind die Quellen unseres Lebens.
> Sie sollten es auch beherrschen.
> (Wilhelm Reich)

Die Zeiten der Menschlichkeit waren und sind immer wieder finster, schrieb eine weitere Wegbegleiterin, nämlich Hannah Arendt, in ihrem Buch »Menschen in finsterer Zeit«. Aber gerade wenn die Zeiten am dunkelsten sind, geht die Erhellung, auf die wir hoffen, weniger von Theorien und Begriffen aus als von jenem unsicheren, flackernden und oft schwachen Licht, »welches einige Männer und Frauen unter beinahe allen Umständen in ihrem Leben und ihren Werken anzünden und über der ihnen auf der Erde gegebenen Lebenszeit leuchten lassen«. (Hannah Arendt)

Wilhelm Reich ist für seine Lebensforschung verlacht, verfolgt, ausgeschlossen und am Ende in den USA zu einer Gefängnisstrafe ohne Bewährung verurteilt worden, weil er sich weigerte, vor Gericht zu erscheinen, um dort seine Forschungen zur Geschichte und Entdeckung der Lebensenergie und ihrer therapeutischen Bedeutung zu verteidigen. Er verstarb 1957 im Gefängnis und verfügte testamentarisch, dass für 50 Jahre niemand einen Zugriff auf seine Forschungsergebnisse und Erkenntnisse haben sollte, um dann hoffentlich freier über die Prinzipien des Lebendigen diskutieren zu können.

Nichts, was in den Jahrhunderten und Jahrtausenden zum Auftrag wie zum Recht, ein Mensch zu sein, gesagt und gelebt wurde, entbindet uns von der Aufgabe, das alles von Neuem gemacht und von Neuem erfunden werden muss. »Mit jeder Geburt tritt, weil jeder Mensch einzig ist, der erste Mensch in die Welt«, heißt es bei Martin Buber. Unser eigenes Leben und unsere Möglichkeit, ein Mensch mit aufrechtem Gang zu werden, werden von unzähligen Kräften gelenkt. Wir müssen uns entschließen, denkende und liebende, achtsame und immer wieder auch mutige Menschen zu werden. Die uralte Aufgabe bleibt als Vision einer menschlichen Zukunft bestehen. Wir müssen uns vom Leben berühren lassen und seinen Sinn verstehen lernen. Es gibt etwas zu tun, denn die menschliche Zukunft ist in diesem Augenblick auch unsere eigene. Dieses Buch möchte zum Leben anstiften.

1. Kapitel

Leben weist über sich hinaus – auf die Freiheit und Vielfalt, die in der Schöpfung liegt

Freiheit ist die eigene Entfaltung
auf das Andere zu,
dem wir in Wesen, Dingen, Vorgängen begegnen.
Selbst wo sie gegen uns auftreten,
begegnen wir durch sie auch uns selbst.
Dieser Weg der Erfüllung führt uns durch alles,
was ihn uns, innen wie außen, verstellt.
Der Weg der Begegnungen
durch die Verstellungen hindurch
heißt Existenz.
Was wir sein können,
werden wir durch unsere Beziehungen zum Anderen.

(Rudolf zur Lippe)

Das Beste gibt es umsonst

Existenz ist ein Weg der Begegnungen. Die Begegnung mit dem Leben um uns herum schenkt uns die Freiheit zur Selbstentfaltung. Sie ist Weg und Ziel zugleich. Wir kennen den Preis nicht, den es kostet, ein selbstbestimmtes Leben zu führen, aber wir sollten keine Kosten scheuen, weil wir kein zweites in der Tasche haben. Leben wird auf den Märkten der Welt zu Schleuderpreisen angeboten, als Ersatzleben feilgeboten, ist zum Schnäppchen in Billigläden verkommen. Eher vom anderen weg als auf ihn zu, wie Rudolf zur Lippe einfordert, sind professionelle Entwicklungsstrategen aller Art mit pädagogischen, medizinischen oder religiösen Konzepten vom richtigen Leben unterwegs, die uns die Unkosten eines eigenständigen Lebens ersparen wollen.

Von Geburt an wollen alle nur das Beste für uns, und sie denken gar nicht daran, uns zu fragen. Der Staat macht auf Zigarettenschachteln für die Endlichkeit Reklame. Wer nicht glaubt, wird auch nicht selig, sondern endet in den verschiedenen »heiligen Kriegen«, die allemal mit dem Tod enden. Die Anmahnung eines bewussten und erfüllten Lebens in der Anwesenheit der anderen, die mit uns leben, ist in den politischen und wissenschaftlichen Programmen um die Zukunft der Gesundheit auf die Länge eines Zigarettenfilters reduziert, der die schlimmsten Schadstoffe abhalten soll.

Wir sollten uns nicht irritieren lassen. Leben ist ein Geschenk, das man weder kaufen noch verkaufen kann. Das Beste also gibt es umsonst. Man muss dem Leben begegnen, um neugierig zu entdecken, zu erleben, zu erfahren und zu erkennen, welche Reichtümer es bietet. Auch wenn man das Geschenk des Lebens im Augenblick der Geburt anscheinend gezwungenermaßen annehmen muss, fallen bereits im nächsten Augenblick die ersten Entscheidungen an: Der kleine Mensch kann schreien oder nicht, die Augen aufmachen oder schließen, wach sein oder schlafen. Die menschliche Freiheit liegt in der Entscheidung zur eigenen Entfaltung auf das andere zu, das uns hilft, zu leben. Leben wie der lebendige Mensch selbst bleiben auf ihre Weise ein offenes Geheimnis und geben dem einzelnen Individuum ein biografisches Rätsel auf, das er auf seiner Lebensreise lösen muss. Das Geschenk des Lebens muss deshalb täglich und lebenslang wieder ausgepackt werden, damit wir es anpacken können. Es braucht Entscheidungen und das wachsende, Einsicht gewinnende Vertrauen, dass es nicht irgendein, sondern ein »kosmisches« Geschenk ist, ein Stück vom Ganzen, aus der Geschichte der Schöpfung stammend, jenem Ineinander von Makrokosmos und Mikrokosmos, wo das eine die Existenz des anderen wechselseitig bedingt. Der Mensch, das Tier, die Pflanze, ihre Gemeinschaften wie die Menschengemeinschaft existieren nur als Einzelerscheinung des kosmischen Ganzen, wobei das kosmische Ganze aber ohne uns auch nicht auskommt, denn nur auf diese Weise kann es verdeutlichen, dass die »Schöpfung unerschöpflich ist«. In der Begegnung mit dem Leben trifft der Mensch ständig auf Verwandtschaften und dadurch auch auf sich selbst.

Leben ist Wandel und unterwegs sein. Es befindet sich immer im Übergang, organisiert sich in Übergängen, verabschiedet sich vom vergangenen Atemzug, um sich im nächsten fortzusetzen. Mit jedem Vorgang von der Tiefe des biologischen Ursprungs bis hin zum sichtbaren Hervortreten in einem geschichtlichen Ausdruck, wie wir es in der embryonalen Entwicklung beobachten können, weist Leben über sich hinaus, ist Schrittfolge und verdankt sich den Beziehungen, die den nächsten Schritt ermöglichten und unterstützten. In jedem Übergang ist die Geschichte anwesend, die zu diesem Organismus, zu jener Pflanzengemeinschaft in der Natur oder zu diesem spezifischen menschlichen Wesen geführt hat. Jede Nase, jedes Auge, jeder Arm, jedes Herz, jede Lunge, jede Liebe und jeder Gedanke verdanken sich in ihrer Entstehungsgeschichte Entwicklungsvorgängen, die sich als Übergänge in einem größeren Zusammenhang erweisen.

In jedem Augenblick des Lebens sind die Übergänge und Wandlungen mit angelegt. Leben lebt von der Überraschung, die in der Ungewissheit und Offenheit seiner Zukunft liegt. Es verrät dem Menschen nicht ohne weiteres, was in ihm und seinem Leben steckt. Um das Geheimnis des eigenen Lebens zu lüften, braucht es Zeit, Geduld und Fantasie. Die Lösung des Rätsels ist nicht einfach. Oft geht die Rechnung mit den eigenen Plänen vom Leben nicht auf. Manchmal möchte der Mensch das Glück des Lebens in vollen Zügen genießen und alles auf einmal in Besitz nehmen. Wenn ihm das, was unter der Verpackung des Geschenks erscheint, nicht gefällt oder Angst einflößt, möchte er das Geschenk des Lebens am liebsten gleich wieder einpacken, weiterverschenken oder irgendwo in sich selbst verstecken und verdrängen, wenn er sich einem Lebensereignis oder einer schwierigen Entwicklungsaufgabe nicht stellen will oder kann. So bleibt das Geschenk des Lebens manchmal unausgepackt eine Weile liegen, wird ein anderes Mal mit Samt und Seide erneut verpackt oder gar mit Stacheldraht umwickelt, um es vor fremdem Zugriff zu schützen.

Das Geschenk des Lebens enthält die Wirklichkeit, in die wir hineingeboren werden, aber es sagt dem Beschenkten noch nichts über die folgenreiche Bedeutung und die Möglichkeiten, die in dieser Lebenswirklichkeit stecken. Das muss der Mensch selbst herausfinden. Kleine Kinder, die sich von Geburt an mit ihren Hoffnungen, Erwartungen und Wünschen ins unbekannte Leben hineinträumen und dabei konkret erfahren, dass die Zukunft unsicher und offen ist, werden sehr bald mit jenem typischen Satz konfrontiert, der sie zur Anpassung erziehen soll: »Hört auf zu träumen!«

So schön das Geschenk des Lebens auch ist, so fürchten doch die meisten Menschen seinen Überraschungscharakter und wollen es lieber unter Kontrolle haben. Träumen bedeutet, dem Geschenk des Lebens offen zu begegnen, auch wenn vieles festgelegt erscheint. Träumen ermöglicht es, sich von den Begrenzungen und Einschränkungen des Alltags frei zu machen, von den Vorschriften und den Ordnungen, die dem Denken, Fühlen und Handeln Grenzen setzen. Es schafft Raum für Lebendigkeit. Wir können Grenzen überschreiten und unseren Blick gleichzeitig für das öffnen, was im Leben sonst noch möglich wäre. Viele erwachsene Menschen scheuen diese offen hoffende, manchmal kindlich vertrauende Begegnung mit dem Leben und mauern sich in einem Bollwerk aus Lebensansichten, negativen Erfahrungen und Pseudo-Weisheiten ein. Eine solche Festung vermittelt ihnen das Gefühl von Kraft und bietet Schutz vor Zweifeln und Unsicherheiten.

Das Leben selbst ist aber kein vorgegebener Plan, den man bei der Geburt aus der Tasche holen könnte, um ihn zu verfolgen, sondern eine Idee, die jeder Mensch täglich auf seine eigene Weise in die Tat umsetzen muss. Jeder neue Atemzug, jeder Herzschlag, der nächste Schritt, der orientierende Blick in die Zukunft oder der verlorene Blick in die Leere der Vergangenheit, der erste wie der letzte Bissen eines Menschen sind Ausdruck dieser großartigen Idee, die eigene Wirklichkeit zu erschaffen und sich selber zu erfinden. Das Geschenk des nackten Lebens und seine Annahme im Augenblick der Geburt ist Voraussetzung dafür, aus der allgemeinen Idee des Lebens eine sinnvolle und kreative Idee für das eigene zu entwickeln.

Wenn wir im Verlauf des Lebens von Zeit zu Zeit aus der durchaus hilfreichen Alltagsroutine heraustreten und das Geschenk des Lebens erneut in die Hand nehmen und die Verpackung lösen, die es umhüllt, machen wir die unterschiedlichsten Erfahrungen. Vielleicht entdecken wir plötzlich etwas, mit dem wir nicht mehr oder noch nicht gerechnet haben. Manchmal glänzt und leuchtet etwas im Leben auf, ohne dass wir die Lichtquelle erkennen können. Ein anderes Mal konfrontiert uns der tiefere Einblick in unser Leben erneut mit einer unerledigten Aufgabe, die wir so schnell wie möglich abschieben möchten. Immer wieder entschwindet uns im Lauf der Jahre die übergreifende Idee der Freiheit und des ständigen Wandels, die im Auftrag unseres Lebens steckt, weil wir sie mit Lebensplänen zuschütten, die uns ein Leben auf der sicheren Seite zu garantieren scheinen, anstatt uns mit dem lebendigen Glück einer gelungenen Veränderung zu konfrontieren. »Wir sind genau in dem Maße glücklich, in dem wir uns zu vergessen wissen«, heißt es bei Secretan. Sicherheit ist der Tod alles Lebendigen.

Leben kann man nicht kaufen, obwohl uns vieles im Leben, was wir kaufen können, wichtiger erscheint als das Leben selbst. Auch das Glitzern des Wassers kann man nicht kaufen, selbst wenn man als Eigentümer den See besitzt, auf dem die Lichtstrahlen in vielen Formen erscheinen. Das Glitzern und die Strahlen sind umsonst, kosten uns nichts außer Aufmerksamkeit. Es ist etwas Zusätzliches, für das es keinen Preis gibt. Das Beste gibt es umsonst, aber man kann es nicht besitzen. Das

Glitzern kommt und geht, Sonne und Mond gehen auf und wieder unter, Tag und Nacht geben sich ständig zum Wechsel die Hand, jede neue Stunde löst die vorhergehende auf. Im glücklich erlebten Staunen setzt sich das Bild des glitzernden Wassers, der aufgehenden Sonne oder des klaren Sternenhimmels einer Mondnacht, aber auch das Strahlen eines gelungenen Gesprächs oder das Glitzern der Begegnung mit einem geliebten Menschen in unserer Seele fort und versetzt diese in eine Stimmung, die noch lange nachklingt. »Nicht was wir erleben, sondern wie wir empfinden, macht unser Schicksal aus.« (Marie von Ebner-Eschenbach) Wir waren zum richtigen Zeitpunkt zur Stelle und vor allem bereit, zu empfinden und uns beglücken zu lassen. Nur mühsam können wir den Nachklang eines solchen Erlebnisses als Erinnerungsinsel halten, wenn uns ein dunkler Gedanke des Zweifels oder das Gefühl des Misstrauens das glückliche Staunen nimmt, die Seele sich verschließt und wir gerade dabei sind, die Schattenseiten des Lebens zu bilanzieren. Auch die Liebe oder die Weisheit kann man nicht kaufen, selbst wenn die Liebenden oder Gurus käuflich sind.

Unser Leben ist das, wozu unsere Gedanken, Gefühle und Handlungen es machen. Nur in uns selbst können wir ihre Irrtümer, Zweifel, Verwirrungen und Untaten überwinden, wenn wir ein anderes Leben mit uns erleben wollen.

Leben unterliegt dem Gesetz der Vergänglichkeit und des Wandels. Wer die damit verbundenen Veränderungen nicht annimmt, kommt aus der Balance und wird dies als Disharmonie und Stagnation spüren. Was immer wir erfahren, erleben, denken und fühlen bleibt nicht so. Wandel ist die Melodie der Harmonie, ein ewiger Rhythmus. Nur wenn wir uns nicht gegen diese Vergänglichkeit auflehnen, erkennen wir die Wirklichkeit des ständigen Wandels an. Nur so spüren wir auch die ungeheure Potenzialität der menschlichen Existenz, die zur Übung des nächsten Schrittes und zur Akzeptanz dessen, was sich verändern muss, drängt und ermutigt. So wie die Vögel sich zur Nacht in den Bäumen versammeln und am Morgen auffliegen, um sich dem nächsten Tag zuzuwenden, so müssen wir von der nächsten Minute, Stunde oder dem nächsten Jahr unseres Lebens guten Gebrauch machen. Die Vergänglichkeit des Lebens in all seinen Erscheinungen ist weder deprimierend noch verlockend, sondern ganz einfach eine Tatsache, die Glück und Unglück, Hoffnung und Verzweiflung, Aufbruch und Abschied bedeuten kann. Sie fordert den Menschen auf, gegenwärtig zu sein, das Glück wie das Leid hier und jetzt zu genießen oder zu ertragen. Wenn wir das Glück oder das Leid von heute zu dem von gestern packen und uns das Leid von morgen schon heute auf die Schultern laden, werden wir in der Gegenwart kaum lernen, mit beiden umzugehen. Die konkrete Herausforderung, die in dieser Tatsache liegt, stellt sich im eigenen Leben, dessen unbekannte Zukunft mit den Erfahrungen aus der Vergangenheit um den nächsten Schritt in der Gegenwart verhandelt.

Das Geschenk des Lebens ist zwar umsonst, aber dennoch kein billiges Schnäppchen. Leben fordert uns auf eine unbekannte Zukunft heraus. Es ist Aufruf und Auftrag zugleich und nicht identisch mit den vielen Ersatzleben, die die Supermärkte für Lebensversprechen zum Kauf und zur Ersatzbefriedigung anbieten. Wir können unser eigenes Leben nicht bei einem anderen Menschen abschreiben oder von ihm kopieren. Vielmehr ist Leben eine Art Samen oder Keim, der im Menschen aufgehen muss, um darstellen zu können, was dieses Leben bezogen auf ein einzelnes Lebewesen meint. Leben ist und bleibt eine unbekannte Größe und wartet in der Begegnung mit Überraschungen und Geheimnissen auf, die gelüftet und erkannt werden wollen. Der Mensch muss sein Leben und sich selbst verstehen und würdigen lernen, um zu erkennen, welche Bedeutung er ihm und damit sich selbst einräumen will. Nur wenn er das Geschenk des Lebens schrittweise und durch alle Lebensphasen hindurch vorsichtig auspackt und beobachtet, kann er erfahren, welche unterschiedlichen Möglichkeiten er als Kind, Jugendlicher, Erwachsener oder alter Mensch, als Frau, Mann oder als Angehöriger einer sozialen Schicht mit diesem spezifischen Geschenk in Händen hält.

Leben als solches muss man nicht suchen. Konkret wirkt Leben als Ausdruck des Lebendigen in allem um uns herum: in uns, in unserem Körper und unseren Sinnen, vor unserer Nase, klar sichtbar in jedem Tier, in jeder Pflanze, in jeder Welle des Meeres, die im Rhythmus von Ebbe und Flut eine Spur im Sand hinterlässt, um sie mit der nächsten Welle wieder zu verändern. Wir fragen in der Begegnung mit unserem Leben zu wenig, wie es lebt und all seine Ausdrucksformen, Färbungen und Stimmen einsetzt, um sich in uns und in der Welt zu Wort zu melden. Was wir brauchen ist mehr Achtsamkeit und die Bereitschaft, uns vom Leben finden zu lassen, während wir es erfinden. »Wer fühlt, was er sieht, gibt, was er kann«, hieß es auf einem Plakat, das die menschliche Not eines Obdachlosen darstellte. Und genau darum geht es. Sehen lernen, was sichtbar ist, fühlen, was gesehen wurde. Riechen, was duftet. Tasten, was auf Berührung wartet, und begreifen, wie es sich anfühlt. Schmecken, was auf der Zunge zergehen will und das auszusprechen, was längst auf ein offenes Wort wartet. »Beschneide du deinen Buchsbaum, wie du willst, und pflanze deine Blumen nach dir verständlichen Schattierungen, aber beurteile nicht den Garten der Natur nach deinem Blumengärtchen.« (Lichtenberg)

Der Mensch selbst ist Teil eines Zusammenhangs, in dem er seine Blumen und die anderen Menschen ihre Blumen pflanzen. »Schöpfung sagt, dass alle Wesen und Vorgänge und Dinge eine gemeinsame Geschichte haben«, schreibt Rudolf zur Lippe und verweist auf die Schöpfungsgemeinschaft, die etwas anderes ist als die gesellschaftliche Umwelt und auch nicht unbedingt die Schöpfungsgeschichte des Alten Testaments. Es geht um eine Gemeinschaft, die aus Beziehungen hervorgegangen ist, deren Ordnung auf Leben und Unterstützung des Lebens angelegt ist und die von dem Wissen getragen ist, dass wir in jedem Wesen und letztlich in jeder Erscheinung der Welt auf deren besondere Weise auch dem Ganzen der Welt begegnen.

Der Mensch ist bedürftig und Leben braucht Hilfe

Als Lebewesen ist der Mensch bedürftig und zum Stoffwechsel mit der Welt und dem Kosmos gezwungen. Auf allen Ebenen seiner menschlichen Existenz muss er mit jedem Atemzug seinen Horizont erweitern, das heißt seine Person im engeren Sinn überschreiten, um überleben zu können: körperlich, seelisch, geistig, sozial und spirituell. Nur auf sich gestellt könnte der Mensch sich nicht ernähren, in der Krankheit auf Hilfe hoffen, ohne Gegenüber läuft seine Liebe ins Leere. Er müsste nicht sprechen lernen, wenn niemand ihn verstehen oder hören würde. Um unsere Empfindungsfähigkeit entwickeln zu können, brauchen wir den Austausch mit anderen Menschen. Das menschliche Gehirn braucht eine Frage, ein Problem, also einen Anstoß, um denken zu lernen, und die Menschheit inzwischen eine angemessene »Bedienungsanleitung«, damit sie verantwortlicher und kreativer mit dem Gehirn umzugehen und sein Potenzial zu nutzen lernt, anstatt es wahllos mit Informationen voll zu stopfen (Hüther). Der Mensch benötigt die Schwerkraft und den festen Boden unter sich, um liegen, sitzen, stehen und schließlich den aufrechten Gang zu lernen. Beziehungen und soziale Verbindungen lassen uns überleben, wenn wir sie eingehen, wobei in diesem Prozess immer wieder die unterschiedlichsten Hürden und Grenzen überwunden werden müssen. Der Verlust von Beziehungsfähigkeit macht krank. Ohne eine Vorstellung einer den einzelnen Menschen übergreifenden universellen, spirituellen wie politischen Ordnung, in der Frieden, Gerechtigkeit, Geschwisterlichkeit, Solidarität und Menschlichkeit ethische Orientierungen für das Zusammenleben sind, würde unser Leben in Angst und Sinnlosigkeit versinken. Glaube, Liebe und Hoffnung sind die emotionalen Grundlagen und Kräfte eines Lebens, das Geborgenheit und Sicherheit im eigenen Leben nicht nur durch Macht, Wissen und materielle Unabhängigkeit, sondern auch und vor allem auf dem Weg der sozialen und spirituellen Einbindung des Einzelnen in die menschliche Gemeinschaft sucht. Leben lebt immer in und von der Anwesenheit anderer Lebewesen.

Stoffwechsel und Austausch, Kontakt und Integration sind Grundprinzipien des Lebens, die die menschliche Existenz einerseits ermöglichen, aber gleichzeitig verunsichern und gefährden, wenn sie fehlen. Wir haben das Leben nicht einfach, sondern müssen es in jedem Augenblick mit unserem Herzschlag, unserem Atem, der nächsten Mahlzeit, durch unsere Arbeit oder unsere Liebe zum Leben erzeugen. Alles Leben weist über sich hinaus. Wir sind ein Teil des Universums eines großen unendlichen Ozeans, aus dessen Tiefen wir am Tage unserer Geburt herausgetreten sind und in den wir im Moment unseres Todes wieder zurückkehren. »Und indem du aus dem Ozean hervorgehst und zu ihm zurückkehrst, trägst du seine Tiefe mit dir. Das ist nicht nur ein bisschen Tiefe verglichen mit der großen Tiefe des Ozeans …Tiefe ist Tiefe … Sie ist Qualität, keine Quantität. Sie wirkt in einem Glühwürmchen ebenso uneingeschränkt wie in einem Elefanten.« (Reich)

Leben in diesem Sinne ist transpersonal, und in jedem Menschen ist das Universelle, das uns als konkrete Person überschreitet, anwesend. Es tönt gleichsam durch unsere Person hindurch, wenn wir es zulassen und uns nicht dagegen sperren. Unser biografisches personales Leben ist der Versuch, zwischen dem Universellen des Lebens als Ausdruck der Schöpfung und dem Individuellen als der konkreten biografischen Formung eines Lebens zu vermitteln. Wir müssen vom »Ozean in uns« Gebrauch machen, damit zum Klingen kommen kann, was mit dem Menschen gemeint ist. Wir haben diese »Wahrheit« nur als Ruf und Auftrag, als eine Potenz oder Funktion, als Möglichkeit zur Verwirklichung in uns. Das »Universelle«, der »kosmische Aspekt« oder das »Göttliche« können sich wesentlich nur über den Menschen und die anderen Lebewesen manifestieren. Es muss bewusst im Menschen erwachen, aufgenommen und umgesetzt werden, um zu wirken. Leben in einem umfassenden Sinn kann nicht abstrakt, sondern muss konkret erfahren werden. Es ist nur dort anzutreffen, wo es durch Begegnungen und Austausch eine Chance erhält, sich auszudrücken. Die Kreativität der universalen Ordnung entfaltet sich in uns, wenn wir uns für sie öffnen und ihr unsere volle und ganze Aufmerksamkeit zuwenden. »Geistesfrieden hat seine Wurzeln in Zuneigung und Mitgefühl. Das verlangt ein hohes Maß an Empfindsamkeit und Gefühl.« (Der XIV. Dalai Lama)

Leistung, Stärke und Erfolg sind tragende Säulen im Leben der Menschen. Werden sie zur einseitigen Ausrichtung, vertreiben sie die Sehnsucht nach Verbundenheit. Was Menschen verbindet, ist die Empathie, die Fähigkeit zum Mitgefühl, eine Art Lebensprinzip, mit dem uns die universale Ordnung ausgestattet hat und ohne das wir kaum überleben könnten. Durch Empathie sind wir in der Lage, uns in die Situation anderer – unserer Kinder, Eltern, Partner und Partnerinnen und unserer Mitmenschen – einzufühlen und deren Bedürfnisse, Wünsche, Gedanken und Lebensbewegungen nachzuempfinden. Um die für die Empathie notwendige Empfindsamkeit zu entwickeln, müssen wir immer wieder neu aus dem Gefühl des Gegeneinander, der Konkurrenz, von Hass und Neid sowie aus den Rollen aussteigen, die unsere Wahrnehmung und Aufmerksamkeit für das, was im Leben geschieht und sich verändert hat, verblenden. Solange wir den Helden, die Liebende, den Unverstandenen, das Opfer, den Mächtigen, die Überlegene, die weise Frau, den alten Adam oder sonst etwas spielen, um den von uns selbst erdachten oder gesellschaftlich auferlegten Posen zu entsprechen, können wir kein positives, lebensförderliches Gefühl für uns selbst und andere entwickeln. In der Folge verweigern wir uns damit auch dem nötigen Bewusstseinswandel, einer anderen Begegnung mit dem Leben und dem Lebensgefühl, das mit der Fähigkeit zum Mitgefühl verbunden ist. Wir halten uns als Menschen selbst zum Narren. »Was Leben aber dringend braucht und nicht entbehren kann«, schrieb der Arzt und Psychoanalytiker Wilhelm Reich vor über 50 Jahren, »ist Gesellschaft, Kameradschaft, Freundschaft, menschliche Nähe und das mitfühlende Verständnis einer anderen Seele, die Möglichkeit, sich auszusprechen und jemandem sein Innerstes anzuvertrauen. Darin liegt nichts Übernatürliches oder Außergewöhnliches. Es ist ein Ausdruck echten Lebens, natürlicher Sozialität. Niemand will oder kann ganz allein leben, ohne dabei Gefahr zu laufen, verrückt zu werden.« (Reich)

Unserer menschlichen Natur nach könnten wir entgegen der Tendenz zu Konkurrenz, Siegerpose und kriegerischer Auseinandersetzung potenziell auch zum Beleg und Nachweis dafür werden, dass Kreativität, Geistesfrieden, umfassende Liebe und Respekt vor der Vielfalt des Lebendigen trotz oder gerade wegen aller Unterschiede möglich ist. Der die Menschen und das Leben übergreifende und sie verbindende Zusammenhang der kosmischen und schöpferischen Ordnung kann sich allerdings nur zeigen, wenn sich die Menschen als Teil dieser Ordnung verstehen und ihr eine Bühne geben. Das ist der Auftrag, der mit Zeugung und Geburt seinen Anfang nimmt und uns bis zum Tod durch unser Leben begleitet.

Leben ist ein Weg durch die Fremde, aber indem wir leben, lernen wir es kennen.

Im ständigen Wechselspiel mit seiner Umgebung, im Stoffwechsel zwischen Mensch, Natur, Umwelt und Kosmos realisiert das konkrete Leben diese den einzelnen Menschen übergreifende Wahrheit in dem Maß, wie der Mensch mit seinen eigenen Bedürfnissen in Kontakt ist und seine Umwelt zur Befriedigung seiner Bedürfnisse beeinflussen kann. Werden dem menschlichen Leben die Möglichkeiten zur Entfaltung und Befriedigung seiner Grundbedürfnisse und anderer persönlicher Lebenswünsche genommen, die dem Leben Sinn verleihen und in den Grundrechten demokratischer Verfassungen verankert sind, so ist der Mensch in seiner Entwicklung auf unterschiedliche Weise gefährdet. Wer arm, obdachlos, allein, ohne Bildungschancen, chronisch krank, zugewandert und unter diesen Bedingungen seine Kindheit verbracht hat oder älter als erwartet geworden ist, ist sichtbar bedroht. Nicht nur der Mangel an Nahrung, Kleidung und Wohnung behindert die menschliche Entwicklung, sondern auch der Mangel an Wissen, der Verlust von Autonomie und Freiheit, die Verletzung der Würde oder der Verlust von Beziehungsnetzen und sozialer Bindungsfähigkeit. Wenn Kinder schon früh um ihre materiellen und geistigen Lebensbedingungen, um die Stärkung ihres Vertrauens ins Leben oder ihren authentischen Selbstausdruck betrogen werden, verlieren sie den Mut, dem Leben zu begegnen, es zu wagen und bleiben ziemlich schnell auf der Strecke.

Damit steht der Mensch als mitdenkendes, mitfühlendes und selbstverantwortlich handelndes Wesen zur Debatte. Das individuelle Leiden wie das an der Gesellschaft verschränken sich ineinander, und einzelne Menschen wie ganze Gruppen übersetzen diese umfassende Gefährdung des Lebens in körperliche, seelische und soziale Krankheitsbilder. Nicht zufällig sprechen wir von Zivilisationskrankheiten, einer weltweiten Zunahme von Depressionen, von »süchtigen oder schizophrenen« Gesellschaften oder vom »Wahnsinn der Normalität« (Arno Gruen).

Auch Gesundheit ist mehr als Unauffälligkeit und die Abwesenheit von Symptomen, sondern nach Meinung der Weltgesundheitsorganisation ein umfassendes körperliches, geistiges, seelisches und soziales Wohlbefinden. Befund und Befinden gehören zusammen. Wer körperlich ohne Befund ist, kann ein seelischer Krüppel sein. Wer seelisch geschwächt erscheint, kann sozial sehr sensibel sein und »natürliche Sozialität« (Reich) besitzen. Zunehmend erkranken Menschen am zunächst unsichtbaren Verlust ihrer Lebensperspektiven, das heißt am Verlust der Fähigkeit, sich selbst und die Welt mit Blick auf die Befriedigung ihrer Bedürfnisse beeinflussen zu können. Immer mehr Menschen verlieren die Kompetenz, Beziehungen einzugehen, dialogfähig zu bleiben, für sich und andere verantwortlich zu handeln und Hoffnung auf Zukunft zu entwickeln. Kinder bauen diese Kompetenzen erst gar nicht auf, wenn ihnen das entsprechende Milieu und die nachahmenswerten Vorbilder fehlen. Die Neurobiologen und Hirnforscher sprechen in diesem Zusammenhang von der großen Bedeutung der »Selbstwirksamkeit«, womit die lebensnotwendige Erfahrung gemeint ist, Wirkungen auszulösen, den Glauben und den Mut zu entwickeln, das Leben selbst und zusammen mit anderen in die Hand nehmen zu können. Dazu gehört auch, von Kindesbeinen an Vertrauen zu erfahren und Vertrauen schenken zu lernen. Nicht nur Kinder und Jugendliche, sondern jeder Mensch braucht das menschliche Gegenüber, um sich selbst wie in einem Spiegel zu entdecken und in diesen Begegnungen Leben zu lernen. Auch ganze Gesellschaften überleben langfristig nur, wenn sie das Miteinander und nicht nur das Gegeneinander fördern. »Wenn Kooperation und sozialer Zusammenhalt eine Gemeinschaft charakterisieren, kann jedes Mitglied sein eigenes Potenzial entfalten und der Allgemeinheit zur Verfügung stellen.« (Arno Gruen)

Die Beeinträchtigung und der Verlust von Kontakt, Autonomie und Selbstbestimmung, von Zukunftsvorstellungen und Selbstwirksamkeit können die körperliche, seelische, geistige, soziale und spirituelle Entwicklung eines Menschen nicht nur nachhaltig beeinflussen, sondern geradezu aushebeln und in ihm das Gefühl völliger Hilflosigkeit und Selbstentwertung hinterlassen. Wenn Eltern ihr Kind zur eigenen Selbstbestätigung benötigen und auf diese Weise benutzen, wird nicht nur dessen eigenes Wesen ignoriert und eingeschränkt, sondern es bekommt auch keine Möglichkeit, in sich hineinzuhorchen und seine eigenen mitfühlenden Fähigkeiten zu entwickeln und zum Maßstab seines Verhaltens zu machen. Statt schrittweise Autonomie und Selbstbestimmung zu entdecken, wird dem Kind ein Gefühl von Minderwertigkeit vermittelt. Es lernt, reduziert und folgsam auf von außen vorgegebene Anweisungen zu reagieren.

Mark ist ein kleiner Junge, der in seiner Familie viel Entwertung und Gewalt erlebt hat. Jeden Sonntagmorgen zwang sein

Vater ihn und seine kleine Schwester, aus einer drehbaren, mit vielen Schnipseln gefüllten Trommel ein Los zu ziehen, auf dem die Zahl der Schläge für die kommende Woche verteilt auf die sieben Tage angekündigt wurde, und je nachdem gab es mal mehr, mal weniger Prügel. Es war immer auch ein großes Los dabei, das eine ganze Woche ohne Schmerzen versprach. Es dauerte lange, bis die Schreie der Kinder gehört wurden und Hilfe kam. Irgendwann landete Mark in der Kinderpsychiatrie und stieß dabei auf zwei Lehrerinnen, die ihn mit Liebe und Geduld immer wieder unter dem Tisch hervorlockten, unter dem er sich morgens bei Schulbeginn versteckte, ein verstummtes Kind, das sich von Kopf bis Fuß mit Mullbinden umwickelt hatte, um die Verletzungen nicht zu zeigen, die ihm in der Vergangenheit beigebracht wurden.

Eines Tages war es so weit, dass er Kaugummi-Alf, einer erdachten Figur, erlaubte, seine Geschichte zu erzählen. Die Lehrerinnen haben sie veröffentlicht, und so lautet der Bericht:

Ich heiße Alf und bin ein Kaugummi
Ich heiße Alf. Heute möchte ich meine
Lebensgeschichte als Kaugummi erzählen.
Ich lebte in einer Kaugummipackung.
Eines Tages holt mich ein kleiner Junge heraus
und isst mich auf. Da kaut und beißt einer auf mir herum.
Aber das Schlimmste kommt noch:
Plötzlich spuckt er mich aus.
Man tritt und trampelt auf mir herum.
Und wie es so kommt,
bleibe ich an einer Schuhsohle kleben.
Der Schuh wird in den Müll transportiert.
Und von hier aus der Mülltonne kommt mein Bericht.
(Hesse, Wellershoff)

Bei dieser Lebensbeschreibung eines zwölfjährigen Jungen bleibt dem Leser das Lachen im Halse stecken. Trotz aller Betäubungsversuche hat Mark die bisherigen Entführungen in die Erwachsenenwelt immerhin überlebt und kann uns eindringlich mitteilen, wie ein Kind sich fühlt, dem das Recht auf ein würdevolles Leben bestritten worden ist und das zur Knetmasse für andere Menschen wurde. Kein Psychiater könnte diagnostisch genauer beschreiben, wie sich ein solches Leben anfühlt. Aber trotz seiner ausweglosen Situation hat Mark nicht verlernt, von einem anderen Leben zu träumen, einem Leben, das in seiner Lostrommel einen Zauberstab hat, mit dem man sich erzaubern kann, was man braucht. Unter dem Schutz ihm zugewandter Erzieherinnen lernt er, auf eine Zukunft zu hoffen und schreibt:

> ***Wenn ich zaubern könnte***
> *Wenn ich zaubern könnte, dann würde ich mir als erstes ein eigenes, riesengroßes U-Boot mit Besatzungsleuten zaubern. Und danach ein riesengroßes Schiff mit Mannschaft. Und einen großen Strand. Und eine Salzstangenfabrik.* *(Hesse, Wellershoff)*

Kriegsschiffe mit Besatzung und große Schiffe mit Mannschaft reichen für ein neues Leben nicht aus. Man braucht auch einen Strand, an dem man landen und ankommen kann. Auch eine einzelne Tüte Salzstangen genügt nicht, um länger bei guter Stimmung zu bleiben. Um die Bedürfnisbefriedigung zu sichern, ist eine ganze Fabrik schon besser, und außerdem kann man als Fabrikbesitzer selbst bestimmen, was man braucht und ist nicht von anderen abhängig.

Der gestimmte Mensch

Der kleine Mark hat in seinen Berichten sein Lebensgefühl, seine tiefe Stimmung zum Ausdruck gebracht. Stimmungen sind bei der Begegnung mit dem Leben ein wichtiges Kommunikations- und Ausdrucksmittel des Menschen. Sie können als Gefühls- und Gemütszustände beschrieben werden, die das Erleben und Streben einfärben. In Sekundenschnelle kann eine Stimmung umschlagen und anzeigen, wie irritierbar Menschen sind und was sich gerade in ihrer Denk- und Seelenlandschaft abspielt. (Danzer, Rattner) Stimmungen sind laut und leise, benutzen Mimik und Gestik, manifestieren sich in Körperhaltungen, beeinflussen die Bewegungen und den Gang eines Menschen. Wir alle wissen, was es bedeutet, wenn man eine Stimmung als »angeheizt«, »vergiftet«, »schwül« oder »eiskalt« bezeichnet. Wir können eine »Bombenstimmung« haben oder auf »Krawall« gebürstet sein, in einer gespannten Stimmung »eine Stecknadel fallen hören« oder stimmungsmäßig »außer Rand und Band« geraten. Wenn eine Miene nichts Gutes verrät, wissen wir manchmal, was die Stunde geschlagen hat, oder wir spüren, wie die Stimmung, die im Gesicht des Gegenübers zum Ausdruck kommt, Angst aufsteigen lässt, weil »etwas in der Luft liegt«. Unter einer ausgelassenen Stimmung verstehen Menschen verschiedener Kulturen sehr Unterschiedliches, und manche Menschen verbreiten allein durch ihr Erscheinen eine gute oder schlechte Stimmung, ohne dass sie viel dafür tun.

Stimmungen färben das Leben, die Begegnungen und die Beziehungen der Menschen ein. Sie sind ein wichtiges Ausdrucksmittel und schwer zu zähmen. Menschen sind heiter, gelassen, gemütlich, behaglich, sorgenvoll, aufgeregt, schwermütig, übermütig, missmutig, weinerlich, niedergeschlagen, gelangweilt, gleichgültig, ohne jeweils sagen zu können, warum diese Stimmungen in ihnen aufsteigen und sie nachhaltig beeinflussen. Stimmungen sind oft unterschwellig, vordergründig, überschäumend, dominant oder flatterhaft, sie kommen und gehen, sind periodisch, labil oder chronisch. Sie beschreiben die Wirklichkeit aus einer Innenansicht. Sie überfallen uns aus heiterem Himmel ohne sichtbaren Grund, sind nachvollziehbar oder bleiben rätselhaft. Wenn uns keine Erklärung und kein Schuldiger einfällt, machen wir das Wetter verantwortlich. Stimmungen, manchmal Launen genannt, wechseln und verändern sich je nach körperlicher, seelischer oder geistiger Verfassung. Man könnte dann sagen, dass wir die Welt unserer Stimmung anpassen. Ein anderes Mal kann uns nichts aus einer guten oder schlechten Stimmung bringen. Egal was wir machen und wen wir treffen, die Stimmung bleibt stabil.

Kleine Kinder, die ihre Gefühle und Reaktionen erst noch ausprobieren und sich emotional weniger im Griff haben, kennen den extremen Stimmungswechsel von »himmelhoch jauchzend« bis »zu Tode betrübt« sehr genau. Im Eiltempo kommt es bei ihnen in Konflikten oder bei Unsicherheiten zu einem Dialog zwischen Innen und Außen. Wenn sie sich mitten im fröhlichen Spiel beim Fallen wehtun und der Schmerz nicht ganz so groß ist, dann sieht man in ihrem Gesicht, wie sie den Stimmungswechsel vom Lachen zum Weinen, vom Spielen zur unterbrechenden Wehklage zu entscheiden versuchen. Sie suchen nach Verbündeten, um ihren Schmerz zu bewältigen, wägen subjektiv ab, wie groß der Schmerz für sie im Augenblick ist und überlegen, ob es sich lohnt, zu weinen, oder ob man eher unangenehm auffällt, wenn man nicht tapfer ist. Für Erwachsene ist dieses auf die emotionale Situation abgestellte Verhalten der Kinder eine große Versuchung, sich nur den sichtbaren körperlichen Wunden zuzuwenden und das emotionale Erleben wie die Stimmungsschwankungen gar nicht erst zur Kenntnis zu nehmen. Sie gehen und pusten schnell über den Schmerz hinweg, anstatt in einen kurzen Austausch mit dem Kind zu gehen und zu verdeutlichen, dass es sich immer der Anteilnahme und des Mitgefühls gewiss sein kann.

Was für den Umgang mit körperlichen Wunden gilt, stimmt auch für den Umgang mit den seelischen Wunden. Wer spricht mit den Kindern über die Stimmungslagen in den Familien, in den Kindergärten oder Schulen. Wir wenden uns ihren sichtbaren Schulzensuren zu, aber nur selten der Stimmung, die ein Kind überfällt, wenn es trotz großer Bemühung wieder eine Arbeit verhauen hat, unterschiedlichen Demütigungen ausgesetzt ist und ständig das Gefühl hat, in der letzten Reihe zu stehen.

Schmerzverdrängung und fehlende Anteilnahme am kindlichen Erleben bringen Kinder schon früh zu der fatalen Überzeugung, dass man offenbar alles im Griff haben muss, um eine entsprechende Anerkennung zu bekommen. Diese frühen Erfahrungen im Umgang mit Schmerz und anderen unangenehmen Gefühlen wie Angst, Scham oder Schuld haben einen nachhaltigen Einfluss darauf, ob die Entwicklung eines Menschen eine friedliche, offene und vertrauensvolle Richtung einschlägt oder in die Verleugnung, Wut und Destruktion gegen sich selbst und andere geht. »Unmenschlichkeit ist das Ergebnis einer Sozialisation, in der die Gefühle und die empathischen Fähigkeiten eines Kindes verachtet und als Schwäche abgetan werden.« (Arno Gruen)

Stimmungen und Verstimmungen sind »Klangfarben des Lebensgefühls«, emotionale Tönungen, die entweder in uns oder »zwischen« uns und unserer Umwelt entstehen. Ohne sie könnten wir unser Dasein gar nicht fühlen und erleben. Man könnte sie so etwas wie einen inneren Wegweiser nennen, der unsere Befindlichkeit auf unserem Lebensweg anzeigt. »So wie der Mensch ein Wesen mit Zeit- und Raumerleben, mit dem Wissen um seine Endlichkeit oder auch um die Aufgabe der Sorge um sich und der Fürsorge für andere ist, so ist er auch ein Wesen, das immer gestimmt ist und in Form von Stimmungen seinen Weltkontakt und sein ›In-der-Welt-Sein‹ zum Ausdruck bringt und moduliert.« (Danzer, Rattner)

Stimmungen werden in ihrer Qualität von vielerlei Faktoren beeinflusst, sind anders als direkte Gefühle selbst relativ diffus, haben keine spezifischen Intentionen, können aber unsere Gefühlslandschaft und unser Gefühlsleben nachhaltig bestimmen. Vor allem Verstimmungen, die Schattenseite der guten Laune, haben einen großen Einfluss auf unser körperliches, seelisches, geistiges, soziales und spirituelles Wohlbefinden und greifen oft über das Nerven- oder Immunsystem massiv in die körperlichen und organischen Funktionsabläufe ein. Ein Mensch, der liebt und mit Schmetterlingen im Bauch herumrennt, empfindet sein Leben anders als ein völlig überforderter Mensch, der sich kurz über lang mit jeder neuen Beanspruchung nicht nur gehetzt, sondern wie ein überheizter Dampfkessel fühlt, der gleich explodiert.

Neben den wechselnden Stimmungen, die wir alle mehr oder weniger gut als Momentaufnahmen des Lebens kennen, sprechen wir auch von Grundstimmungen, die eine spezifische persönliche Qualität aufweisen und oft über einen langen Zeitraum das Leben eines Menschen einfärben. Sowohl die wechselnden Stimmungen als auch unsere Grundstimmungen werden von vielen Faktoren beeinflusst: Schwangerschaftszeit und Geburt, die familiäre, soziale oder berufliche Situation haben einen großen Einfluss darauf, wie wir uns in die Welt einstimmen und mit welcher Stimmung wir sie belegen. Unsere körperliche Verfassung, Krankheiten, Geschlecht und Alter sind andere Faktoren, die sich in die Stimmungen des Lebens einbringen und diese gestalten. So genannte Optimisten oder Pessimisten sind Menschen mit spezifischen Grundstimmungen. Hinter den ewigen Zweiflern, den Missmutigen, den Erbsenzählern, den Saubermännern und Sauberfrauen stehen andere Grundstimmungen. Der Mensch *hat* keine Stimmung, sondern er *ist* diese Stimmung. Hinter jeder einzelnen Stimmung, ganzen Stimmungslagen oder spezifischen Verstimmungen, die auch Gruppen wie chronisch kranke Menschen, Arbeitslose, Flüchtlinge oder eine ganze Generation erfassen können, liegt eine bestimmte »Weltanschauung«, gedacht als die Art und Weise, wie die Welt betrachtet wird. Was innen ist, ist auch außen, und umgekehrt, die Verstimmung wirkt umfassend. Drei Verstimmungen, mit denen viele Menschen dem Leben begegnen und an denen sie manchmal auch erkranken, sollen zeigen, wie die heutige Lebenswelt die Gefühle der Menschen bewegt und sich auf ihre Lebenskraft und ihren Gestaltungswillen auswirkt. (Danzer, Rattner)

Große Verstimmungen

Kollektive wie individuelle Stimmungslagen und Verstimmungen entstehen in der Begegnung des Menschen mit dem Leben. Sie sind so etwas wie die Stimmen und Gefühle des Zeitgeistes. Die drei zentralen Stimmungslagen »Null Bock und Langeweile«, »Nervosität und Gereiztheit« oder »Hoffnungslosigkeit« finden sich quer durch alle Generationen und Bevölkerungsschichten, ergreifen ganze Menschengruppen wie einzelne Menschen. Wer kennt nicht ab und zu das Gefühl der Langeweile, der Gereiztheit oder das Gefühl, dass alles keinen Zweck mehr hat und man am liebsten aufgeben würde. Diese konkreten Stimmungen beeinflussen nicht nur die Verhaltensweisen der Menschen, sondern spiegeln sich auch in einzelnen Kranken- und Krisengeschichten wider. Besonders in Krisenzeiten wie Kriegen, Naturkatastrophen oder größeren sozialen und ökonomischen Krisen können sie das ganze Lebensgefühl einer Gesellschaft beeinflussen und auf diese Weise massiv auf das öffentliche und politische Zusammenleben einwirken. Wir sprechen dann von Kriegs- und Antistimmungen, von Katastrophenstimmungen oder Panikmache.

Zunehmende Gleichgültigkeit, Langeweile und eine aggressiv-gereizte Stimmungslage beherrschen gegenwärtig zunehmend unterschiedliche Lebensbereiche wie Familien, Schulen, Betriebe, Altenheime, Arbeitsämter und andere Bereiche des öffentlichen Lebens. Niemand fühlt sich wirklich zuständig, partiell Verantwortliche gehen in Deckung, und die Suche nach dem Schuldigen, der die ganze Verantwortung für krisenhafte Entwicklungen übernimmt, ist zu einer Art Volkssport in unserem Land geworden, der Lähmungserscheinungen aller Art produziert und mit einem hohen Wahrnehmungs- und Wirklichkeitsverlust verbunden ist. Die Bildungs- und Erziehungskrise droht bei der aufwändigen Suche nach den Schuldigen zwischen Bildungspolitikern, Schulbehörden, Lehrern, Eltern, Kindern, Einwanderern und allgemeiner Kinderfeindlichkeit in einem absoluten Leerlauf zu enden, der sich mit blindem Aktionismus paart. Anstatt nachdenklich und offen die Ergebnisse der PISA-Studie zu diskutieren und sich zu fragen, welche Folgen sich daraus für eine Veränderung unseres Schulsystems ergeben könnten, brach ein blinder Aktionismus aus, der zu Maßnahmen führte, die eher kontraproduktiv als lösungsorientiert waren. Um die eigentlichen Ziele von Erziehung und Bildung, die Lebensbedürfnisse von Kindern, um lebendiges Lernen, die Hoffnung auf Zukunft und die Rettung der kindlichen Neugier auf die Begegnung mit dem Leben geht es schon lange nicht mehr. Es fehlt nicht nur die Bedienungsanleitung für ein menschliches Gehirn, wie der Hirnforscher Gerhard Hüther mit der angemessenen Nutzung des Gehirns fordert, wir verlernen insgesamt, worum es in einem lebendigen Leben geht.

Der müde abwinkende und gähnende Zeitgenosse ist keine Seltenheit mehr und Symbol einer der großen Stimmungslagen. Nichts und niemand können ihn in Erregung versetzen und zu echten Begegnungen mit dem Leben verführen. Eigentlich haben sie schon alles hinter sich. Im Gegensatz zu geschäftigen, nervösen oder umtriebigen Menschen scheinen die Gelangweilten und Gleichgültigen ein Übermaß an Zeit zur Verfügung zu haben. Sie sitzen das Leben ab, manche in ihren verwöhnenden Familien, andere in den verschiedenen Anstalten des öffentlichen Lebens wie Schulen, Hochschulen und Behörden. Auch in Betrieben sind sie zu finden, in Führungspositionen und Ehrenämtern, manche sind arbeitslos und andere warten schon ab dem 40. Lebensjahr auf ihren bezahlten Ruhestand. Einfach abwarten und Tee trinken, kein unnötiges Risiko eingehen, nur keine zusätzliche Aufgabe übernehmen und sich einschalten, möglichst alles entwerten und nivellieren. »Sie sitzen und warten, dösen und schauen oder verrichten allenfalls gelangweilt irgendeine Tätigkeit, die ihr inneres Wesen nicht weiter in Wallung zu versetzen vermag.« (Danzer, Rattner)

Es sind übergewichtige Kinder und magersüchtige Jugendliche, einsame, desinteressierte alte Menschen und vom Leben enttäuschte Frauen und Männer, aber auch Karrieremenschen, die ihr Leben auf diese Weise abgeschrieben haben und in der Regel viel Energie aufbringen mussten, um in diesen Zustand der Abwehr, Gleichgültigkeit und nachhaltigen inneren Distanz zu gelangen. Sucht, Essstörungen, vielfältige Formen des neurotischen Arrangements mit dem Leben sind Begleiterscheinungen, um die Verzweiflung auszuhalten, die trotz aller

Bemühung um Gleichgültigkeit in der gelangweilten Haltung gegenüber dem Leben steckt.

Menschen mit ärgerlich-gereizter Grundstimmung sind mit allen Fasern ihres Lebens und ihres Organismus auf Auseinandersetzung, Kampf, Flucht und aktive Abwehr eingestellt und Vertreter einer anderen großen Verstimmung. Sie bekräftigen das gesellschaftlich vorherrschende Beschleunigungsklima, schauen sich verbissen, angespannt und verkrampft nach ihrem nächsten Einsatzort um und genießen ihre Freizeit mit trommelnden Fingern. Fehler sind nicht erlaubt, Anmut und Gelassenheit Fremdworte. Die Atmosphäre, die ein gereizter Mensch um sich verbreitet, hat viele Ausdrucksformen. Selbstüberforderung, Verdrossenheit und Frustration lösen Unzufriedenheit, Missmut und Verbitterung aus. Feindselig und verärgert, pessimistisch, stur und unflexibel rennen die Menschen ihren Tagesordnungen hinterher und hoffen, dass das Leben ihnen keinen Strich durch ihre rigide Ordnung macht. Gereizt aktive Menschen können Anforderungen gut abwehren, weil ihr Fass ohnehin schon übergelaufen ist. Sie sind oft unpünktlich und sprunghaft, weil sie ohnehin Wichtigeres zu tun hatten und mit penibler Buchhaltung werden ein- und ausgehende Gefühle registriert und gegeneinander aufgerechnet.

Hoffnungslosigkeit ist eine andere Verstimmung, die weltweit immer mehr Menschen ergreift und ihren Ausdruck in der Zunahme von Depressionen quer durch alle Bevölkerungsschichten und Kulturen findet. Sie hat massiv etwas mit Autonomieverlust, sozialer Ungerechtigkeit und Ausgrenzung zu tun und lähmt den Mut, dem Leben zu begegnen. Wer von Hoffnungslosigkeit heimgesucht wird, schaltet irgendwann ab, weil der Welt kein Hoffnungsschimmer mehr abzugewinnen ist. Hoffnungslose Menschen wirken im wahrsten Sinne des Wortes wie Pflanzen, denen man das Wasser abgegraben hat. Sie richten sich auf einen unabänderlichen Zustand ein und haben keine Kraft mehr, das erfahrene Leid in Widerstandskraft zu verwandeln. Ohne Hoffnung aber geht der innere Antrieb verloren und die entwerfende Geste für die eigene Zukunft unterbleibt.

Verstimmungen wie Gleichgültigkeit, Langeweile, Melancholie, Gereiztheit oder Angst können den Menschen quälen und seine Lebensqualität nachhaltig beeinträchtigen. Sie führen jedoch selten dazu, dass die Existenz eines Menschen in seinem Zentrum völlig verkümmert und abstirbt, wie es bei Menschen zu befürchten ist, die über längere Zeit hinweg der Hoffnungslosigkeit anheim fallen. »Die Hoffnung ist der Regenbogen über dem herabstürzenden Bach des Lebens«, heißt es bei Friedrich Nietzsche. Hoffnung ist die Grundausstattung für die Gestaltungsarbeit des Lebens.

Soziales Klima als Krankmacher

Es kann nicht mehr bezweifelt werden, dass die meisten Menschen in den hoch industrialisierten Gesellschaften trotz großer technologischer Fortschritte, einem hohen Standard des Expertenwissens und umtriebiger Aktivitäten mehr und mehr das Vertrauen in die eigenen Fähigkeiten und Möglichkeiten verlieren. Wettbewerb und Dominanz sind typische und oft nur noch die einzigen Merkmale unseres heutigen Zusammenlebens. Das Vergleichen mit anderen ist als Prinzip in unserer Kultur festgeschrieben. Wir sind nicht einfach, wie wir sind, sondern wir sind immer mehr oder weniger, besser oder schlechter, schöner oder hässlicher, schlauer oder dümmer, reicher oder ärmer. »Rivalität und ein Gegeneinander sind quasi als Erhaltungsprinzipien in unsere gesellschaftlichen Strukturen eingebaut.« (Arno Gruen)

Misstrauen, Feindseligkeit, Angst, Neid und Habgier bestimmen das soziale Klima. Die Schere zwischen denen, die auf dem Bug der Erfolgswelle schwimmen und ihr Leben »großartig« meistern, und den vielen, die mitschwimmen und mehr oder weniger begründet Angst vor dem Untergang haben, wird immer größer. In fast allen Lebensbereichen werden zu viele, junge und alte Menschen daran gehindert, dem Leben zu begegnen, etwas auszuprobieren, sich selbst zu überprüfen, ihr Potenzial zu nutzen und die Vielfalt ihrer unterschiedlichen Fähigkeiten zu entwickeln. Wer lange genug und vor allem früh behindert wird, tut das am Ende selbst und mit großem Erfolg. Mehr und mehr Menschen versinken in den genannten »Verstimmungen«, verlieren ihre Motivation zur Gestaltung und Verantwortung ihres eigenen Lebens und beteiligen sich nicht oder nur noch ungenügend am »Großen Gesang des Lebens«, wie die weisen Frauen und Männer vieler indianischer Völker den Schöpfungsauftrag nennen Zu vieles wird den Menschen ab- oder weggenommen. Kindern werden zunehmend die Experimentier- und Übungsfelder verweigert, die sie brauchen, um sich inmitten ihrer fremdbestimmten Lebenswelten selbst zu erfahren und zu erleben. Die Fähigkeit zur einfachen Sorge für sich selbst und andere jenseits von Experten und staatlichen Versorgungsnetzen steht auf keinem Lehrplan. Kinder dürfen nur in festgelegten Zonen spielen, Erwachsene nur auf erlaubten Pfaden denken und fühlen, alte Menschen bekommen aus Personalmangel elektronische Fußfesseln angelegt, wenn sie weglaufen möchten, und gelernt wird nur, was auf einem behördlich genehmigten Lehrplan steht.

Der Philosoph, Priester und Schriftsteller Iwan Illich hat diese Entwicklung schon in den siebziger Jahren angesichts der wuchernden Zunahme von Expertensystemen als umfassende Enteignung von Gesundheit und Selbstbildung kritisiert. Gefällige Unterwerfung, vorauseilender Gehorsam, Unsicherheit, Vereinseitigung, Fremdbestimmung durch Experten, Verengung und Einschränkung von Lebensperspektiven auf das gesellschaftlich Erwünschte, Verlust von Selbstreflexion, Selbstbewusstheit und Selbstorganisation haben zu einem Vertrauensverlust in die menschlichen Fähigkeiten zur Selbstbefähigung und zu einer Lebensweise geführt, die vielfach unerfüllt, entfremdet, süchtig und krank machend ist. Die Verbindung zur Quelle ist verloren gegangen, nun droht die Quelle selbst zu versiegen.

Über die Krankheit wie über die großen und kleinen Verstimmungen ruft das Leben der Menschen um Hilfe. Welcher Art die Symptome sind, ist für den Aufschrei der Seele, für das notwendige Umdenken oder den Versuch, die sozialen Bedingungen zu verändern, ohne Bedeutung. Die individuellen wie die sozialen »Krankheiten« sind eine Form des inneren »unbewussten Streiks«, der zum bewussten Streik und Widerstand gegen das aufruft, was zunehmend unerträglich wird. Gesucht werden ehrliche »Verhandlungsführer«, die eine umfassende Problem- und Tiefenanalyse vorlegen und zwischen den Betroffenen und ihren Umwelten zukunfts- und ressourcenorientiert verhandeln können. Jede »Krankheit«, die an die Wurzeln der subjektiven Ordnung eines Menschen, die Verfasstheit der menschlichen Gemeinschaft und die »Ökonomie des Lebens« geht, ist wie jede andere Lebenskrise ein Ort möglicher Wandlung. Versteht man die Radikalität, mit der der Organismus im Falle einer schweren Herz- oder Krebserkrankung, einer Psychose, einer Schlafstörung oder eines chronischen Erschöpfungszustandes auf die Vertreibung oder Vereinseitigung der seelischen, geistigen, spirituellen und sozialen Anteile in einem Menschen reagiert, so wird deutlich, dass jede Krise eine Form der subjektiven Wahrheitssuche ist. Gleichzeitig ist diese Suche auf die »Selbstheilungskräfte« eines Menschen gerichtet, die dem Leben als grundsätzliche Befähigung zur Selbstorganisation und Selbstheilung zwar einverleibt sind, aber so unentwickelt blieben und geschädigt wurden, dass die zu bewältigende Krise nicht gemeistert werden konnte. Die Suche muss sich ganz konkret auf den leidenden Menschen richten, auf seine Ziele, Wünsche und Hoffnungen. »Krankheit ist eine unvollendete Schöpfungstat«, heißt es bei Viktor von Weizsäcker, und der Satz aus der biografischen Medizin, »dass die Geschichte der Krankheit etwas anderes sei als die Geschichte des erkrankten Menschen« verweist auf sehr unterschiedliche Blickwinkel im offenen Dialog zwischen dem Gesamtgeschehen einer Krankheit und dem Leben des erkrankten Menschen. Der Mensch ist kein logisches, sondern ein lebendiges Beispiel des Lebens, weil er nach allen Seiten hin offen ist.

Wenn die Krankheit sich als unvollendete Schöpfung darstellt, bleibt die Frage, wohin und wie sich der einzelne Mensch vor der Krankheit vollenden wollte. Als lebendiges Beispiel des Lebens konnte er der Logik des »Alles im Griff haben« nicht gerecht werden. Seine Fähigkeit zu träumen versiegte, und der Blick für das Mögliche im Leben war verstellt. Um wieder sehend zu werden, muss der erkrankte Mensch zuerst die Unsicherheit akzeptieren, die allem Lebendigen innewohnt. Die Stärke des Menschen wurzelt nicht in der Unverletzlichkeit, sondern im Akzeptieren von Leid und Schmerz als einem selbstverständlichen Bestandteil des Lebens.

Was den Menschen in der Begegnung mit dem Leben trägt, ist Vertrauen ins Leben. Mit diesem Vertrauen verwurzelt sich der Mensch ins Leben und muss es festigen und erneuern, wenn er es verliert. Die drei Wurzeln, auf denen es beruht und die jeder Mensch Schritt für Schritt bilden muss, sind der Glaube an sich selbst, an andere Menschen und an die Welt, die den Menschen umgibt und die er zusammen mit anderen gestalten muss. Wird dieses Vertrauen im Kind erst gar nicht aufgebaut, später enttäuscht oder gar zerstört, dann verliert der Mensch den Mut und die entscheidende Kraft, sich dem Wagnis des Lebens zu stellen. Glaube ist das Gefühl vom Leben in uns selbst und gleichzeitig das Vertrauen in die Bindungen, die dem gegenwärtigen Leben Stabilität verleihen. Glauben können, so der Mitbegründer der Psychoanalyse C. G. Jung, ist als Urfunktion dem Menschen von Geburt her mitgegeben, gleichsam ein religiöser Urdrang und eine angeborene Notwendigkeit der Seele, die nicht ohne schwere Schädigung der seelischen, körperlichen und sozialen Gesundheit übergangen oder verletzt werden kann. Jede Neurose oder Psychose, jede körperliche Krankheit, aber auch die vielen geistigen und sozialen Krisen des Menschen sind als unterschiedliche individuelle Notrufe immer auch Appelle an diese »religiöse Funktion« der Seele, ihre Integrationskraft zur Geltung zu bringen, um dem Leben Sinn und Bedeutung zu verleihen. Verliert ein Leben seinen Sinn und ein Mensch sein grundlegendes Vertrauen ins Leben, so können sich auch kleine Krisen oder Alltagsprobleme zu einer tiefen, meistens unerkannten spirituellen Krise verdichten, in der Denken, Fühlen und Handeln eines Menschen von seinen Erfahrungen abgetrennt werden und die Seele blockieren. Leere tut sich auf. Die begleitende Dunkelheit heißt meistens »Depression«. Der Mensch, der auf diese Weise allmählich den Kontakt zu sich selbst, zu seinen Beziehungen, zur Wirklichkeit und vor allem zur universalen Ordnung, zum Göttlichen verliert, schafft sich auf dem Weg in die drohende Leere vielfach Ersatzgötter, Ersatzkontakte oder schnelle Hilfe, um den Schmerz nicht zu spüren, der mit dem Verlust einhergeht. Weil er an die Ursache nicht herankommt, will er wenigstens Symptome abpuffern oder zum Verschwinden bringen. Statt den Dialog mit sich und der dem Menschen innewohnenden Schöpfungsordnung zu eröffnen, sich Hilfe zu suchen und den eigenen Lebensauftrag in der Krise zu konkretisieren, tauchen viele Menschen unter und ergreifen die Flucht.

Ordnung und Wandel: das Systembild des Lebens

Das Systembild des Lebens ist konstitutiv mit dem Prinzip der Selbstorganisation verbunden. Lebende Systeme stellen deshalb mit hoher Sensibilität ihre eigene Ordnung her – das gilt für die Natur und die Pflanzenwelt, die Tiere und den Menschen. Selbst »Mutter Erde« ist ein solches System, das sich auf dem Hintergrund einer festen Ordnung ständig im Wandel befindet und sich selbst organisiert. Lernend greifen lebende Systeme schöpferisch über ihre eigenen Grenzen hinaus und bewahren dabei die Integrität ihrer Grundstruktur. Ein Mensch bleibt in der Gesamtstruktur ein Mensch, auch wenn er sich lebenslang in der Auseinandersetzung mit der Umwelt verändert. Die Wirklichkeit solcher sich selbst organisierender Systeme ist nicht statisch, sondern durch eine Dynamik gekennzeichnet, die keiner kausalen Logik folgt. Sie hat weniger die Form einer Hierarchie oder die Struktur einer geraden Linie von A nach B, sondern ist eher ein vielschichtiges Gewebe. Im Leben ist es unsinnig, nur deshalb B zu sagen, weil man A gesagt hat, wenn A sich als falsch herausstellt. Anpassungsfähigkeit verbunden mit vielfältigem Wandel ist das Prinzip der Evolution und auch der Entwicklung unseres eigenen Lebens. Austausch, Kooperation und Koexistenz, Verbindung statt Trennung sind wesentliche Merkmale, und geordnete Strukturen entstehen in lebenden Systemen aus rhythmischen Mustern. Leben ist ein rhythmischer Tanz zwischen Werden und Vergehen. »Rhythm is it!«

Geburt und Tod sind die beiden Seiten der Medaille, die Leben heißt. Zwischen diesen beiden Polen erfüllt sich Leben als eine Art Spannungsbeziehung, die in jedem Augenblick auch scheitern kann. Leben entfaltet sich am Widerstand, ist Bewegung in Schritten und Phasen, ein komplexer Dialog zwischen der inneren Ordnung eines lebendigen Systems und dem Chaos, das durch die Begegnung mit der Welt außerhalb des biologischen Systems zustande kommt, Entwicklung provoziert und auf diese Weise den Fortgang des Lebens garantiert. Ohne den Widerstand der Gefäße würde unser Blut verströmen, anstatt zum pulsierenden Lebensstrom zu werden. Was auseinander strömt, muss wieder zusammengeführt werden, was sich dehnt, muss sich wieder zusammenziehen. Vergänglichkeit, nicht Dauerhaftigkeit ist das Prinzip der Harmonie, die erst über den Wandel zur Melodie des Ganzen gelangt. Erst im Wechsel zwischen dem Ein- und Ausatmen kommt es zum harmonischen Rhythmus des gesamten Atemvorgangs, der seinen Bogen mitten in ein atemloses Leben spannt. Ganzheitlichkeit ist ein umfassendes, aktives Geschehen und nichts Mechanisches. Sie ist nicht das Ergebnis einer Addition, sondern muss immer wieder neu erarbeitet werden. Es gibt keinen Schalter, mit dem man auf die Ganzheitlichkeit des Menschen umschalten könnte, wenn Körper, Geist und Seele jeweils eigene Wege gehen und nicht mehr in Verbindung miteinander stehen.

Ganzheit entsteht stufenweise und manchmal nur für einen Augenblick in einem bewegt-bewegenden Prozess. Sie ist eine

»Selbstintegration im tätigen Vollzug«, wie der Biologe und Philosoph Hans Jonas am Beispiel des Stoffwechsels formuliert. Manchmal spüren wir diesen Augenblick der Harmonie, wenn wir uns mit uns selbst einig fühlen und alles zu stimmen scheint. Ganzheit als aktive Selbstintegration ist eine Aufgabe, die auf das Prinzip der Nachhaltigkeit sinnt, die Zusammenhänge stiftet, die gelingen oder misslingen kann. Krankheiten und Krisen erzählen von der unvermeidlichen Sinnkrise, die mit misslungener Selbstintegration einhergeht. Wir verlieren die Orientierung, der Körper streikt, die Seele ist in Aufruhr, die Gedanken drehen sich im Kreis und können die innere Ordnung nicht wieder herstellen. Menschen fühlen sich dann verloren, zerrissen, entfremdet, also desintegriert und drücken dies über körperliche Symptome und Verhaltensweisen aus. Es geht nicht darum, Menschen beim falschen Leben oder bei zu viel Stress zu erwischen, wie uns die Risikofaktorensuche der Medizin weismachen will, weil es ein so genannt richtiges oder ein stressfreies Leben gar nicht gibt. Die Frage, warum ein Mensch zu einem bestimmten Zeitpunkt an einer bestimmten Krankheit erkrankt, ist nicht kausal, sondern nur biografisch aus dem ganzen Lebenszusammenhang zu beantworten. Die für den erkrankten Menschen dringliche, aber letztendlich nicht zu beantwortende Frage, warum etwas passiert ist, muss anders gestellt werden. Angesichts fehlender Kausalität, aber misslungener oder schwieriger Selbstintegration geht es eher um die Frage, was der einzelne Mensch oder eine Gemeinschaft aus einer Krise lernen kann, um die Integrationsarbeit zu verbessern.

Interessant ist deshalb das Risiko hinter den Risikofaktoren, das »Milieu«, in dem ein das Leben gefährdendes, riskantes Verhalten entstanden ist. Jedes riskante Verhalten ist der Versuch, auf eine Krise zu reagieren und eine Antwort auf die jeweils spezifische Lebensfrage zu finden, wie unzureichend, kurzfristig, selbstschädigend oder unbewusst diese Notlösung auch sein mag. Antworten und Verhalten entstehen dabei in biografischen Strukturen, nehmen alte Muster auf oder suchen spontan nach neuen Wegen. Lebenskrisen heißen so, weil es sich um gestörte Begegnungen mit dem Leben handelt. Sie berichten vom Mangel an Ressourcen, vom Verlust einer Balance, vom fehlenden Austausch, vom Funktionsverlust, von der Vereinseitigung der polaren Kräfte, vom Ausweichen, von der Flucht, vom Verlust der »subjektiven Wahrheit«. »Warum jetzt?«, und: »Warum hier?«, waren die zentralen Fragen der anthropologischen, psychosomatischen Medizin, mit denen sich die Ärzte einen Zugang zum biografischen Kontext und dem aktuellen Zeitgeschehen einer Krise verschaffen wollten. Der erkrankte Mensch wird krank, bevor sich körperliche Symptome zeigen. Seine Krankheit ist Teil seiner Geschichte, aber die Geschichte des kranken Menschen ist mehr als die Geschichte seiner Krankheit. Krankheiten zeigen in ihrem Hintergrund, wann und wo der Verlust eines Arbeitsplatzes greift, eine Beziehungskrise sich ihren somatischen Darstellungsort sucht oder ein Kind seine Schulangst in hartnäckige Kopfschmerzen übersetzt. Nicht jede Verrentung ist eine Beglückung, manche Frühverrentung endet mit einer »Rentenneurose«, die sich jeder Verbesserung des Gesundheitszustandes widersetzt, damit die Rente ihre Legitimität bewahrt. »Einmal krank, immer krank« ist die unbewusste Schlussfolgerung, die sich auch in manchen Biografien chronisch kranker Menschen nachzeichnen lässt. Nicht die Krankheit als solche bringt einen Menschen dauerhaft aus der Balance, sondern die Schwierigkeit, diese aktiv in ihren unterschiedlichen Herausforderungen so in die noch vorhandene Gesundheit zu integrieren, dass nach dem Harmonieverlust eine neue Ganzheit entstehen kann.

Ganzheit als »Selbstintegration im tätigen Vollzug« ist der Anreiz, die umfassenden Kräfte des Lebens immer wieder neu für die Begegnung mit dem Leben zu mobilisieren. Dabei stellt sich die grundsätzliche Frage: Wie lebt das Leben? Welcher Ordnung folgt die Biologie, und wie geht sie mit dem Chaos um, das Leib und Leben immer wieder erschüttert? Welche Ordnung stabilisiert unsere Seele, was lässt sie zusammenbrechen? Wie denkt das Gehirn, und warum fällt es so schwer, die entscheidenden Konsequenzen zu ziehen, wenn wir etwas als falsch erkannt haben? In der Sinnkrise eines Lebens, im körperlichen oder sozialen Zusammenbruch wird die bisherige Ordnung des Lebens in Frage gestellt. Ungelebtes Leben tritt dem gelebten Leben gegenüber. Das ungelebte Leben ist dabei nicht einfach das »verpasste Leben«, sondern eine alte Strebung, die zu irgendeinem Zeitpunkt nicht zum Zuge gekommen ist und gegen die wir uns aus welchem Grunde auch immer entschieden haben. Leben, so Viktor von Weizsäcker, ist eine »pathische Existenz«, die mit Leidenschaft und Leiden verbunden ist. Immer wieder neu müssen wir uns für etwas entscheiden, und indem wir das tun, entscheiden wir uns durch Auswahl für die Alternative, die zum Zuge kommt. Nicht nur im Fall der Krise fragen sich Menschen, was aus ihrem Leben geworden wäre, wenn sie sich anders entschieden hätten und warum sich anderes nicht realisiert hat oder nie zur Auswahl stand. Das ungelebte Leben, die unerfüllten Wünsche, die geheimen Strebungen wirken oft nachhaltiger als das gelebte Leben.

Leben heißt lebenslanges Lernen

»Das brauche ich mir nicht zu merken. Das habe ich erlebt.« Dieser Satz verweist auf eine Erfahrung, die viele Menschen kennen. An der konkreten Begegnung mit dem Leben kommt man nicht vorbei, selbst wenn viele Menschen ihr konkretes Leben oft nicht wahrnehmen, weil sie gerade auf das »eigentliche« oder ein besseres Leben warten und dabei vergessen, dass es nur dieses eine Leben gibt und sie kein zweites in der Tasche haben.

Das neugeborene Kind muss den ersten eigenen Atemzug lernen, wenn das Kappen der Nabelschnur es von der alten Lebensquelle trennt, und zeigt im gleichen Augenblick, wie und was es gelernt hat, wenn der nächste Atemzug es erneut herausfordert. Was wir am eigenen Leib sinnlich und lebendig erleben, geht nicht spurlos an uns vorüber, selbst wenn es sich still vollzieht und unbewusst bleibt. Ob wir wollen oder nicht: Solange wir atmen, hat uns das Leben immer am Wickel. Es bietet sich an und fordert uns. Unmerklich, aber konstant erzeugt das faktische Leben eine spezifische Art von Wissen, verschafft sich Bedeutung und vermittelt Orientierung. Je mehr wir uns schon am Anfang des Lebens fragend und mit Neugier dem Leben zuwenden, es mit unterschiedlichen Menschen gestalten und an den Widerständen und Schwierigkeiten wachsen, desto sprudelnder entwickelt sich jene einzigartige Quelle von biografischem Wissen, die in der Schule des Lebens entsteht. Dieses durch die tägliche Lebenspraxis erfahrene und erworbene Wissen ist höchst originell, an die offene Erkenntnisbereitschaft des einzelnen Menschen gebunden, situationsabhängig, subjektiv authentisch und vor allem selbst organisiert. Von Anfang an steht es in enger Verbindung, Abhängigkeit und manchmal auch im Widerspruch und in Konkurrenz mit dem Wissen, das uns von außen durch Eltern, Schule und Gesellschaft vermittelt wird. Nur zusammen können diese verschiedenen Aneignungsformen von Wissen jenen Fundus erzeugen, den wir zu Recht das eigene Wissen nennen und das zur Grundlage unseres Vertrauens ins Leben wird.

Was der Mensch unmittelbar durch sein konkretes Leben lernt, steht auf keinem offiziellen Lehrplan, kann nicht benotet werden und wird in jedem Augenblick überall dort erworben, wo Menschen miteinander leben, ihre Erfahrungen und ihr Wissen teilen, sich Vorbilder sind, miteinander konkurrieren, sich lieben oder hassen und ihren Lebensalltag zu bewältigen versuchen. Was immer wir einem Kind über die Familie erzählen, es lernt konkret, was Familie ist, indem es in einer lebt. Wie genau auch die medizinischen Daten eines Krankheitsbefundes in der Diagnose zusammengefasst werden, was diese Krankheit konkret im eigenen Fall ist und bedeutet, lernt der Patient im Erleben der Erkrankung und im Umgang mit ihr. Wie sicher eine Rente ist, lernen die Rentner dann, wenn sie diese konkret in Anspruch nehmen und davon leben müssen. Bewusstes und Unbewusstes mischen sich dabei. Was wir unbewusst, sozusagen nebenbei im Umgang mit anderen Menschen oder als soziale wie kulturelle Prägung schon früh übernehmen, beeinflusst uns nachhaltig, ohne dass wir später einsichtige Erklärungen für unsere spezifischen Sehnsüchte und Wünsche, Verhaltensweisen und Handlungen haben. Unbewusste Vorgänge entlasten den Menschen, sie gehen schneller, sind routinemäßig und laufen fast automatisiert ab. Das meiste, was wir routiniert in unser Alltagsleben aufnehmen, tun wir unbewusst. Ohne die Alltagsklugheiten, die dabei entstehen, könnten wir kaum überleben. Wir lernen sehen, hören, husten, stolpern, hüpfen, trauern und lieben, ohne je einen Kurs absolviert zu haben. Alles Wissen aber, das wir im biografischen Lernen bewusst oder unbewusst, nachgeahmt oder systematisch abgepackt zum eigenen Wissen vom Leben zusammentragen, entsteht aus der Begegnung mit dem Leben und in der Interaktion und Beziehung mit der Welt.

Leben heißt lernen, bedeutet fragen und antworten, erkennen und handeln. Ohne den neugierigen Wunsch und die unabänderliche Notwendigkeit, das Leben zu erlernen, würden wir uns nicht schon vom Augenblick der Zeugung an und lange bevor wir sprechen können durch die Erkundung und Gestaltung des eigenen Lebens biografisch fortbilden. Lust, Neugier und Pflicht, Freiheit und Notwendigkeit gehen beim Lernen Hand in Hand. Das individuell erlebte und das sozial geforderte Leben fordern ihre spezifischen Lernstrategien. Während die Lernprogramme rund um die Schulpflicht klar vergleichbar und operationalisiert in einer bestimmten Schrittfolge und mit festgelegten Inhalten in Schuljahren voranschreiten, entwickelt sich das subjektive, individuelle Lernen des Lebens immer wieder auf Umwegen. Es hält sich bis ins hohe Alter nicht an Lebenszeiten, produziert menschliche Früh- und Spätentwickler, macht Sprünge und liebt Einbahnstraßen, Pilgerpfade und Sackgassen besonders dann, wenn vierspurige Autobahnen mit vorgegebenen Auf- und Abfahrten empfohlen werden. Geschwindigkeitsbegrenzungen werden oft nicht akzeptiert, obwohl ein gedrosseltes Tempo besonders in Lebenskrisen ausdrücklich erlaubt ist. Das persönliche Leben schreibt Merkzettel über gute und schlechte Lebenserfahrungen, die kein anderer Mensch einfach verstehen kann und stattet das Individuum mit Bedeutungsmustern, inneren Bildern und Handlungsanweisungen aus, die nachhaltig prägen und manchmal dem Weiterlernen im Wege stehen, wenn die Menschen auf stur schalten. Die subjektiven und öffentlichen Lehrpläne mischen sich, ergänzen und stören einander, und jenseits aller Hoffnung auf den berechenbaren, allgemein gebildeten und dressierten Durchschnittsmenschen fallen Kinder, Eltern, Arbeitskollegen oder Liebespartner glücklicherweise immer wieder aus der ihnen zugedachten Rolle, tanzen hochbegabte und benachteiligte Kinder aus der schulischen Reihe und entwickeln andere mehr Eigensinn, als ihnen zugedacht war. Lernen ist ein seltsames Spiel, es geht von einem zum anderen, zündelt und löscht, klärt auf und verdunkelt. Demütigung, Verlassenwerden, Gewalt, schwere Kränkung oder traumatische Erfahrungen können die offene Begegnung mit dem Leben verhindern, Entwicklungen auf nachhaltige Weise unterbrechen und Wege des Lernens versperren oder Gelerntes auf der Festplatte des Lebens löschen. Zuwendung, Lob, kleine und große Erfolge, Freude, Vertrauen und Glückserlebnisse können Tore öffnen, Entwicklungen einleiten, mit denen niemand mehr gerechnet hat, und das Erlernen des Lebens bis ins hohe Alter zum Abenteuer machen.

Im Umgang und in der Auseinandersetzung mit der faktischen Herausforderung des praktischen Lebens entwickelt jeder Mensch mehr oder weniger kreative persönliche Anpassungs- und Widerstandsmuster, Handlungsstrategien und »Alltagsklugheiten«, die ihm das Leben einerseits überhaupt ermöglichen und erleichtern, andererseits aber auch erschweren können, wenn sie den Lebensfluss blockieren. Wir können nicht bis zur Schule warten, um atmen, essen, weinen oder lachen zu lernen. Und auch nicht nach dem Ende der Schulzeit mit dem Lernen aufhören. Das meiste im Leben lernen wir, indem wir zu leben wagen, das Fremde annehmen, Menschen, die wir lieben und denen wir vertrauen, nachahmen, etwas ausprobieren, Fehler machen und erkennen, wie es im nächsten

Augenblick mit uns selbst weitergehen kann. So lernt jedes kleine Kind schöpferisch und auf seine ganz spezifische Weise, die üblichen Alltagsaufgaben zu meistern: essen und trinken, liegen, sitzen, stehen und gehen, stolpern, eine Tür öffnen, eine Katze streicheln, lieb oder böse sein, sprechen, schweigen und vieles mehr. Auch ein älterer Mensch muss Ähnliches erneut lernen, wenn er nach langer Krankheit wieder stehen und gehen lernt, sich entschließt, nicht einfach alles hinzunehmen oder spüren lernt, dass Dankbarkeit auch ein Weg des Herzens ist. Mit Leichtigkeit lernen wir Fahrrad fahren, wenn wir im Geiste schon lange mit anderen geübt haben, und lieben, wenn wir Liebe erfahren haben. Wir lernen leichter kochen, wenn wir wissen, was uns schmeckt, unsere Fantasie angeregt wird und wir früh mitkochen können. Neue Beziehungen nehmen wir unbefangener auf, wenn wir andere geübt haben und ihnen vertrauen konnten, weil sie uns wachsen ließen. Angst machende Beziehungen können wir eher verlassen, wenn wir gelernt haben, dass Abschiede zum Leben gehören. Wir lernen vieles durch Erfahrung, Nachahmung, Beobachtung und Ausprobieren, ohne es je in einer Schule durchgenommen oder eine Prüfung dafür abgelegt zu haben. Den ersten heftigen Zahnschmerz, den großen Liebeskummer oder eine herbe Enttäuschung müssen wir uns nicht extra merken, weil wir sie wirklich und mit allen Wirkungen erlebt haben, die Narben noch spüren und jeder Wiederholung auszuweichen versuchen. In seiner Unausweichlichkeit zwingt es sich auf und stellt Fragen. Das biografische Wissen resultiert also aus der erzwungenen Erfahrung des Lebens, aber auch aus dem Erleben des Geschenks, das in jedem Leben steckt. Es wächst aus dem inneren Nachhall und aus dem Nachdenken über die konkreten Fragen, die in diesen Erfahrungen stecken und nach Antworten verlangen.

Die Neugier auf Leben ist jedem Kind angeboren. Sie gehört zur »genetischen« Ausstattung des Menschen und ist die Antriebskraft, die Leben braucht. Die menschliche Geburt ist eine Verabredung mit dem Leben, ein Übungsangebot, nicht mehr und nicht weniger. Leben ist ein fortwährendes Üben. Ohne die Lust, den Spieltrieb, aber auch die Notwendigkeit, für sich sorgen zu lernen, die eigenen Kräfte und Ideen zu erproben, sich und die Umwelt mitzugestalten, Fragen zu stellen, Antworten zu suchen, Bedürfnisse zu formulieren und zu befriedigen, nach dem Wie und Warum des Lebens zu fragen, könnte der kleine Mensch seinen Weg ins Leben weder beginnen noch erfolgreich fortsetzen oder gar älter werden. Wer diese grundlegende Lebensneugier und den eigenen Antrieb, das Leben durch alle Höhen und Tiefen hindurch zu lernen und in eigener Verantwortung zu gestalten, im Laufe des Lebens verliert und resigniert, wird seiner Existenzgrundlage beraubt. »Wer nichts will, dem fehlt nichts« ist eine gute Empfehlung für Selbstgenügsamkeit und Bescheidenheit, wenn dies geboten ist. Ein guter Rat für ein Leben, das wenigstens überleben will, ist sie nicht. Wo der Wille zum Leben fehlt, kann kein eigener Lebensweg entstehen.

Die Unmittelbarkeit, Frische und das aus dem Überlebenswunsch geborene Bemühen um einen neuen sicheren Lebensort, die in den ersten Berührungen der Neugeborenen mit der Mutter und der Welt sichtbar werden, sind überwältigend. Der kraftvolle Versuch der kleinen Faust, den Finger der Mutter zu umklammern, ist mehr als ein Reflex. Die kleine Faust ist das Symbol für die ewige Suche nach Halt. Nichts von dem, was mit dem geschenkten Leben auf den kleinen Menschen zukommt, ist bekannt, selbst wenn liebende Eltern gern den siebten Himmel versprechen und ihrem Sprössling alle Wege ebnen würden. Die frühen wie die späteren Welten, die sich im Leben eines jeden menschlichen Wesens entfalten, sind immer die eigenen Welten und Ergebnis einer anstrengenden Arbeit, mit den historischen Gegebenheiten fertig zu werden. Leben will leben, nicht mehr und nicht weniger. Deshalb geht es bei der primären Neugier auf Leben und der ihr zugrunde liegenden Energie nicht in erster Linie um Wissen, Fakten und Formeln, um die richtigen ersten oder letzten Worte, um das gute Lesen, um das kleine oder große Einmaleins der Mathematik, um Namens- und Zahlengedächtnisse, also um all das, was man sich im

Laufe des Lebens merken muss, um ein guter Schüler und eine noch bessere Schülerin zu sein. Wesentlich geht es um das Erleben der eigenen Existenz, um die Entdeckung des großen Geheimnisses, was es heißt, ein lebendiger Mensch zu werden und dem Leben immer wieder zu vertrauen. Gefragt ist ein Unternehmergeist, eine spezifische Aufmerksamkeit und Wahrnehmungsfähigkeit für sich selbst und das, was im Spiel der verschiedenen Kräfte und Bezugssysteme mit einem geschieht. Selbstvertrauen ist eng mit der Erfahrung verbunden, ob die eigenen Wahrnehmungen in Übereinstimmung mit der Wirklichkeit gebracht werden können, ob man den eigenen Erfahrungen und Erlebnissen vertrauen kann und ob das Wissen, das man auf diese Weise erworben hat, den Boden sicherer macht, auf dem man steht. Vertrauen, Selbstwirksamkeit und Anerkennung durch andere Menschen sind nach Ansicht der modernen Gehirnforschung die wesentlichen Säulen einer menschlichen Entwicklung, die von der Hoffnung auf Zukunft und der Bereitschaft zur Mitgestaltung getragen sein muss, um zu gelingen.

Worum es geht, wenn wir dem Leben begegnen, ist nicht das Wagnis eines möglichen Lebens in ferner Zukunft, sondern der mutige Blick auf das jetzige Leben und seine innere Ordnung, auf seine gestalterischen Bewegungen für den nächsten Schritt wie seine Rückzugskräfte, wenn es sich überfordert oder ungeschützt fühlt. Was erlebt der kleine Mensch in den ersten Lebensübungen, wenn er nach bedingungsloser Liebe und Annahme sucht und vielleicht das Gegenteil in den Augen eines anderen Menschen sieht? Was erlebt ein sterbender Mensch, wenn er allein gelassen wird? Wie denkt, fühlt oder ängstigt sich ein junger Mensch, wenn ihm die Schule misslingt und die Lebensperspektiven sich verschlechtern? Was erleben Menschen, wenn sie traurig sind, lieben und geliebt werden, sich aus unterschiedlichen Gründen und auf verschiedene Weise zurückziehen? Wie erleben wir das Fließen der Zeit, wie die innere oder äußere Heimatlosigkeit? Fragen über Fragen und keine einzige ist wissenschaftlich so zureichend beantwortet, dass sich alle Menschen die gleichen Antworten abholen könnten.

Leben vermittelt seinen Sinn und seine Bedeutung nicht von selbst, sondern braucht den Lebenswillen, die Lebenspraxis und die fragende Lebensneugier eines Menschen, um zu zeigen, worum es im jeweiligen individuellen Leben oder im Zusammenleben mit anderen Menschen gehen kann. Die geistige, emotionale und soziale Fähigkeit, über sich selbst nachzudenken, Bewusstsein zu entwickeln, sich über Sprache in Wort und Schrift mitzuteilen, zu kooperieren und Beziehungen einzugehen, Perspektiven aufzugreifen, Horizonte zu überschreiten und Pläne zu schmieden wie die Fähigkeit, mit einer Vielfalt von Stimmungen und Gefühlen dem Leben Sinn und Bedeutung zu verleihen, hat dem Menschen jene Werkzeuge an die Hand gegeben, mit denen er auf die Entdeckungsreise des Lebens gehen und in die Gestaltung des Lebens eingreifen kann.

Wissen und wundern

»Nimmt man Gewissheiten ernst, so töten sie das Herz und fesseln die Fantasie.« Dieser Satz von Iwan Illich gehört für mich zu den wichtigsten Klarstellungen, wenn man sich als Wissenschaftlerin, als Pädagoge oder Therapeut, als spiritueller Lehrer oder als nachdenklicher Mensch mit Fragen auseinander setzt, die das Leben betreffen. Die Fragen, woher wir kommen, wer wir geworden sind, worauf wir hoffen, was wir leisten können, wem wir vertrauen, was von uns erwartet wird, wie wir unsere Begabungen einsetzen, mit Schwächen umgehen und uns zur Not schützen können, bewegen die Menschen, seit sie die Erde bevölkern. Leben ist vom ersten bis zum letzten Augenblick eine Art Suchbild und die kontinuierliche Aufforderung, sich das nötige Wissen und die entsprechenden Lebenskompetenzen anzueignen. Die Geschichte der Menschheit und die einzelnen Lebensgeschichten sind voller Erkenntnisse, Antworten, Irrtümer, Gewissheiten, Zweifel und Erleuchtungen. Jede Generation, jede kulturelle, religiöse und ethnische Gemeinschaft, jeder einzelne Mensch ist also immer wieder neu zu jener Entdeckungsreise eingeladen, dem biografischen Geheimnis des eigenen wie der Bedeutung des gemeinschaftlichen Lebens auf die Spur zu kommen und verstehen zu lernen, welche biologischen, geistigen und sozialen Prinzipien die individuelle wie gesellschaftliche Lebensgestaltung bestimmen.

Was bedeutet es, ein Mensch zu sein? Wer begreifen will, welchen Regeln die Evolution im Allgemeinen und die menschliche Entwicklung im Besonderen folgt, wer sich dafür interessiert, welche aufregenden Erfahrungen ein Kind bereits hinter sich hat, wenn es auf die Welt kommt und ein alter Mensch während seiner Lebensreise zwischen Geburt und Tod gemacht hat, für den wird nicht nur das Wunder des Lebens offenbar, sondern auch die unglaubliche Aufgabe verständlicher, die mit dem Gestaltungsauftrag für das eigene Leben in seinen Händen liegt.

Leben ist nur eine Möglichkeit, leben müssen wir es selbst. Nur durch unsere Lebenspraxis, durch den Einsatz von Körper, Geist und Seele, durch die achtsame Wahrnehmung der inneren wie äußeren Lebensbewegungen und die Entwicklung eines Lebenskonzepts und seiner biografischen Gestaltungsmuster lernen wir Leben in all seinen Schattierungen, Besonderheiten und Herausforderungen kennen. Leben lebt von den konkreten Antworten, die Menschen auf ihre Fragen finden, ist nicht zurückzudrehen und bleibt unberechenbar. Von einem zum anderen Augenblick kann Leben uns den Boden unter den Füßen wegziehen und Lebenspläne durchkreuzen, und schon im nächsten Augenblick von seiner ungeheuren Überraschungskraft, von Ressourcen und Kräften zeugen, die wir nie in uns vermutet haben. So sehr wir uns mit dem Verstand nach Sicherheit, Vorhersagbarkeit und Effektivität im Leben sehnen, so klar zeigt die Lebenserfahrung, dass Menschen keine logischen, sondern lebendige Beispiele des Lebens sind, die ihrerseits plötzlich ihre Lebenspläne durchkreuzen und einen anderen Weg einschlagen. Jeder Mensch ist ein unverwechselbares, einmaliges und gleichzeitig mit anderen Menschen durchaus vergleichbares Beispiel seiner Gattung. Er ist eine einzigartige Improvisation der menschlichen Grundordnung, ein mit all seinen Stärken und Schwächen urheberrechtlich geschütztes Original, von dem es keine Kopie gibt. Dieser geheimnisvolle Zusammenhang von Einheit und unterschiedener Vielfalt ist kaum zu erfassen und zu begreifen. Es ist das Wunder, das der Schöpfung, der menschlichen Gattung und jedem Menschen als Teil dieser Ordnung zugrunde liegt, dem der folgende, viertausend Jahre alte Text nachspürt.

»Wer hat die beiden Fersen des Menschen geformt? Wer hält sein Fleisch zusammen? Wer hat seine beiden Fußknöchel gemacht? Seine wohlgeformten Finger? Die Öffnungen? Wer hat ihm seinen stabilen Bau gegeben? Womit sind denn die beiden Fußknöchel und die beiden Knie gemacht? Wo sind denn eigentlich die Kniegelenke festgemacht, dass wir sie beugen können? Wer hat sie so festgemacht? Wer versteht das wirklich? Das Gerüst ist an vier Stellen aneinandergefügt, die Gliedmaßen zusammengewachsen, oberhalb der Knie, und doch kann sich der Rumpf biegen dank Gesäß und Oberschenkeln. Wer hat denn das geschaffen, was dem Rumpf Halt gibt? Wie viele und welche Götter haben die Knochen von Brust und Hals zusammengefügt, die Brüste einzeln angemacht? Wie viele haben die Anordnung der Schulterknochen gemacht? Der Rippen? Wer hat die beiden Arme so gefügt, dass sie Heldenhaftes vollbringen können? Welcher Gott hat dann die beiden Schultern auf den Rumpf gesetzt? Wer hat die sieben Öffnungen des Kopfes gemacht, Ohren, Nasenlöcher, Augen, Mund, die den zwei- und vierbeinigen Lebewesen erlauben, sich überall zurechtzufinden? Zwischen beide Kiefer hat er die vielseitige Zunge gelegt, auf die er nachher das mächtige Wort legte. Er wälzt sich zwischen den Welten, in Wasser gehüllt. Wer versteht das wirklich? Wer war der Gott, der als erster sein Hirn und seine Stirne, seinen Nacken und seinen Schädel schuf? Er stieg in den Himmel, nachdem er die Kieferknochen des Menschen zusammengefügt hatte. Wer ist dieser Gott? Es gibt viele geliebte und viele ungeliebte Dinge, den Schlaf, die Beklemmung und die Niedergeschlagenheit, die Wonnen und die Freuden – wer erlaubt dem Menschen, dem gefürchteten, das alles zu ertragen? Wer gab ihm die vielen

verschiedenen und verschieden verlaufenden Launen, die wie mächtige Fluten strömen, rot, kupferrot, rauchfarben im Leibe hochsteigen und ihn durchdringen? Wer hat ihm die Gestalt gegeben, wer die Masse, wer den Namen? Wer hat ihm seine Gangart, sein besonderes Kennzeichen, sein Verhalten gegeben? Wer wob diesen Rhythmus des Ein- und Ausatmens in ihn, wer gab ihm diesen langen Atem? Welcher Gott hauchte so viel in diesen Menschen?« (Atharvaveda, X, 2200–1800 v. Chr. Sanskrit)

Wer versteht dieses Wunder auch viertausend Jahre später? Welcher Gott, welcher Geist, welcher Urknall hauchte so viel in diesen Menschen? Nicht nur dem Anfang des Lebens, sondern allen Stufen der Evolution und der menschlichen Entwicklung wohnt ein geheimnisvoller Zauber und ein tiefes Wissen inne, die es zu entdecken gilt, um jenes Vertrauen ins Leben zu entwickeln, das den einzelnen Menschen und die menschliche Gemeinschaft ermutigen kann, sich dem offenen Geheimnis und dem Wunder des eigenen Lebens zu stellen und die eigene Entwicklung zu ermöglichen. Zauber und Wissen beschützen den Menschen und helfen ihm, das Leben trotz aller Widersprüche, Wellenbewegungen und mit Blick auf seine Unvorhersagbarkeit zu ertragen, auf das Lebensglück zu hoffen, sich den Lebenskrisen zu stellen, Entscheidungen zu treffen und Verantwortung zu übernehmen. Es geht darum, sich immer wieder neu vom »Mysterium des Lebens« verzaubern zu lassen, selbst wenn der persönliche Sinn des Lebens fragwürdig wird. Um was es dabei historisch und entwicklungsgeschichtlich geht und wie das konkrete Leben in diesen großen Zusammenhängen gelernt werden kann, ist nicht so leicht zu sagen. Die ersten Menschen haben es wie jede nachfolgende Generation unter ihren jeweiligen Bedingungen ebenso üben müssen wie die heutigen Menschen.

Die Fragen aus dem alten Sanskrit-Text stehen noch immer auf der Tagesordnung. Vielleicht suchen wir nicht mehr nach den Göttern, die den Menschen erfunden haben. Vielleicht geben wir uns mit den bisher vorliegenden wissenschaftlichen Erklärungen zufrieden.

Vielleicht akzeptieren wir auch, dass wir das tiefe Geheimnis der menschlichen Existenz nur ahnen können. Wie entsteht ein menschlicher Kopf in seiner ganzen Brillanz, und was unterscheidet ihn von den anderen Köpfen? Wie kann die Evolution so viele unterschiedliche Köpfe und Körper erfinden, wie es Menschen auf der Erde gibt? Wie kann jeder einzelne Mensch seinen eigenen Gedanken und Gefühlen nachgehen, und wie entstehen gemeinsame Gedanken? Warum stecken Lachen und Gähnen an? Warum sind uns manche Menschen auf Anhieb sympathisch und andere nicht? Wer sind wir, wenn wir geboren werden, was bringen wir mit und wie sind wir das geworden, was wir jetzt sind? Denken wir wirklich mit dem Herzen besser, wie der kleine Prinz von Saint Exupéry behauptet? Hat das etwas mit den Spiegelneuronen in unserem Gehirn zu tun, mit denen wir fühlen können, was ein anderer Mensch fühlt? Wie lernen wir mit den Händen zu fühlen, und wie entsteht Gefühlskälte? Wozu sind Tränen da, und wo wohnen Angst und Trauer? Welche Bedeutung hat ein einzelner Mensch, und wie festigt sich das Vertrauen in ihm, dass er für andere von Bedeutung ist? Gibt es ein Prinzip in der umfassenden Ordnung des Lebendigen, das die Welt zusammenhält, auch wenn Katastrophen und Kriege das Leben der Menschen umstellen? Sind Stärke, Leistung, Konkurrenz und Durchsetzungsvermögen das einzige menschliche Maß? Und wie erklären wir die Tatsache der Liebe, der Hingabe, der Koexistenz und der Fähigkeit zum Mitgefühl?

Wer sein Leben annehmen, fühlen und wagen will, muss sich mit sich selbst, mit anderen Menschen und mit diesen Fragen auseinander setzen. Er muss sich immer wieder auf die konkreten individuellen wie gesellschaftlichen Lebens- und Arbeitsbedingungen einlassen, um herauszufinden, worum es in seinem ganz spezifischen Leben als Mann oder Frau, Kind oder Erwachsener, als Arzt oder Patient jeweils geht. Leben braucht eine Möglichkeit, ein Motiv, eine Anstiftung und lebt von der Entscheidung, dass ein Mensch sich vom ersten bis zum letzten Atemzug anstiften lässt und gleichzeitig die Möglichkeit zu leben erhält. Der Mund isst, wenn es etwas zu essen gibt, und spricht, wenn es etwas mitzuteilen gibt und ihm nicht das Wort verboten wird. Das Ohr hört, wenn es etwas zu hören gibt, und der Mensch braucht besonders dann ein Ohr, wenn er in seiner Not erhört werden muss. Die Haut fühlt einen anderen Menschen oder den Wind, wenn sie berührt wird, und leidet, wenn die Berührung zu lange unterbleibt. Das Gehirn denkt, wenn es ein Problem zu lösen und eine Frage zu beantworten gilt, und die Füße gehen, wenn es ein Motiv zum nächsten Schritt und einen Grund zum Aufbruch gibt. Der Mensch liebt, wenn sich jemand lieben lässt und ihm antwortet und kann nur fühlen lernen, wenn seine Gefühle auch ausgelöst werden.

Der Mensch selbst kann in seinem Leben erkennend mitwirken, blind stören, sein Leben vernachlässigen und Leben wissentlich zerstören. Auf diese Weise kann Leben Schiffbruch erleiden, an die Grenze geraten, einen anderen als den geplanten Verlauf nehmen. Was immer der Mensch erfährt, erlebt, denkt und fühlt, ist grundsätzlich der Veränderung unterworfen. Irrtum, Schuld, Hass und Schwäche, Genialität, Erfindergeist, Kraft, Liebe und gegenseitiger Respekt begleiten die Verabredungen mit dem Leben.

Fliegen und landen zwischen Geburt und Tod

Sterben ist nicht vorrangig ein Prozess der physischen Auslöschung, sondern bedeutet vor allem die Möglichkeit zur Wandlung. Der Tod ist nicht der Gegensatz zum Leben, sondern der Gegenspieler von Zeugung und Geburt. Beide verhalten sich wie Rückseite und Vorderseite des Lebens. In der Spannungsbeziehung zwischen Geburt und Tod versucht der Mensch, sein Leben zu gestalten und ihm eine unverwechselbare biografische Form zu geben. Das Leben zu fühlen, zu wagen und zu entscheiden, ist mit der Bereitschaft verbunden, in jedem Augenblick geboren zu werden, aber auch sterben zu können. Fliegen und landen zu lernen. Grenzen zu überschreiten und andere einzuhalten. Zu weinen und zu lachen, der Freude und der Angst einen Platz zu geben. Zu lieben und sich einzulassen. Sich zu trennen und Abschied zu nehmen, wenn es erforderlich ist. Wie Himmel und Erde, Tag und Nacht einander brauchen, so muss der Mensch, um Mensch zu werden, immer wieder zwei polare Dimensionen in seinem Leben realisieren und kann auf keine verzichten. Nur mit dem festen Boden unter sich, der ihn anzieht, kann er sich im aufrechten Gang dem Himmel entgegenstrecken und wagt dabei mit jedem Schritt den Fall. Es geht darum, die Existenz des Adlers und des Huhnes miteinander zu verbinden, wie der Franziskaner und brasilianische Befreiungstheologe Leonardo Boff in einer Metapher formuliert. »Unter der Dimension des Adlers verstehen wir den Kosmos wie auch den Menschen mit seiner Offenheit, mit seiner Fähigkeit, Grenzen zu übersteigen, und mit seinem Sich-Ausstrecken in Richtung auf das Grenzenlose. Die Dimension des Huhnes hingegen steht für seine Verwurzelung, sein existentielles Sosein und seine greifbaren Vorhaben.« (Boff)

Der Adler – Vision, Entwicklung und Evolution auf der einen Seite. Das Huhn – Erdverbundenheit, Beständigkeit und Bewahrung auf der anderen Seite.

Die menschliche Geburt ist nicht das Ende eines Prozesses, sondern jenes lebenslange Übungsangebot, das Leben zu lernen und zu erfahren, wann es in unserem biografischen Leben und seinen Entwicklungslinien um die Dimension des »Huhnes« oder die des »Adlers« geht, wie wir zwischen ihnen in Balance bleiben können und keine der beiden Dimensionen vernachlässigen. Mit dieser großen Herausforderung wird der Mensch nie wirklich fertig.

Der gewöhnliche Alltag ist das Übungsfeld des Lebens. Hier lernen wir schrittweise die spezifische Bedeutung von »Huhn« und »Adler« für den Verlauf unseres eigenen Lebens und die Entwicklung unserer Lebensmuster kennen. Wir erfahren, wie unterschiedlich schwer es Menschen haben, Boden unter die Füße zu bekommen oder dem Ruf ihres Adlers zu folgen, und wir spüren, welchen Widerständen wir bei der Suche nach uns selbst begegnen. Die Gesellschaft liebt vor allem die Bodenständigkeit, möchte den Weckruf des Adlers kontrollieren, um nicht nur die »Ordnung« des Fortschritts, sondern überhaupt Ordnung zu bewahren. Sie lehrt die Menschen in Familie, Kindergarten und Schule von klein auf, das Huhn in sich zu lieben, im Gänsemarsch und Kükenformation den elterlichen Leitfiguren zu folgen, ein Nest zu bauen, Eier zu legen, Haus und Hof mit Eigentumsgrenzen zu versehen, Steuern zu bezahlen, Zertifikate zu erwerben, sich anzupassen, um den Hahn zu scharen, sich zu bescheiden und keine zu große Unruhe im Hühnerhof zu erzeugen.

Aber der Mensch kann seinen Kopf vom Boden lösen, zum Himmel aufschauen und den Weckruf des Adlers hören. Er spürt die Begrenzung, die in der Sicherheit liegt, und hört die Stimme, die über das Erreichte hinausstrebt, den offenen Raum des Himmels erreicht und Zweifel in die Bequemlichkeit streut. Die Dimension des Adlers hält das heilige Feuer am Brennen und ist immer wieder bereit, zur nächsten oder übernächsten Zukunft aufzubrechen. Das Huhn lockt den Adler nach Hause, wenn dieser im befreienden Flug das Ziel aus den Augen verliert und nicht mehr landen kann, weder bei anderen noch bei sich selbst. Der Adler lockt das Huhn aus dem Stall einer scheinbaren Sicherheit und will den Menschen zu einem Leben anstiften, das er noch nicht gewagt hat, obwohl ihm eine Veränderung unter den Nägeln brennt. Er will verhindern, dass der Mensch dauerhaft auf einer kleinen Stange nahe dem vermutlich sicheren Boden sitzen bleibt, sich als Opfer fühlt und das Leben tatenlos an sich vorüberziehen lässt. Diesen lebenslangen Zwiespalt, die polaren Dimensionen von Huhn und Adler in sich zu integrieren und eine lebbare Balance zu finden, drückt der kubanische Dichter Jose Fernandez Retamur in einer anderen Metapher aus: »Der Mensch ist zwei Formen von Hunger ausgeliefert: dem Hunger auf Brot, der sich stillen lässt, und dem Hunger auf Schönheit, der unstillbar ist.« Huhn und Adler sind ein Paar. Wie sie ihren Hunger auf Brot und eine feste Heimat und den anderen auf Schönheit und die Weite im aufsteigenden Flug als Lebensbeziehung in uns gestalten, ist ein offenes Geheimnis unseres Lebens.

Verstehe dich selbst – aber wie?

Indem der Mensch im Augenblick der Geburt das vor ihm liegende unbekannte Leben als Übungsangebot annimmt, bekommt er die Möglichkeit, sich selbst kennen zu lernen und dieses Geheimnis zu lüften. Die Anstiftung zum Leben verfolgt einen Sinn, der über das Sammeln und Jagen von Lebensmöglichkeiten hinausgeht. Ganz offensichtlich geht es um die Entwicklung eines Bewusstseins, das Selbstbewusstsein und universales Wissen vereinigt. Über dem Eingang zum Tempel von Delphi war zu lesen: »Verstehe dich selbst«, und für die Bewältigung dieses Lernauftrags gab es gleich drei weise und nicht weniger schwierige Ergänzungen: »*Nicht zu viel. Werde, der du bist. Sei.*«

Nicht zu viel! Die Angst, nicht genug von dem zu bekommen, was man grundsätzlich zum Leben braucht und was zusätzlich auf der Wunschliste der persönlichen Lebenspläne steht, ist dem Menschen als Mängelwesen einverleibt und treibt ihn um. Auch der Mutterleib war nicht nur ein Paradies. Manchmal lieferte die Nabelschnur nicht genug oder hatte zu viel Alkohol und andere Drogen in der erwünschten Nahrung. Manchmal wurde der Raum zu eng oder der Lärm von außen war zu groß, um sich entwickeln zu können. Von Kindesbeinen an machen Menschen nach der Geburt die Erfahrung, dass es an dem Notwendigen, das für die eigene Entwicklung gebraucht wird, fehlen kann: an Nahrung, Wärme, Zuwendung oder Zeit. Zur Alltagserfahrung menschlichen Lebens gehört auch, dass sich Wünsche nicht ohne weiteres erfüllen, dass für ihre Befriedigung Gegenleistungen gefordert werden oder dass andere mehr haben, sich leichter mit der Erfüllung ihrer Träume tun, aber auch nichts hergeben, wenn sie zu viel haben. Der einzelne Mensch wie ganze Gesellschaften tun sich auf dem Hintergrund ihrer Erfahrungen schwer damit, das menschliche Maß zwischen Mangel und Überfluss zu finden, und tendieren aus Angst vor den sieben mageren Jahren zum Überfluss. An die Stelle einer ausgewogenen individuellen wie kollektiven Sorge für die notwendigen Lebensbedürfnisse und von Bescheidenheit ist vielfach die maßlose Aneignung getreten, die von allem mehr als genug will, um sich in Sicherheit wiegen zu können. »Wir wollen alles und zwar sofort«, haben junge Menschen, die mit ihren Wünschen ständig vertröstet wurden, an eine Häuserwand gesprayt und der Gesellschaft den Spiegel vorgehalten. Was man hat, das hat man. Es ist nie genug. Wer weiß schon, was wird. Die Überlebensangst hat viele Gesichter und für sie ist immer Krieg und Zeit zum Hamstern! Aggression, Egoismus, Rücksichtslosigkeit, Neid, Geiz, Missgunst und Habgier begleiten jene existenzielle Angst, übersehen und nicht berücksichtigt zu werden. Zuversichtlich, aber schon fordernd und laut erschallt der Ruf aus dem Kinderzimmer: »Das will ich auch!« Im ständigen »zu viel« geht die Balance und das Urteil verloren, was zu viel, nicht nötig oder zu wenig wäre. Bescheidenheit, Achtsamkeit und Verzicht sind Verhaltensweisen, Einstellungen und Übungen, die dem Menschen im Verstehen seiner selbst helfen und anleiten könnten, den Maßstab des »Nicht zu viel« für sich selbst wieder zu finden, ohne in der Angst des »zu wenig« versinken zu müssen. Die Erfahrung des Fastens zeigt ja weniger den vermuteten Schmerz, der im Verzicht auf das gewohnte Essen auf den Menschen zukommt, sondern den Zugewinn, der in den erweiterten Verhaltensmöglichkeiten liegt, anders mit sich umzugehen.

»*Werde, der du bist*« ist der schwierige Verweis auf die menschliche Potenzialität, die sich nicht allein in dem manifestiert, was der Mensch als Huhn in seinem Hof bereits realisiert und als festen Boden unter den Füßen hat. Die Empfehlung zielt auch auf die Botschaft des Adlers in uns, auf die Wandlungsfähigkeit und Sinnsuche des Menschen. Lebenslang steht der Mensch immer wieder neu vor der Aufgabe und Möglichkeit, das Erreichte zu überprüfen, Altes loszulassen, Raum für Neues zu schaffen und durch alle Lebensphasen hindurch zu seinen »Geburtsrechten« zu erwachen: zu einer alles übergreifenden grundlegenden Liebe, zur Güte, zur Bildung des Herzens und anderem. Die Frage, wer wir sind, also die Frage nach unserer Identität, ist nie abschließend zu beantworten. Jeder Mensch ist ohne jede Trennung in das Gewebe des Lebens eingewoben, damit dem ständigen Wandel unterworfen und kann sich diesem universellen Zusammenhang nicht entziehen, selbst wenn dieser unbewusst bleibt oder der Mensch ihn zu leugnen versucht. Menschliche Existenz gestaltet sich im Wandel und menschliche Identität ist eine Identität im Werden. Keine Datenbank und kein Personalausweis kann sie erfassen. Das universale und biografische Geheimnis, das in jedem einzelnen Leben steckt, ist der Schatz, den wir durch die Phasen des Lebens hindurch immer wieder neu bergen müssen, wenn wir der Aufforderung folgen, die zu werden, die wir sind. Wir glauben an so etwas wie eine einzigartige, abgetrennte Identität, die sich als »unveränderliches Kennzeichen«, sozusagen als eindeutiger Fingerabdruck, von dem manifestiert, was wir sind. Aber wenn wir genauer hinschauen und uns in Zeiten der Krise und Verunsicherung auf unsere Identität verlassen wollen, dann merken wir, dass diese Identität von so vielen Gegebenheiten abhängig ist, die wir selbst geschaffen haben und die ihrerseits immer wieder bedroht sein können. Wir gründen das sichere Gefühl unserer Identität auf unseren Namen, auf Familie und Bankkonto, auf unsere verschiedenen Rollen, auf Haus, Hof oder Eigentumswohnung, auf Schulabschlüsse, Karrieren und Gefährten, auf die Vorstellungen und Bilder, die wir uns über unsere zukünftigen Lebenspläne machen. Diese eigentlich zerbrechlichen und flüchtigen Aspekte unserer Identität werden zu einer Art Gewährleistung unserer Sicherheit, aber wenn wir uns der Wirklichkeit zuwenden, so zeigt sich die Suche nach Dauerhaftem als vergeblich. »Werde, der du bist« ist also eher die radikale geistige Aufforderung, sich einer Identität im Werden zu stellen und fast in jedem Augenblick bereit zu sein, die alte Identität aufzugeben, wenn sie uns daran hindert, zum Wesentlichen im Leben vorzudringen. Das Leben zu wagen heißt nicht nur, in jedem Augenblick zu sterben wagen, sondern ebenso, geboren zu werden. Wir gehen durch Phasen in unserem Leben, wo wir Abschied nehmen, wo das stirbt, was wir gewesen sind, um etwas anderem Platz zu machen, einem neuen Blick auf uns selbst, einer neuen Sicht der Welt.

»*Sei*« ist im Dreiklang der Tempelinschrift die Aufforderung, gegenwärtig zu sein und die notwendigen Beziehungen aufzunehmen, damit dies gelingen kann. Wie die Liebe braucht auch das Leben die Gegenwart, das Einbeziehen eines anderen Wesens. Beide können ohne Gegenüber nicht bestehen. Das Leben nimmt uns beim Wort, will jetzt und nicht irgendwann den nächsten Atemzug tun und hat es dennoch nicht eilig, wenn wir bereit sind, das Leben zu lernen, um zu sein. Zwischen Vergangenheit und Zukunft ist Leben auf Gegenwart angelegt und verlangt unsere Entscheidung. Das »Sei« verlangt Entscheidung und Mut, das Geschenk des Lebens unter den jeweiligen Bedingungen ohne Wenn und Aber anzunehmen. Wir können unsere Existenz nicht austauschen, aber sie mit Sinn füllen. Zu sein heißt, sich mit Bedacht und Leidenschaft der anstehenden Aufgabe zu widmen, Risiken einzugehen, Rückschläge und Durststrecken in Kauf zu nehmen, um etwas zu verwirklichen. Sei Huhn, wenn du Huhn bist, und Adler, wenn du Adler bist, und versuche, zwischen beiden die Balance zu finden. »Sei« ist die Aufforderung zur Sorge für sich selbst, aber auch zur Fürsorge im menschlichen Verbund, zur Übung von Autonomie und Freiheit wie zur Fähigkeit, Beziehungen aufzunehmen, sich einzulassen und einzubinden.

An tiefsinnigen wie oberflächlichen Empfehlungen für diese angemahnte Suche nach sich selbst fehlt es nicht. Im Zusammenhang der Verunsicherung und Auflösung von alten Orientierungsmustern und Wertvorstellungen und der tief greifenden Veränderungen, die das private und öffentliche Leben durchziehen, ist die Angst und Ratlosigkeit vieler Seelen nicht mehr zu übersehen. Viele Menschen suchen Halt und hoffen auf Orientierung, andere fliehen vor der Arbeit, die mit der Suche nach dem eigentlichen Sinn des Lebens verbunden ist, in die Sucht, in die Anhäufung von Dingen, die sie nicht brauchen, in die Gleichgültigkeit oder auch in Hass und Gewalt. Der Verlust einer spirituellen wie gleichzeitig politischen, den einzelnen Menschen übergreifenden Orientierung, die auf Solidarität und Mitgefühl aufbaut, ist offensichtlich, aber gleichzeitig wächst auch die Bereitschaft, sich auf neue Weise der gemeinschaftlichen Aufgabe und dem Gemeinsinn zu stellen.

In Anlehnung an die philosophischen und spirituellen Weisheiten der Weltreligionen, an wesentliche Erkenntnisse der Wissenschaften, an die Worte der Dichter und Denker ist eine Flut von Ratgebern entstanden, die den Menschen auf die Sprünge helfen wollen. Mehr oder weniger authentisch, dafür aber pragmatisch und weltanschaulich zurechtgestutzt, deuten viele von ihnen jene tiefen Lebensweisheiten für den Alltagsgebrauch des modernen Menschen um und bieten Hilfe für die Suche nach sich selbst und nach dem Sinn des Lebens. Manche dieser Ratgeber lesen sich weniger wie Übungsbücher, die den Horizont öffnen, sondern wie der heiße Aufguss einer Dreiminutenbrühe. »Spirituelle Wellnessbewegung« ist in Mode, persönliche Nabelschau bevorzugt. Wie im sonstigen Leben soll es auch mit der Selbsterkenntnis und Erleuchtung schnell und billig gehen, am besten mit Risikoversicherung und Garantieversprechen. Die Vorstellung von einem richtigen Leben macht die Runde, das uns andere gegen Aufpreis verpassen: richtig atmen, richtig essen, richtig entspannen, richtig bewegen, das Richtige glauben, nur gute Gefühle zulassen und positiv denken, kein Stress, kein Risiko, Lack ausbessern, lockere

Schrauben anziehen und den Zündrhythmus von Experten richtig einstellen lassen. Alles im Normalmaß, mit Normalgewicht und ohne Übergröße, nicht über die Stränge schlagen und den Anordnungen folgen, dabei ein gutes Duftöl und die einmassierten Streicheleinheiten – was soll da noch schief gehen? Zur Not das ganze Leben!

Viele der Rat-Schläge führen zu blauen Flecken und Bruchlandungen. Manche umschiffen genau die Klippen, an denen Menschen aus dem Gleichgewicht geraten sind oder verstellen die schon dämmernde Einsicht, dass das Leben nur auf eigene Rechnung möglich ist. Um zu sich zu kommen, darf man nicht zu lange auf fremden Schößen sitzen, selbst wenn das für einen Augenblick wohltuend sein kann. Statt dem Leben und seinen Entwicklungsschritten beobachtend und mit Empathie beizuspringen, entwickeln die unterschiedlichsten Experten medizinische, therapeutische, pädagogische, neurobiologische oder ökonomische Modelle vom Leben, die sie dann für das Leben selbst halten, um sich nicht mit dem konkreten Leben auseinander zu setzen. Statt Lebenserfahrungen zu ermöglichen, für Neugier Raum zu schaffen, Fragen und Erkenntnisse zu begleiten, Fehler zuzulassen und Selbstwirksamkeit zu fördern, versuchen diese professionellen und privaten Helfer das zu ersetzen, zu verhindern oder zu diskriminieren. Mit der Parole »Ich weiß, was gut für dich ist«oder »Ich will ja nur dein Bestes« werden wir schon als Kinder in die Enge getrieben und verlernen sehr schnell, unsere Erfahrungen zu verstehen und ihnen zu trauen. Aus der notwendigen Hilfe zur Selbsthilfe, die kleine und große Menschen brauchen, wird Hilfe als Ersatz für die eigenen Bemühungen und Erfahrungen. Das tut auf Dauer der Entfaltung von eigenen Lebensbedürfnissen und den dazu notwendigen Lebenserfahrungen nicht gut.

Modelle vom richtigen Leben erobern die Welt und dienen einer Globalisierung, die das Leben der Unterschiede in höchstem Maße gefährdet. Diese abstrakten Modelle gefährden aber auch die Lebenswirklichkeiten der Menschen und führen bei diesen zu einer spezifischen Art von Realitätsverlust, Apathie oder Wut. Viele Ratgeber sind gut gemeint, aber statt Wohlbefinden erzeugen sie Schuldgefühle und Resignation und verstärken die Illusion von einem sicheren und richtigen Leben.

Nachdenklichkeit scheint vielen Menschen eine Art Luxus zu sein, den sich diejenigen leisten, die sonst keine Probleme haben. Anderen erscheint Nachdenklichkeit schon als Depression. Als Instrument der bewussten Lebensgestaltung oder als Hilfe zum persönlichen Glück steht Selbsterkenntnis nicht auf der Bestsellerliste. Statt sich zum Leben anzustiften, ist das Leben vieler Menschen auf unterschiedliche Weise stiften gegangen.

»Du kannst an keiner Stelle mit Eins beginnen«

Dieser Satz stammt vom Künstler, Handwerker und Philosophen Hugo Kükelhaus, ein Lehrer, der mich ähnlich wie der Humanembryologe Erich Blechschmidt, der Lebensforscher Wilhelm Reich und der psychosomatische Arzt Viktor von Weizsäcker dazu angestiftet hat, mich mit den Anfängen menschlichen Lebens auseinander zu setzen und gleichzeitig zu fragen, wie sich dieser Anfang des Menschen und die in ihm enthaltene Ordnung im weiteren Leben eines Menschen auswirken. Kükelhaus hat mir in seinen Schriften und in gemeinsamer Arbeit deutlich gemacht, dass »Gott im Fleisch ist«, wie er sich ausdrückte. Dass das Allgemeine nur im und als Besonderes wirksam ist, die Dauer im Vergänglichen, das Leben nur im Individuum, das Eigentliche im Nebensächlichen wirkt, die Gesellschaft im Einzelnen. Leben wirkt als Paareinheit aus entgegengesetzter Gleichheit, war einer der Hinweise, an denen ich lange geknobelt habe, um zu verstehen, dass Geburt und Tod das Gegenüber darstellen. Leben ist nicht der Gegenspieler des Todes, sondern vereint ihn in sich zusammen mit der Geburt.

Wer wissen und verstehen will, wie das Leben lebt, welche sinnstiftenden Strukturen ihm zugrunde liegen und auf welche Weise sich diese in der körperlichen, geistigen, seelischen und sozialen Entwicklung eines jeden Menschen widerspiegeln und immer wieder neu gestalten, muss in jenem eigenen selbstverfassten Buch lesen, das nach einem afrikanischen Sprichwort jeder Mensch um den Hals trägt. An diesem Buch, der Autobiografie, schreibt der Mensch mit jedem Atemzug und Herzschlag, mit jeder Liebe und Enttäuschung, in jeder Lebensphase und auch noch in der Stunde des Todes weiter. Nicht immer lesen die Autoren ihren eigenen Text. Manchmal wird das Buch beim Lesen schnell wieder zugeschlagen, Seiten werden übersprungen oder herausgerissen. Nicht immer verstehen Menschen die Sprache ihres Lebens, wenn die Zeit vergangen ist. Der Haupttitel des Buches ist bei allen Menschen gleich: »Mein Leben vom biologischen Überraschungsei zur eigenen Biografie.« Die Untertitel und einzelne Kapitelüberschriften in den Büchern variieren. Kapitel für Kapitel, Satz für Satz, Wort für Wort handelt es sich um einen subjektiven Bericht über das, was einem Leben objektiv geschehen ist. Zum Thema werden die Unterschiede, die jeden Menschen und das Leben als Ganzes ausmachen. Jedes dieser ungeschriebenen Lebensbücher schildert, wie und unter welchen Lebensumständen und Bedingungen, durch welche bewussten und unbewussten Entscheidungen aus den Stunden, Tagen, Monaten und Jahren, die ein einzelner Mensch bisher zur Verfügung hatte, inmitten einer spezifischen Gesellschaft und Kultur aus einem kleinen befruchteten Ei ein einzigartiger Mensch mit einem ganz spezifischen Leben geworden ist.

Jeder Mensch kann in dem Buch eines anderen Menschen lesen und daraus lernen, aber keines dieser anderen Bücher ersetzt das eigene Buch. »Alle Menschen haben einen Kopf, aber die Köpfe sind verschieden«, lautet ein Sprichwort aus Ghana. Die Gattung entsteht mit jedem neugeborenen Individuum, also in jedem von uns jedes Mal neu.

Das Leben, dem wir begegnen, das wir wagen, verstehen und für uns selbst zu deuten lernen, ist der Auftrag des mit Bewusstsein und Sinnen ausgestatteten Menschen. Die Welt um uns herum ist dazu voller Fragen und Antworten. Diese füllen Museen, Bibliotheken, finden sich in Mythen, Märchen und in den Erzählungen, die von Generation zu Generation rund um die Welt weitergegeben werden. Menschen haben ihre Fragen und Antworten zum eigenen Leben wie zum Leben überhaupt in den heiligen Schriften, in Gedichten, Musik, Malerei und anderen Künsten dargestellt. Sie haben sie in Teppiche gewebt, in die Architektur ihrer Kirchen, Paläste, Häuser und kleinen Hütten eingeschrieben. Und weil Menschen mit einem Bewusstsein, also der Fähigkeit zum Nachdenken und der Möglichkeit, sich und die Welt zu verändern, ausgestattet sind, haben sich die Menschen auch selbst befragt, Wissen zusammengetragen und neue Wege der Forschung beschritten. Was Menschen in ihrem Wissensdurst und mit ihren Wissenschaften zum Geheimnis des Lebens herausgefunden haben, hat das Staunen verstärkt und letztlich offenbart, wie groß das Wunder der »Schöpfung« ist, das mit jedem Erkenntnisschritt neue Frage aufbrechen lässt.

Nicht nur die Wissenschaft, sondern jeder Mensch steht vor der Frage, was Leben in all seinen Formen bedeutet. Wie entsteht Leben im einzelnen Menschen, wie in der Natur, wie und in welchem Ordnungsgefüge lebt es? Was sind die Wesensmerkmale des Lebendigen, die zum Leben anspornen und die Materie bewegen? Wie hängen Natur und Geist miteinander zusammen und was können wir tun, um Leben in uns und um uns herum zu unterstützen? Welche Verbindungen muss jedes Leben aufnehmen, um das zu bekommen, was es zur Entwicklung braucht, und das zu nutzen und zu entfalten, was in ihm steckt? Was ist allen Menschen gemeinsam und was unterscheidet sie? Was geschieht, wenn Kinder in ihrer Entwicklung nicht unterstützt und herausgefordert werden, und welche Folgen haben die Formen des Lebensentzugs, die wir mit psycho-sozialer Verelendung, Bildungsarmut und Zunahme von Gewalt beklagen? Von welchem Geist ist die physiologische Entwicklung eines Lebewesens beseelt und was treibt die Seele an, sich mit Trauer, Wut und Ärger in die körperliche Entwicklung einzuschalten? Fragen über Fragen, die in jeder Biografie nach Antworten suchen und diese auch finden.

Jedes Lebewesen trägt das genetische und anderes Grundlagenwissen seiner Gattung als Keim in sich. So ist in jedem menschlichen Keim die Gattung Mensch insgesamt anwesend. Jede Zelle des Keimlings ist also eine menschliche, aber was für ein Mensch aus diesem Keimling wird, ist eine Frage, deren Antwort in der zukünftigen Entwicklung liegt. Jeder Keim enthält eine Möglichkeit, keimen muss er selbst. Es bedarf eines Ansporns, einer Herausforderung zur Entwicklung, damit das Potenzial erwachen und der Keimling für sich selbst tätig werden kann. Dies ist die wesentliche Botschaft des ersten Kapitels im Buch vom eigenen Leben. Der Grundton, der sich in den weiteren Abschnitten des Lebens zu einem großen Gesang erweitert, indem er in jedem Leben von der Zeugung an eine eigene Melodie anstimmt, heißt: Leben ist nur eine Möglichkeit, leben müssen wir es selbst. Wir müssen Leben fühlen, uns für ein eigenes Leben entscheiden und es wagen, die Person zu werden, die in uns steckt und möglich werden will. Ob es ein glückliches Leben wird, ist ungewiss, aber herausfinden müssen wir es selbst. Leben ist ein großer Gesang, heißt es in einer indianischen Weisheit, und jede Strophe, die ein einzelner Mensch singt, ist eine Variation des universalen Grundtons:

- Leben ist ein Geschenk: Nimm es an
- Leben ist eine Aufforderung und Herausforderung: Stell dich ihr
- Leben ist ein Abenteuer: Wage es und sei achtsam
- Leben ist Leiden und muss erlitten werden: Akzeptiere und überwinde es
- Leben ist ein Trauerspiel, ein Drama, eine Komödie, eine Inszenierung: Sieh sie dir an, sie ist von dir
- Leben und Glück stehen in der eigenen Verantwortung: Übernimm und erfülle sie
- Leben ist ein Spiel: Spiele es und bleibe neugierig

- Leben ist ein Mysterium: Öffne dich ihm
- Leben ist ein Gesang, ein Gemälde, ein große Choreografie: Singe, male, tanze sie
- Leben ist eine offene Chance: Ergreife sie und bleibe offen
- Leben ist eine endliche Reise: Unternimm und vollende sie
- Leben ist ein Versprechen: Halte es, für dich und andere
- Leben ist Schönheit: Nimm sie wahr und preise sie
- Leben ist Kampf: Kämpfe ihn
- Leben hat nur ein Ziel: Es will leben, zusammen mit dir und anderen in einer Welt
- Leben ist ein biografisches Rätsel: Löse es und erfinde deine Biografie

Das erste Kapitel im Buch des Lebens möchte ich nun aufschlagen. Wie fängt das Abenteuer, die Reise, der Kampf, das Mysterium an? Wie sehen die Gestaltbewegungen aus, die uns zum Leben angestiftet, auf den Weg gebracht und ermutig haben, das Geschenk eines unbekannten Lebens anzunehmen und aus einer unscheinbaren Eizelle ein einmaliges, autobiografisches »Überraschungsei« zu werden. Hier ist die Geschichte dieses Anfangs.

2. Kapitel

Auf dem Weg ins Leben – Die unglaubliche Geschichte vom »Überraschungsei«

»Zu allen Zeiten haben Kinder immer wieder alle Entwicklungsmöglichkeiten mit auf die Welt gebracht … Somit wird das noch ungeborene Kind zum Zentrum des Interesses. Es ist das gemeinsame Funktionsprinzip der gesamten Menschheit in Vergangenheit, Gegenwart und Zukunft. Es ist aufgrund seiner Plastizität und seiner reichen Ausstattung mit natürlichen Entwicklungsmöglichkeiten die einzige lebendige Hoffnung, die in diesem menschlichen Inferno noch geblieben ist.«

(Wilhelm Reich)

Den Anfang eines Wunders wagen

Es war einmal ein kleines Ei, das als weibliche Eizelle ungeduldig auf einen besonderen Anstoß wartete, um zu zeigen, welches Wunder in ihm steckt. Allein konnte es das Wunder nicht ermöglichen, es ging nur zu zweit, und deshalb musste sich eine männliche Samenzelle ebenfalls auf den Weg machen. Auch wenn wir Menschen uns später nicht mehr an diese frühe Existenzform erinnern können, so bleibt die sich in jedem Menschen wiederholende Geschichte vom kleinen Ei eine jener wissenschaftlichen Tatsachen aus dem Reich der Biologie, die wir zunächst einfach über uns glauben müssen, dann aber auch verstehen lernen können, wenn wir uns für die

Frage interessieren, wie Leben entsteht und seinen Lebensprozess gestaltet.

Leben ist von der ersten Sekunde an Begegnung, Kontakt und Bewegung. Jeder Mensch beginnt also sein Leben als eine kleine, unscheinbare Eizelle, die erwartungsvoll und voller Hoffnungen auf jene Begegnung mit einer Samenzelle wartet, um das zu werden, was er bis heute geworden ist und noch weiter werden will.

Gespannt hielten nun während der spezifischen Zeiten eines Frauenlebens nacheinander viele kleine Eier Ausschau nach einem Spermienfaden. Jedes war auf seine Weise ganz zuversichtlich, dass sich irgendwann einer von den Abermillionen Samenfäden verlieben und auf eine wirkliche Begegnung und Vereinigung mit ihm einlassen würde, damit sie zusammen in gemeinsamer Entwicklungsarbeit den Wunsch eines Menschenpaares nach einem Kind erfüllen könnten. Immer ahnte das kleine Ei dabei, dass es sich auf ein großes Abenteuer einlassen musste und dass niemand vorhersagen konnte, wann genau die Reise losgehen und was für ein Mensch am Ende dabei herauskommen würde. Es musste sich ganz auf sich und seine Kontaktaufnahme konzentrieren und wollte auch gar nicht wissen, welche Hoffnungen und konkreten Vorstellungen die jeweilige Frau und der jeweilige Mann mit dem Wunsch nach einem Kind verbanden, wie die verschiedenen genetischen Anlagen sich in seinem Zellkern kombinieren würden und welche Folgen dies alles für seine Entwicklungsschritte und Entwicklungsleistungen haben könnte, wenn seine Befruchtung gelingen würde. Es sehnte sich einfach nach Leben, nicht mehr und nicht weniger.

Vom Ei über die Befruchtung zum Embryo und dann möglichst als Wunschkind das Licht der Welt zu erblicken – das war das erste große Ziel im Traum vom Leben.

Jedes Leben hat einen Anfang. Damit dieser Anfang gelingt, gibt es Probeläufe. Einmal im Monat reift ein Ei in den Eierstöcken einer Frau heran, löst sich daraus und wird vom Eileiter aufgefangen. Die Anzahl der Eizellen, die in den Eierstöcken heranreifen, ist begrenzt. Die Samenzellen werden zwar immer wieder neu in Millionenauflage produziert, aber ihr Erfolg ist ebenfalls begrenzt. Auf dem Weg in die Gebärmutter ist die Eizelle nur für die kurze Zeit eines Tages und einer Nacht, nämlich etwa 24 Stunden, in der Lage, sich von einer kleinen Samenzelle zum Leben verführen zu lassen. Dann muss sie wehmütig und trotz der vielen Samenzellen, die um sie herumschwimmen, unverrichteter Dinge ihrem Ende entgegen ziehen. Die biologische Realität, in der sich das Wunder der Entstehung und der späteren Geburt eines kleinen Menschen verwirklichen kann, zeigt ihre Grenzen. Viele Millionen von Spermien sterben ab, und etwa 40 Prozent der befruchteten Eizellen entwickeln sich nicht weiter, weil sie die Weiterreise zur Gebärmutter nicht schaffen.

Leben ist eine Spannungsbeziehung zwischen Geburt und Tod, verwirklicht sich in Übergängen und beruht auf ständigem Wandel. Geburt und Tod verhalten sich wie Rückseite und Vorderseite des Lebens, nicht wie Gegensätze, die einander ausschließen. Leben ist immer beides: Geburt *und* Tod. Was das eine Ei nicht schafft, muss die nächste Eizelle versuchen. Wo die eine Samenzelle auf der Strecke bleibt, kann die nächste erfolgreich sein. Leben ist nicht nur am Anfang, sondern letztlich immer in all seinen Dimensionen unvorhersagbar. Wenn nicht jetzt, wann dann, sagt sich das kleine Ei und springt in den Eileiter, ohne Garantie auf Erfolg. Und sonst eben bis zur nächsten oder einer anderen Gelegenheit, vielleicht aber gelingt der Versuch auch gar nicht. Das ist das offene Geheimnis des Lebens. Im Spiel zwischen Geburt und Tod gibt es für das empfängnisbereite Ei und die befruchtungsbereite Samenzelle einen wichtigen universalen Trost. Nur der einzelne Versuch, ins Leben zu kommen, kann misslingen, nur der einzelne Mensch stirbt, aber das Leben selbst stirbt nicht, es lebt im unendlichen Fluss.

Befruchtung und Empfängnis: eine folgenreiche Begegnung

Eines Tages war es wieder einmal so weit. Ein kleines Ei probte den Ernstfall und versuchte sich als Landeplatz für eine Samenzelle anzubieten. Nach dem mutigen Sprung vom Eierstock in den Eileiter hatte es dort schon einige Stunden geduldig gewartet und die Lage beobachtet, als es plötzlich sehr unruhig wurde. Ein zartes Beben ging durch den Körper der Frau, in dem das kleine Ei auf seine Berufung wartete. »Gott ist kein Onkel, sondern ein Erdbeben«, schreibt Frederick Franck. Ausgelöst durch sexuelle Erregung und orgastische Kontraktionen erfüllte kurz darauf eine warme Flutwelle von etwa 300 Millionen Samenzellen die räumliche Umwelt des kleinen Eis. Die Zeit schien gekommen zu sein. Die kleine Eizelle brachte sich in Position, sendete verführerische Botenstoffe und Signale der Bereitschaft aus und traf ernsthafte Vorbereitungen für das zu erwartende Glück. Nur diese aktive Bereitschaft seitens des kleinen Eis konnte die Spermien in Schwung bringen und ihnen die Bewegungsfähigkeit verleihen, die sie brauchten, um dieses in wenigen Minuten zu erreichen. Die Wissenschaften, die sich mit künstlichen Befruchtungen und den embryologischen Entwicklungsschritten auseinander setzen, sprechen in diesem Zusammenhang von einem »Prä-Fertilisations-Anziehungskomplex« und beschreiben diese ersten Begegnungen zwischen Ei und Samenzelle manchmal als Kämpfe auf Leben und Tod, ein anderes Mal als Ausdruck einer sehr innigen Interaktion und Kommunikation. (Hüther, Krens)

Was auch immer die anderen sagen, das kleine Ei wollte sich seine eigene Meinung bilden. Von Krieg, in dem ein Geschlecht das andere überfällt und ganze Armeen von Spermien damit beschäftigt sind, sich gegenseitig bis zum letzten Samenfaden niederzumachen, damit dieser dann siegreich in die kleine Eizelle eindringt, konnte jedenfalls keine Rede sein. Das kleine Ei war in froher und gespannter Erwartung und mischte bei der Unternehmung Befruchtung fröhlich mit. Glück, so ahnte es bereits in diesem Rohzustand, ist kein Geschenk des Zufalls oder der Götter, sondern wird dem zuteil, der seine Möglichkeiten optimal nutzt. Man muss also zur »rechten« Zeit am »rechten« Ort sein, seine Empfängnisbereitschaft signalisieren und sich auch weiterhin selbst um die Bedingungen kümmern, die das Glück bescheren. Materie braucht ein Motiv zur Veränderung und Leben ist auf die Bereitschaft angewiesen, leben zu wollen, ohne dass ein Entwicklungserfolg oder glücklicher Ausgang garantiert wird. Das Ei bekam seine Lebenslektionen, noch bevor das Leben richtig begonnen hatte! Wenn man mit der Entwicklung des eigenen Lebens vorankommen und die jeweils nächste Hürde nehmen will, muss man mit Widerständen und Auseinandersetzungen rechnen. Leben liegt nicht griffbereit da, sondern wartet darauf, dass seine Möglichkeiten erkannt und ergriffen werden. Auch die Ergebnisse der Wissenschaften sprechen hier eine eindeutige Sprache. Entwicklung entsteht lebenslang aus einem differenzierten Dialog zwischen innen und außen und läuft nicht automatisch ab. Sie ist darauf angewiesen, dass ein Mensch alles, was er in der jeweiligen Phase seines Lebens oder einer Lebenskrise zur Verfügung hat, in einen optimalen Zustand der Bereitschaft zur Entwicklung versetzt. Wesentlich ist dabei die eigene Konzentration auf die anstehende Arbeit und die Erzeugung einer positiven Grundstimmung, das heißt, der Hoffnung, dass die notwendige Entwicklung gelingen kann. Körper, Geist und Seele müssen zur Kooperation bereit und in der Lage sein, die vorhandene Lebensenergie für die Bewältigung der Aufgabe einzuspannen. Jede Entwicklungsleistung braucht Unterstützung und deshalb müssen neben der beschriebenen Art des Selbstmanagements auch die jeweiligen sozialen Ressourcen und Beziehungsnetze überprüft werden.

Wenn die Gesamteinstellung dem eigenen Leben gegenüber auf lange Zeit negativ ist, das Gehirn auf stur geschaltet hat, wenn Angst, Hass und Hilflosigkeit den Menschen umzingeln, die Lebensenergie auf null zugeht, die letzten Kräfte durch ein Klima von Aggression und Gewalt gemindert werden und kaum soziale Ressourcen zur Verfügung stehen, dann sind wichtige Voraussetzungen nicht gegeben, um sich für Entwicklung, Veränderungen oder Neuanfänge im Leben in einen optimalen Zustand zu bringen. Je früher die Behinderungen greifen, desto nachhaltiger die Wirkung. In Stimmung bin ich, dachte das kleine Ei, Energie habe ich auch und irgendwie gibt es hier in der Gebärmutter ein soziales Netz, das mich unterstützen wird. Einen Organismus, ein Gehirn und Gefühle, die ich in Bereitschaft bringen müsste, habe ich noch nicht, also bin ich von meiner Seite aus optimal auf das Gelingen der Befruchtung eingestellt. Erwartungsvoll und durchaus nachdenklich stellte es sich auf seine Zukunftsgestaltung ein. Ein Hauch von Lebensweisheit ergriff das kleine Ei. Das alles riecht nach lebenslanger Arbeit und Beachtung von Lebensregeln, dachte es, aber nur so entsteht ein selbstbestimmtes Leben, das sich Schritt für Schritt mit unserem Namen verbindet. Man muss von Anfang bis zum Ende immer wieder den richtigen Zeitpunkt für produktive Begegnungen abpassen, Herausforderungen annehmen, auf Entwicklungsreize hoffen, spezifische Widerstandskräfte entwickeln, vor allem mitarbeiten und sich der Unsicherheit stellen, dass nicht jedes Bemühen von Erfolg gekrönt ist. Ganz schön kompliziert, aber nur so wird man durch Erfahrung klug. Das kleine Ei zitterte unter seiner dünnen Haut als es sich vorstellte, welche Art von Selbstverantwortung und Einfallsreichtum das eigene Leben verlangt. Auf jede Frage in der Entwicklung eine ganz eigene Antwort finden, um das jeweilige Lebensziel zu erreichen? Das kann ja heiter werden. »Die eigentlichen Geheimnisse auf dem Weg zum Glück sind Entschlossenheit, Anstrengung und Zeit«, konnte es später bestätigend beim Dalai Lama nachlesen, aber da war es schon eine ganze Zeit im eigenen Leben unterwegs und hatte entsprechende Erfahrungen gesammelt.

Timing ist die erste Sorgfaltspflicht für Ei- und Samenzelle. Als lebendiger Organismus, der Stoffwechselprodukte aufnimmt und wieder abgibt, ist die Eizelle von den notwendigen Umweltbedingungen wie Nährstoffversorgung oder Temperatur abhängig. Seine hormonellen Veränderungen und Signale wiederum zeigen den Spermien an, dass die Zeit gekommen ist. Nichts wie los, Eile ist geboten, denn die befruchtungsbereite Eizelle wartet weder lange noch direkt vor der Tür. 300 Millionen Samenzellen machen sich nach jeder Ejakulation schwimmend auf den Weg durch den Gebärmutterhals, die Gebärmutter und den Eileiter, um unser kleines Ei zu beglücken. Wenn Ei- und Samenzelle nicht zueinander finden und keine Befruchtung stattfindet, sterben beide nach kurzer Zeit. Auch keine gute Aussicht. Trotz allen Wartens und großer Erwartung fühlte sich das kleine Ei von einer Art Massenbewegung umstellt, als die Sturmflut der Samenzellen es erreichte. Wo und wie sollte das nur enden? Wer führte Regie? Gab es ein Ordnungsprinzip? Welcher Samenzelle würde die folgenreiche Begegnung gelingen? Das kleine Ei kam ins Grübeln und machte sich Sorgen, denn für einen Augenblick hatte es die Orientierung verloren. Sich Sorgen zu machen schien auch ein Prinzip des Lebens zu sein! In solcher Fülle kann man ja ertrinken oder auch weggespült werden, fürchtete es sich. Und hat man inmitten einer solchen Bedrängnis durch »Lebenspender«, die alle nur das Beste für einen wollen, überhaupt noch so etwas wie Wahlfreiheit? Will ich oder will ich nicht, wer sagt mir, was das Beste für mich ist? Gibt es noch eine Rückzugsmöglichkeit? Wie steht es mit der Mitbestimmung zu Beginn des Lebens, und wie sieht das später aus? Kann man sich die Eltern aussuchen, die dieses Beben und die folgende Flut verursachen? Welchen Einfluss haben wir Menschen überhaupt auf so wesentliche Ereignisse des Lebens wie den Zeitpunkt der Befruchtung, später die Geburt oder den Tod? Man konnte den Unmut und die ersten Lebensängste spüren. Das Ganze fühlte sich eher wie ein Überfall an, von überlegter, vor allem durchschaubarer Handlung keine Spur!

Aber dann erinnerte sich das kleine Ei daran, dass sich viele andere kleine Eier vor ihm auch dieser Überschwemmung ausgesetzt hatten und dass die konkrete Menschwerdung eine Art Geheimnis enthielt, dem man irgendwie vertrauen musste, auch wenn dies nicht ganz leicht fiel. Nicht alle Samenfäden und kleinen Eier bekommen automatisch eine Gelegenheit, zu befruchten oder befruchtet zu werden. Wen es wann trifft, ist nicht vorhersagbar, wer untergeht auch nicht, und wer könnte schon genau sagen, welche Eizelle zu welcher Samenzelle passt?

Die genetische Ausgangskonstellation, die sich nach der Verschmelzung einer bestimmten Eizelle mit einer bestimmten Spermienzelle einstellt, ist kaum vorhersagbar, aber dennoch ist sie auch nicht ganz zufällig, weil bis zu diesem Zeitpunkt und letztlich bis zur Geburt nicht nur biologisch überprüft wird, was wann am besten zueinander passt. Leben hat eine spezifische Ordnung, funktioniert nach bestimmten Prinzipien und ist gleichzeitig von Anfang bis Ende eine Art Überraschung. Dieser Kombination von Planbarem und Unplanbarem liegt ein Sinngeschehen zugrunde, das niemand berechnen kann, weil das umfassende Geheimnis des Anfangs unseres Lebens und seines weiteren Verlaufs bis heute nicht wirklich geklärt ist. Das kleine Ei hatte sich wieder beruhigt und spürte inmitten all seiner Fragen jenen Zauber, von dem Hermann Hesse sagte, dass er jedem Anfang innewohnt und uns beschützt und hilft zu leben. Dieser himmlische Trost stärkte die Bereitschaft, sich dem Geschehen erst einmal zu überlassen und machte den Weg für eine weitere Lebenserkenntnis frei. Schon als Eizelle, später als Embryo oder kleiner Mensch muss man sich einerseits auf dem Weg durchs Leben jeweils aktiv in einen optimalen Zustand versetzen, um die erforderlichen Entwicklungsschritte zu meistern. Andererseits aber wird Leben auch »erlitten«, das heißt, man muss es nehmen, wie es kommt, und man kann die Anteile nicht zurückgeben, die einem nicht gefallen.

Leichte Wehmut, gemischt mit Unbehagen, einem Anflug von Widerstand, aber auch unendliches Staunen breitete sich aus. Trotz der Angst vor Überwältigung und der Einsicht, dass man manches offenbar einfach hinnehmen muss, wollte das kleine Ei um jeden Preis das Licht der Welt erblicken. Ich will leben und zwar jetzt, murmelte es vor sich in. Es wusste und musste gleichzeitig akzeptieren lernen, dass es trotz des großen Aufgebots an Samenfäden keine Sicherheit gab und Quantität kein Garant für die spezifische Qualität ist, die Leben zu seinem Start braucht. Millionen Spermien sterben auf der Suche nach einer Möglichkeit, zu zeigen, was in ihnen steckt. Auch die vielen immer wieder bereit gestellten weiblichen Eizellen müssen sterben, wenn die Begegnung nicht zustande kommt. Aber selbst wenn Ei- und Samenzelle zusammenkommen, entwickeln sich auch nur 40 Prozent aller befruchteten Eizellen weiter zu einem kleinen Menschen. Was für eine Verschwendung, von Effektivität keine Spur, dachte das kleine Ei und staunte gleichzeitig über die geheimnisvolle innere Ordnung, die diesem scheinbaren Chaos zugrunde lag. Das empfängnisbereite Ei wartet nicht länger als 24 Stunden im Eileiter, und ein Samenfaden muss das 2000fache seiner Länge überwinden und schwimmend drei Kilometer zurücklegen, um sein Ziel zu erreichen. Was für eine Anstrengung, staunte das kleine Ei über den verlangten Arbeitseinsatz! Aber gleichzeitig: was für eine Vorsehung und was für ein Glück, dass nicht 300 Millionen Spermien gleichzeitig bei mir ankommen und um Einlass bitten! Viele Samenfäden sind keine guten Schwimmer oder haben andere Handicaps. Manche kommen aus unterschiedlichen Gründen vom Reiseziel ab, und nur etwa 50 schaffen es bis zum Eileiter. Auf einen dieser kleinen Schwimmer wartete unsere kleine weibliche Eizelle und machte sich für die Begegnung bereit, damit das große Wechselspiel im Austausch zwischen außen und innen beginnen konnte.

Umarmung statt feindlicher Übernahme

Endlich war es so weit. Ein Spermienfaden roch die Botschaft, fasste sich ein Herz und traf durch eigene Veränderungen alle Vorkehrungen, um die Signale zu beantworten. An seinem Kopfende hatten sich bestimmte Enzyme aktiviert, die ihn dazu befähigten, dem weichen, aber stabilen Schutzmantel, der das kleine Ei umhüllt, zu begegnen und in die Eizelle einzudringen. Die Bewegung von außen, der Anstoß zum Leben war eingeleitet. Aber nicht nur die Samenzelle, die von außen in die Einzelle eindringen möchte, sondern auch das Ei hilft dem Samen, kommt ihm sozusagen entgegen, indem es von innen her Enzyme an die Zellmembran schickt, die sie für die Samenzelle öffnen. Eine kristallklare, lichtdurchlässige, ganz dünne äußere Schicht der weiblichen Eizelle, die »Zona pellucida«, übernimmt für die zu erwartende Interaktion während des Befruchtungsvorgangs zwei Funktionen: Sie ermöglicht einer Samenzelle den Eintritt in die Eizelle und verhindert, dass dies weiteren Samenzellen gelingt. Ordnung muss sein, wenn sich etwas Neues entwickeln soll! Gleichzeitig bildet sie eine Schutzschicht für die Eizelle und für den nach der Verschmelzung entstehenden frühen Keim. Schutz und Unterstützung müssen eben auch sein. Mit höchster Sensibilität reagiert die äußere Schicht auf den inneren Zustand der Eizelle, der sich in seiner Struktur unmittelbar nach dem Eindringen des Spermiums verändert. Abgestimmte Sorge im gegenseitigen Dialog ist das Prinzip des frühen Anfangs. Sich annähern, aufeinander einstellen, miteinander verschmelzen, nicht feindliche Übernahme und Eindringen in fremdes Territorium ist gemeint, wenn Ei- und Samenzelle sich begegnen und vereinigen. Welch feinfühlige, abwägende Kooperation und kluge Verständigung der Menschwerdung ich als Modell in mir trage, dachte das kleine Ei und hoffte, dass es später zu den Verteidigern dieses Lebensmodells gehören würde, wenn Kooperation, Verständigung und Sensibilität im Zusammenleben der Menschen nicht die Beachtung bekommen würden, die ihnen zustehen, damit Leben gelingen kann.

Die freundliche Annäherung aber reichte der männlichen Samenzelle nicht, um sich als »attraktives« Spermium für die anstehende Verführung zu »outen«. Kurz vor der Vereinigung begann der Spermienfaden seinen Befruchtungstanz. Sobald das kleine Ei nämlich in Reichweite war, veränderten sich die sonst gleichmäßigen Schwimmbewegungen des Spermiums zu hyperaktiven, wilden Stakkato-Bewegungen, um die Verschmelzung einzuleiten und mit der entsprechenden Energie zu versehen. »Die Moleküle beider Oberflächen erkennen einander aufgrund bestimmter biologischer Merkmale und verhaken sich gleichsam.« (Hüther, Krens) Mit dieser verhakenden Umarmung öffnen sie sich gleichzeitig für die vereinigende Begegnung, auf die sie so lange gewartet haben. Ein winziger Tunnel, durch den die Samenzelle eintreten kann, wird zum Tor für ein neues Leben. Die Verschmelzung ist die Initiation eines Dialogs, die Einleitung eines Frage- und Antwortspiels zwischen Ei und Spermium, zwischen Eierstock, Eileiter und Gebärmutter, zwischen Enzymen, Molekülen und Hormonen, zwischen Erregungsprozessen und Kontraktionen, zwischen Anziehung und Abstoßung, Aktivität und Passivität. Nicht symbiotischer Stillstand und gegenseitiges Festhalten ist gefragt, sondern eine bewegt-bewegende Umarmung, die sich nach vorne richtet und auf gemeinsame Entwicklung drängt. Mitten in der Umarmung bricht eine alte Ordnung zusammen und eine neue entsteht. Für die Einzelexistenz der Ei- wie der Samenzelle bedeutet der Vorgang der Befruchtung nämlich das Ende. So ist die Verschmelzung im Kern eine dramatische Krise, in der eine neue Einheit entsteht, die das Gegensätzliche, die weibliche und die männliche Keimzelle, in einem übergeordneten System, dem menschlichen Keim neu ordnet.

Mitten in einer verschmelzenden Umarmung eine Krise erleben und zu neuen Ufern zwischen Werden und Vergehen, Aufbruch und Ankunft aufbrechen – das muss man erst einmal lernen und dann auch schaffen! Das kleine Ei staunte über die spezifische Dynamik, die der menschlichen Entwicklung zugrunde lag und von nun den weiteren Prozess bestimmen würde. Ob das auch in späteren Umarmungen anderer Art möglich sein würde? In einer liebenden Beziehung zwischen Mann und Frau, zwischen Eltern und Kindern, in den sozialen Umarmungen, die auf Solidarität und Mitgefühl bauen? Aber auch in der verschmelzenden Umarmung mit einer Arbeit, einem Werk, einer politischen Aufgabe? Sich selbst zurücknehmen, sogar als Einzelwesen, um einer übergeordneten Sache zu dienen? Auf jeden Fall geht es bei der Befruchtung um Teilnahme, weniger um Inbesitznahme, mehr um Zusammenarbeit, Kommunikation und Interaktion als um Krieg und Konkurrenz der Gegensätze und Geschlechter.

So interessant und wichtig diese Überlegungen über die Grundprinzipien des Lebendigen auch waren, im Augenblick forderte das faktische Leben das kleine Ei ganz konkret heraus. Es verlangte hier und jetzt nach einer Antwort auf den konkreten Entwicklungsreiz, der mit der Verschmelzung verbunden war, sonst war alle Anstiftung umsonst. Leben heißt immer wieder, den Boden unter den Füßen für den nächsten Schritt zu spüren. Fliegen und landen, Adler und Huhn.

Das Biologische hat ein Subjekt

Stolz und glücklich über die Befruchtung, von der viele andere kleine Eier in der Vergangenheit geträumt hatten, reagierte unser kleines Ei deshalb mit der erwarteten Zellteilung und schaffte selbst die Voraussetzung dafür, dass sein Leben beginnen konnte. Innerhalb von Sekunden kommt es zu einschneidenden Veränderungen und alles gerät in Bewegung, wenn aus zwei Geschlechtszellen ein neuer Organismus entsteht, den die Embryologen Zygote nennen. Mit all ihren Unterschieden, in einem ständigen Wechsel von Passivität und Aktivität vollbringen Samen- und Eizelle ihre Arbeit, beziehen sich aufeinander, erproben ihre Anziehungskraft, kommunizieren miteinander und stellen durch ständige Interaktion eine dauerhafte Verbindung her. Die Binnenwelt des kleinen Eis, die im Kontext der neuen Bewegungsvorgänge die Molekülsysteme umordnet und einen intrazellulären Kreislauf bildet, steht ständig über die Entwicklungsbewegungen des Eis mit der Außenwelt, etwa der Eileiterflüssigkeit , in engem Kontakt. Schon die ersten Leistungen, die organischen Funktionen, sind Gemeinschaftsleistungen mehrerer Partner, beschreibt der Embryologe Erich Blechschmidt.

Leben ist eine Gemeinschaftsarbeit, immer auf den Kontakt seiner Innenwelt mit den Außenwelten angewiesen und macht uns auf diese Weise die Tiefendimension des Biologischen deutlich. Es gibt keine Mechanik, die einfach loslegt, weil die Befruchtung irgendeinen Schalter umkippt, der die Entwicklungsbewegungen nun dauerhaft und automatisch garantiert. Der Arzt Viktor von Weizsäcker spricht deshalb von einem »biologischen Akt«, das heißt einem Zusammenwirken und einer Selbstbewegung zwischen der Umgebung und dem Lebewesen, das reagiert. Was uns im biologischen Prozess als Objekt und Ergebnis gegenübertritt, hat ein Subjekt, das sozusagen Hand anlegt, gestaltet und den Schöpfungsauftrag erfüllt, der im Geschenk des Lebens enthalten ist. Subjekt und Objekt gehen in der Entwicklung miteinander um, verschränken sich ineinander, nehmen Einfluss aufeinander. Diese Arbeit beginnt mit der Zellteilung, setzt sich fort, wenn der kleine Embryo seine Organe mit gestaltet oder schon während der Schwangerschaft eine Drogenabhängigkeit entwickelt.

Jede Leistung im Lebendigen ist ein Original, jeder gestalterische Ausdruck eine einmalige, subjektive und individuelle Antwort auf einen objektiven Eindruck, den ein Anstoß oder Entwicklungsreiz hinterlassen hat. Keine einzige Nase eines Menschen ist die Kopie einer anderen, keine Krankheit eines Menschen die Kopie der Krankheit eines anderen, selbst wenn sie den gleichen Namen haben. Leben lebt von der individuellen Tat-Kraft, muss tätig werden und gleichzeitig verstehen lernen, worum es bezogen auf das Ganze im Einzelnen geht. In jedem Augenblick ist spürbar, dass es einen Gesamtzusammenhang gibt, der das Einzelne überschreitet.

Störungen enthalten Fragen und bringen weiter

Das kleine Ei konnte es kaum fassen. Es hatte auf beeindruckende Weise erfahren, wie Leben lebt. Nun war klar, was vorher nur eine Vermutung war: Leben braucht einen Anstoß zum Leben, einen Entwicklungsreiz, eine Störung, um sich auf den Weg zu machen. Das kleine Ei verstand damit eines der wichtigsten Lebensprinzipien und schwor sich, dieses nie wieder aus den Augen zu verlieren, obwohl es sich genau vor dieser Einsicht, die es mit den ersten Lebenserfahrungen machte, gefürchtet hatte: Leben entfaltet sich immer unter unserer Beteiligung, selbst wenn wir uns als Opfer der Verhältnisse fühlen. Es entwickelt sich über Hindernisse und Widerstände, die uns zur Selbstbewegung herausfordern und ist nicht das Ergebnis von Friede, Freude und Eierkuchen, sondern von Selbstverantwortung. Störungen enthalten Fragen und fordern uns auf, im Rahmen der uns innewohnenden spezifischen menschlichen Ordnung durch Entwicklung nach eigenen Antworten zu suchen. Nicht mechanische Reaktion, unverletzbare Robustheit und technische Funktionsfähigkeit, sondern Störbarkeit und Plastizität sind gefragt, wenn es um die Entwicklung und Entfaltung eines jeweils einzigartigen Lebens geht. Das kleine Ei ahnte schon, dass die Welt da draußen anders gestrickt war und mehr auf Sicherheit, Beherrschung der Natur und Funktionstüchtigkeit setzen würde, statt auf individuelle kreative Antworten!

Jeder biologische Akt ist ein biografischer Akt und der Mensch selbst der Architekt der Konstruktion seines individuellen Lebens. Der Erfinder des Lebens schlechthin ist der Mensch allerdings nicht. »Es ist das Wunder der Schöpfung, welches nicht nur im kosmogonischen Mythos, sondern im Hier und Jetzt der Biologie eingreifen muss, um das, was die naturwissenschaftliche Erklärung angeblich nicht erklären kann, auszuführen.« (Weizsäcker)

Das kleine Ei wurde von der Energie seiner Befruchtung überwältigt und hoffte, dass dieser übergreifende Schöpfergeist und die ihm selbst innewohnende menschliche Ordnung schon wissen würden, wohin die Reise geht. Es blieb keine Zeit zu fragen, wann und wo, wie und warum der große Geist eingreift oder den Prozess laufen lässt, damit der Mensch ein Wesen mit Leib, Geist und Seele wird. Ihm wurde angesichts der Hektik und Herausforderung ganz schwindlig, aber es wusste ja inzwischen, dass diese erdbebenartige, beunruhigende Störung der lang ersehnte Weckruf zum Leben und zum lebenslangen Lernen war. Leben entwickelt sich nicht aus dem Stillstand heraus, das konnte man spüren, sondern verlangte ganz offensichtlich Anpassung und Widerstand im Durchleben von Krisen, in denen es manchmal um alles oder nichts ging. Nicht Stille, aber Stillstand schien eine große Gefährdung des Lebens zu sein. Der Traum vom stressfreien Leben war jedenfalls vorbei, noch ehe er begonnen hatte. Das kleine Ei konnte mit Blick auf all die Freude und Anstrengung, die mit seiner Befruchtung zusammenhing, nicht verstehen, warum ältere Menschen mit sehr viel mehr Lebenserfahrung diesen Traum so konsequent aufrechterhalten und sich immer wieder ein Leben ohne Herausforderung, ohne Angst und Sorgen, ohne Krisen und Erschütterungen wünschen, für das sie möglichst wenig Verantwortung tragen. Störungen, Verunsicherung und Krisen sind für viele Menschen eine Gemeinheit des Schicksals und keine Aufforderung, sich auf ihr eigenes Leben einzulassen. Der Unruhestand fängt nicht mit der Rente an, sondern Unruhe und Unsicherheit sind konstitutiv für die Entwicklung von Leben. Die ewige Ruhe kommt später, dachte das kleine Ei ziemlich altklug.

Lebende Systeme sind offen und nicht determiniert

Der Mensch ist nicht das Ergebnis biologischer Determination, sondern muss sein Werden selbst gestalten. Gleichzeitig ist er aber an die ihm innewohnende menschliche Ordnung gebunden, die ihn vom ersten Augenblick der Verschmelzung an zu einem unverwechselbaren menschlichen Keimling macht. Nichts kann mit uns oder in uns geschehen, so wurde dem kleinen befruchteten Ei klar, was unsere Biologie nicht erlaubt, aber unsere Biologie legt nicht fest, was in uns und mit uns als Individuum geschieht. Wir sind und bleiben bei aller Vergleichbarkeit mit anderen Menschen eine einzigartige Ausgabe des Lebens, deren Entwicklung für niemanden, auch für den einzelnen Menschen selbst nicht berechenbar ist. Der Umgang mit dieser prinzipiellen Offenheit und Unvorhersagbarkeit scheint ein zentrales Lebensthema zu werden, spürte der gerade entstandene Keimling, aber er wollte in diesem Augenblick nicht über die Folgen nachdenken, die diese Offenheit seiner Existenz für seine zukünftige körperliche, seelisch-geistige und soziale Entwicklung haben würde. Die biologischen Tatsachen sind ständiger Wandlung unterworfen und gewinnen erst in ihrer Ausgestaltung und Prägung ihre spezifische Bedeutung. So machen die weibliche und männliche Zelle schon früh darauf aufmerksam, dass Frauen und Männer als biologische Wesen verschieden sind. Diese Verschiedenheit bestimmt aber nicht, wie Menschen sich später als Frauen und Männer kulturell unterscheiden, welche Rollen sie übernehmen und mit welchen Bewertungen die Geschlechtsunterschiede versehen werden. Als biologisches Wesen verdankt sich der Mensch einer herausfordernden Störung. Solange er lebt, bekommt er immer wieder eine Gelegenheit zur Weiterentwicklung und ist dabei wie Ei- und Samenzelle zu Beginn des Lebens zur jeweils notwendigen Veränderung aufgerufen. Menschen sind und bleiben immer das Ergebnis einer komplexen Zusammenarbeit zwischen sich und der Welt, müssen sich den unbekannten sozialen und kulturellen Bedingungen anpassen, sich auf die Menschen einstimmen, die sie begleiten, und das Verhältnis von Anpassung und Widerstand immer wieder neu überprüfen. Wir sind biologisch nicht dazu verdonnert, auf die eine oder andere vorgeschriebene Weise Mensch zu sein, dachte das kleine Ei, sondern müssen selbst herauszufinden, was das für uns bedeutet. Niemand kann vorhersagen, ob ich mich nach der Geburt zu einem sozial verantwortlichen, mich selbst respektierenden oder zu einem eher asozialen, mich selbst verachtenden Kind entwickele, überlegte es weiter und wirkte sehr entschlossen, seine Entwicklung selbst in die Hand zu nehmen und die notwendige Unterstützung einzufordern, um ein ganzer Mensch zu werden.

Leben ist ein sich selbst organisierendes Handwerk: eine Biologie der Liebe

Das kleine Ei wurde nachdenklich. Zusammenarbeit, Dialog und Austausch sind nicht identisch mit Gehorsam und Unterwerfung, das sollten sich die zukünftigen Eltern und alle anderen Erwachsenen schon mal merken, auch für ihr eigenes Zusammenleben! Erziehung hat nichts mit Dressur zu tun, sondern mit dem Erlernen von Beziehungen, die Zusammenarbeit, Dialog und Austausch ermöglichen. Vom Augenblick der Zeugung an, vom ersten bis zum letzten Atemzug ist der gleiche menschliche Kern herausgefordert, der auf seine subjektive Individualität und die dazu gehörige eigenständige individuelle Entwicklung pochen muss, um seinen Auftrag zu erfüllen. Das Ei hörte bereits den Herzschlag eines kleinen Menschen, der irgendwann ganz stolz »Ich« sagen wird und staunte über das unglaubliche Konzept, das der Schöpfung und der Entstehung der Menschheit zugrunde liegt. Bedürftigkeit, Mangel und Abhängigkeit, die das Geschenk der nackten Geburt umstellen, fordern zur Selbstorganisation heraus und rufen eine »autopoietische« Selbstentfaltung hervor. Das scheint der tiefe Sinn der göttlichen Aufforderung zu sein, sich die Erde untertan zu machen, das heißt »Mutter Erde« so zu gestalten und zu behandeln, dass der Mensch von ihr leben kann, indem er mit ihr lebt.

Der chilenische Biologe Humberto Maturana spricht in seinen Arbeiten über die Geschichte der Evolution und den »Baum der Erkenntnis« von einer »Biologie der Liebe«, in deren Zentrum die »Autopoiesis« steht, eine Art handwerklich-künstlerische Form der Selbst- und Mitgestaltung, die allem Lebendigen zugrunde liegt und es befähigt, für seine Entwicklung im Austausch mit der Umwelt selbst Sorge zu tragen. Wir Menschen sind biologische Wesen, die sich in einem kulturell geprägten Raum verwirklichen. Die Gestaltung unseres individuellen wie kollektiven Lebens ist ein »Handwerk« und unsere Biografie am Ende unser spezifisches Meisterwerk. An ihren Früchten sollt ihr sie erkennen! Die Botschaft war angekommen. Aber da kein Meister vom Himmel fällt, musste sich das kleine Ei als Lehrling seines Lebens an die Arbeit machen. Im Augenblick war es nichts mehr als ein Keimling, der sich mit Hilfe seines Umfeldes selbst auf den Weg bringen musste.

Wanderschaft: Die Reise geht weiter

In der ersten Woche wanderte das befruchtete Ei den Eileiter hinunter zur Gebärmutter. Es hatte gemerkt, dass es auf dem ersten Teil des Weges ins Leben nicht zu lange verweilen durfte, sondern in einem bestimmten Rhythmus und einer bestimmten Zeit auf dem dafür vorgesehenen Weg seine Entwicklung vorantreiben musste. Seine neue Existenzweise wurde durch Zellteilung und Stoffwechsel bestimmt. Weil es auf seiner Reise immer mehr Flüssigkeit einlagerte, veränderte es seine Form und bekam von den Wissenschaftlern den Namen »Blastocyst«, Keimblase.

Die befruchtete Eizelle ist ein offenes System und bleibt ein lebendiger Organismus, der Stoffwechselprodukte aufnimmt und wieder abgibt und infolgedessen abhängig von den notwendigen Umweltbedingungen wie der Nährstoffversorgung, der Temperatur und der Beschaffenheit der konkreten Orte ist, durch die sie sich hindurchbewegt. Je mehr das kleine Ei seine besonderen Fähigkeiten, Potenzen und die Komplexität der Aufgabe erkannte, sich selbst von einem menschlichen Keim zu einem kleinen Menschen zu entfalten, desto mehr ärgerte es sich darüber, dass es von manchen Menschen respektlos als »Zellhaufen« bezeichnet wurde. Wer so von mir spricht, dachte der kleine Keimling, der hat das Wunder, das in mir steckt, nicht verstanden und vor dem muss ich mich wahrscheinlich hüten, wenn er mir zu nahe tritt. Aber es gibt Gott sei Dank auch Wissenschaftler, die Bescheid wissen und sich für meinen ersten Lebensabschnitt vom Ei zum Embryo interessieren. »Dieser kleine Organismus ist bereits eine besondere Ausgestaltung eines menschlichen Lebewesens, eines Lebewesens, das sich jetzt in einem entscheidenden Stadium seiner Entwicklung befindet. Diese Entwicklung ist ein Kontinuum, bei dem jede nachfolgende Entwicklungsstufe auf dem vorausgegangenen Stadium der jeweils herausgebildeten Fähigkeiten aufbaut, so dass keine dieser Stufen getrennt voneinander zu betrachten, geschweige denn zu verstehen ist.« (Hüther, Krens)

Timing ist gefragt, erinnerte sich das kleine Ei! Man darf den Anschluss nicht verpassen, muss sich selbst organisieren und auf unterschiedliche Weise Verbindung aufnehmen und Beziehungen eingehen. Bereits wenige Stunden nach der Befruchtung hatte es mit Hilfe einer winzigen Menge von Hormonen den mütterlichen Organismus davon in Kenntnis gesetzt, dass es auf dem Weg sei und auf diese Weise um Zusammenarbeit gebeten. Während seiner Reise zur Gebärmutter und der weiteren Entwicklung war der Keimling mit der Vermehrung seiner Zellen durch Teilung beschäftigt, um dafür zu sorgen, dass sich die jeweiligen embryonalen Zellen im Zellverband richtig ansiedeln und im weiteren Verlauf ihre spezifischen Aufgaben übernehmen können. Die einen zellulären Bestandteile im Inneren enthalten beispielsweise mehr Energielieferanten, die anderen enthalten mehr Nahrungsreserven. Wieder wird ein zentrales Lebensprinzip deutlich: Die Eizelle differenziert sich nicht durch Zellteilung im Sinne von Trennung oder gar Zerstörung, sondern durch Umverteilung und Neubestimmung. Jeder Entwicklungsschritt baut auf etwas auf, was schon da ist, und integriert das Vorhandene in das, was neu entsteht. Die ursprüngliche Einheit erhält sich, während sie sich ausdifferenziert, weiterentwickelt und im Einzelnen neue Wege geht. Diese Varianz in den neuen Wegen ermöglicht erst jene originellen Improvisationen, in denen Lebendes sich repräsentiert. Jeder einzelne Mensch, jedes innere Organ, jedes Gesicht und jeder Körper ist das Ergebnis einer solchen Integrationsleistung und Improvisation, Ausdruck der Notwendigkeit und Möglichkeit, das Spiel der Evolution bis ins Unendliche fortzusetzen.

Leben ist Co-Evolution und aktive Selbstintegration

Alle Entwicklungsprodukte wie Zellen oder später die Organe sind nicht nur in ihrer Lage, Form und Struktur, sondern auch funktionell, das heißt in ihrer Aufgabenbestimmung aufeinander abgestimmt und in die Veränderungen einbezogen. Wie alle Lebensprozesse folgen deshalb auch die Zellteilungen einem dialogischen Muster und dem Prinzip der Kooperation, in dem die Weitergabe des Identischen – das Festgelegte – und die notwendige Variation – das Offene – Hand in Hand die gemeinsame Entwicklung vorantreiben. Wie unsichtbar das auch bleiben mag, immer ist der ganze Mensch schon im Blick. Damit er das wird, was er sein kann, bedarf es einer entwicklungsgeschichtlich bedingten Abstimmung aller Funktionen, für die Gregory Bateson den Begriff der Co-Evolution eingebracht hat. Die Wirkungen der Umgebung auf das kleine Ei und seine Wirkungen auf die Umgebung gehören zusammen. Die Entwicklungsbewegungen gehen von außen nach innen und von innen nach außen und bleiben Teil eines Geschehens, das immer ganz auf sich selbst und seine Entwicklungsaufgabe zurückbezogen wird. Wenn Wirkungen auf eine Umgebung ausgelöst werden, bewirken sie innere Antworten, die entweder Wachstum auslösen oder als Risiken Entwicklung stören und unterbinden. Der kräftige Schlag auf eine Hand kann eine förderliche Durchblutung auslösen oder einen schmerzenden Bluterguss erzeugen. Eine liebende Umarmung kann einen Menschen zum Aufbruch in die Freiheit ermutigen und ihm Schutz andeuten, sie kann ihn aber auch zurückhalten und fesseln.

Leben ist von Anfang an konstitutiv mit Bewegung, Austausch und Zusammenwirken verbunden, auf den Ausgleich der Gegenkräfte bedacht und ohne diese Prinzipien nicht lebensfähig. So sehen wir bereits in dieser frühen Entwicklung des Menschen die Bedeutung von lebenserhaltender Kommunikation und Interaktion, die immer das Ganze, aber auch den Prozess, die Mittel und das einzelne Ergebnis vor Augen haben muss, um ihrer Aufgabe gerecht zu werden. Im Leben heiligt der Zweck die Mittel nicht, wenn diese Leben zerstörend sind. Ganzheit als offenes Prinzip ist materiell nicht greifbar. Sie ist keine Form der Addition, kein schlichtes multifaktorielles Geschehen, das man zusammenrechnen könnte, sondern ein ständiges bewegtes Bemühen um Vollständigkeit. Der Philosoph und Biologe Hans Jonas nannte diesen Prozess zur Ganzheit hin »Selbstintegration im tätigen Vollzug« und hatte dabei den ewigen biologischen Stoffwechsel im Auge. Jede Nahrung, die aufgenommen wird, muss verarbeitet, integriert, verdaut und auch ausgeschieden werden. Diese Notwendigkeit und Not zur aktiven, selbstverantwortlichen Integration sehen wir auch besonders deutlich im aufrechten Gang des Menschen, der mit jedem Schritt den Fall wagt. In Auseinandersetzung mit den Gegebenheiten des Bodens, der den Menschen trägt, muss der ganze Körper zusammen mit den Beinen den nächsten Schritt erarbeiten. Selbstintegration ist die Grundlage aller Formen der physiologischen Kommunikation, mit denen das kleine Ei sein Leben beginnt, wie später die Grundlage für die Kommunikationsarbeit des Gehirns, die Entwicklung und Ausdrucksfähigkeit der Gefühle und die Befähigung zur sozialen Interaktion. Immer wieder müssen in den einzelnen Entwicklungsschritten des Menschen Körper, Geist und Seele aufeinander bezogen und mit den Bedingungen der Umwelt aufeinander abgestimmt werden. Als »Umgang von allem mit allem«, hat Viktor von Weizsäcker diesen Integrationsprozess im psychosomatischen Gestaltkreis beschrieben.

Ankunft und Verortung: eine Hausbesetzung

Als »Zygote« und »Blastocyst« reiste das kleine Ei durch den Eileiter zur Gebärmutter. Jede Stunde, jeder Tag war dabei von großer Bedeutung. Am liebsten hätte es sich in den faszinierenden Unterwasserlandschaften, die Schutz und Nahrung boten, noch ein wenig umgesehen, aber sanft und stetig wurde der kleine Organismus mit Hilfe von feinen Härchen in Richtung Gebärmutter gespült. Wer leben will, muss Hand anlegen. Die anstehende Entwicklungsarbeit verlangte von unserem kleinen Ei eine genaue Einteilung der Kräfte und die Bereitschaft, eine hochkomplexe wie differenzierte Zusammenarbeit im Sinne der Co-Evolution zu erlernen. Das kleine Ei hat sich zum 16-zelligen Keim gemausert, als es endlich im Verlauf der zweiten Woche in die Gebärmutter gelangt. In Zukunft würde der Embryo die einen Zellen aus den weiteren Zellteilungen für die Entwicklung seiner eigenen inneren und äußeren Gestalt, die anderen für die allmähliche Herausbildung der Plazenta brauchen.

Das Einnisten des Keimes in die Gebärmutterschleimhaut ist ein Vorgang, bei dem das Wechselspiel zwischen Organismus und Umwelt in Form von Begegnung, Austausch und Wechselwirkung besonders deutlich wird. Um sich in der Gebärmutterschleimhaut einnisten zu können, muss es zu einer Synchronisierung zwischen ihrer Differenzierung und dem Entwicklungsstadium des Embryos kommen. Der kleine Keimling »stresst«die mütterliche Schleimhaut durch die Absonderung von Stoffwechselprodukten, die ihre oberflächlichen Zellen zugrunde gehen lassen. Auf diese störende Weise verschafft er sich Nahrung und gräbt sich gleichzeitig tiefer in die Gebärmutterschleimhaut ein. Der mütterliche Organismus seinerseits toleriert diesen erobernden Eingriff, schließlich war er ja früh von seinem zukünftigen Gast informiert worden und hatte sich nach der Befruchtung im Verlauf einer Woche in einen Zustand gebracht, dass sich der Keim an die Gebärmutterwand anheften konnte. In der Regel stößt er den Keim nicht ab, sondern freut sich sogar darüber, zur Nahrungsquelle und Heimat für ein neues Lebewesen zu werden. Der kleine Keim, der den Inhalt der mütterlichen Zellen als Nahrung aufsaugt, zeigt seinerseits ein erstes »Säuglingsverhalten«, wie Blechschmidt schreibt, und scheint im Vorgriff auf das nachgeburtliche Saugen an der Brust zu zeigen, wie er Schritt für Schritt für sich zu sorgen lernt.

An der Einnistung sind das mütterliche und das embryonale Gewebe beteiligt, und mit dem körperlichen Austauschsystem beginnt im Prinzip auch die Beziehung zwischen Mutter und Kind als geistige, seelische und soziale Einheit. Wie viel Sinn doch ein Lebensmodell macht, das für eine geplante Arbeit und erwartete Entwicklung auch einen Ort schafft, der nicht nur die entsprechenden Bedingungen zur Verfügung stellt, sondern von den Betroffenen, die sich da einnisten wollen, mitgestaltet werden muss. Sich einnisten heißt in der menschlichen Entwicklung ein »Nest bauen« und sich an der Behausung und Verortung zu beteiligen. Heimat ist auch im späteren Leben nicht einfach da, sondern muss erarbeitet werden und ist mehr als ein Dach über dem Kopf.

Mutter und Kind sind in unterschiedlicher Weise, aber in gemeinsamer Arbeit an der Schaffung des Versorgungssystems beteiligt, das die weitere Entwicklung des Embryos garantiert. Indem der kleine Mensch sich selbst gestaltet, wirkt er auch gestaltend auf seine Umwelt ein. Diese wiederum antwortet mit Auswirkungen, die den weiteren Selbstgestaltungsprozess des Embryos ermöglichen. Trotz der lebensnotwendigen Beziehung und arbeitsteiligen Interaktion beim Nestbau bleiben mütterlicher Organismus und sich einnistender Keim individuelle Lebenseinheiten, sind ständig aufeinander angewiesen und gleichzeitig auch auf sich gestellt. So ist die Einnistung ein längerer und durchaus krisenhafter Prozess, in welchem der Keimling um seine Anhaftung ringt, stofflichen Störungen ausgesetzt ist, Wirkungen erzielt und Vertrauen in sich und seine Umwelt entwickeln muss. Auf diese Weise macht der kleine Mensch schon in dieser frühen Phase eine wesentliche Erfahrung: Selbstwirksamkeit und Vertrauen sind die beiden Säulen, um im späteren Leben zu lernen, und müssen wie zarte Pflanzen von Anfang an gepflegt und bewässert werden.

Wieder sehen wir einen Dialog zwischen den jeweiligen »Interessenten«, der sich an einer gemeinsamen Aufgabe orientiert, nicht auf Konkurrenz, Feindschaft oder Unterwerfung, sondern auf Abstimmung und Kooperation aus ist. Natürlich kann es zu Konflikten kommen und auch in diesem Stadium ist Leben nicht sicher. Nichts, aber auch nichts läuft, wenn primäre Bedürfnisse nicht befriedigt werden und beispielsweise die Nahrungssuche misslingt. Auch das konnte man sich schon mal als Erkenntnis für das spätere Leben merken: Leben ist Kampf und muss immer wieder auch erkämpft werden. Leben braucht Fürsorge und die Sorge muss von jemandem übernommen werden. Um an den mütterlichen Blutkreislauf heranzukommen, versucht der kleine Embryo sich mit vielen kleinen fingerartigen Auswüchsen auf der Gebärmutterwand anzusiedeln. »Einerseits lässt der Organismus der Mutter diese Einnistung geschehen, andererseits trägt er zu dem Geschehen bei, indem er ein sehr effektives Blutzufuhrsystem auf der mütterlichen Seite der Plazenta anlegt.« (Hüther, Krens) Der weibliche Organismus wird durch verschiedene, vor allem hormonelle Signale des kleinen Keims nicht nur gleich am Anfang darüber informiert, dass eine neue Aufgabe auf ihn zukommt und dass er, nachdem er eine Schwangerschaft ermöglicht hat, nun in die Lage versetzt wird, den ständigen Entwicklungsbewegungen zu folgen und für neun Monate das passende Zuhause zur Verfügung zu stellen. Das kleine Ei und der mütterliche Organismus haben gewissermaßen eine Verabredung getroffen, und der Keimling erscheint grundsätzlich nicht als Eindringling, sondern als angemeldeter Gast.

Das kleine Ei freute sich auf die gemeinsame Arbeit und Kooperation, aber wieder schlich sich Angst in das Vertrauen, ob die Reise ins Leben von Erfolg gekrönt sein würde. Wie schon bei der Befruchtung, waren auch die jetzt bevorstehenden und notwendigen Stufen in seiner Entwicklung weder selbstverständlich noch sicher. Immerhin war sein kleiner Organismus trotz aller Bereitschaft zur Gastfreundschaft seitens der Mutter ein Fremdling in ihrem Körper, setzte sie unter Druck, sich selbst auch zu versorgen oder zu bekommen, was sie für die Schwangerschaft brauchte. Würde sich ihr Immunsystem wehren, würde er abgestoßen und des Platzes verwiesen werden? Freute sie sich auf eine gemeinsame Zukunft oder war sie in Angst und Sorge, weil die Schwangerschaft ungeplant und ungewollt begann? Unter den Keimen hatte sich herumgesprochen, dass nicht alle die Einnistung schaffen würden, dass sich Mütter unbewusst gegen eine Schwangerschaft wehren oder andere unter dem ungeheuren Druck verkrampfen, alles perfekt machen zu wollen. Ganz offensichtlich ging es immer wieder um die Vitalität und Genauigkeit der menschlichen Entwicklungsarbeit, also die Anpassung an die jeweilige Umwelt und die Gefahr, dass der Keim aus sich heraus oder durch die Umwelt zum Absterben verurteilt war. Das kleine Ei bekam eine Gänsehaut und hoffte, dass bei ihm alles in Ordnung war und es nicht über Bord gehen würde.

Vertrag auf Gegenseitigkeit und Koexistenz

Es holte tief Luft und dachte erst einmal nach, was es inzwischen erfahren und gelernt hatte. Wir sind grundsätzlich alle Gäste auf dieser Erde, das war wirklich eine frohe Botschaft! Darüber hinaus ist Zeit immer Lebenszeit und muss für die Gestaltung des Raums, den man braucht, genutzt werden. Nichts läuft einfach von selbst. Man muss offensichtlich in die Puschen kommen, bevor man Füße hat. Der Mutterleib ist kein Hotel, in dem man von vorne bis hinten bedient wird und auf Dauer kein Selbstbedienungsladen, sondern eher ein Gasthaus, eine Herberge, vielleicht eine Wohngemeinschaft, in die man sich aktiv einbringen muss, um sich wohl fühlen zu können. Abwarten und Tee trinken oder Hände in den Schoß legen, gilt nicht, denn ohne den eigenen Einsatz und eine Unterstützung und Schutz gewährende Umwelt wird aus einem befruchteten Ei weder ein Embryo, ein Fötus, noch ein neugeborener oder gar ein alter Mensch, der diese Gestaltungsarbeit vielleicht sogar 90 Jahre erfolgreich erledigt hat. Niemand schiebt uns durchs Leben, auch wenn die kleinen Härchen im Eileiter einem helfen, weiterzukommen. Niemand nimmt uns die Arbeit ab, die wir tun müssen, wenn wir leben wollen, wenngleich es dabei viel Unterstützung durch eine Welt bedarf, die sich dem menschlichen Maß und den Prinzipien lebendigen Lebens verpflichtet weiß.

Leben enthält in seiner inneren Ordnung so etwas wie ein Vertragssystem auf Gegenseitigkeit, das vorbereitet ist und nur dann zur Wirkung kommt, wenn es von der Gegenseite, dem Außen, eingefordert wird. Die Tatsache, dass der Mensch ein »Mangelwesen« ist und zur Befriedigung seiner Bedürfnisse auf andere und die Welt angewiesen ist, zwingt ihn dazu, das eigene Leben entsprechend seiner inneren Ordnung in die Hand zu nehmen und seinen Beitrag dazu zu leisten, dass es auch das eigene Leben wird. Im intensiven Dialog mit dem mütterlichen Organismus leistet der kleine Embryo seine Arbeit. Plazenta und Embryo bleiben bis zum Ende der Schwangerschaft miteinander verbunden und gestalteten in einem einzigartigen Zusammenspiel den kleinen Menschen. »Die Plazenta mit ihrem Verbindungsstück, der Nabelschnur, ist ein geniales Wunderwerk der Natur«, schreibt Gerald Hüther. »Als eine Art Hilfsorgan übernimmt sie für das sich entwickelnde Kind lebenswichtige Funktionen, wie Gasaustausch und Nahrungsaufnahme; sie lenkt Stoffwechselprozesse und steuert die Ausschüttung von Hormonen«, und ist bereit, diese Funktionen abzugeben, wenn der Fötus schrittweise fähig wird, diese selbst zu übernehmen.

Dieses Kooperationsmodell mit geteilter Verantwortung muss ich mir wirklich merken, dachte das kleine Ei, denn wenn ich mich so unter den ausgewachsenen Eiern umsehe, die man Erwachsene nennt, haben viele offenbar eine andere Vorstellung vom Leben. Die einen finden, dass Leben irgendwie von selbst laufen muss, andere leiden unter der Enttäuschung, dass das konkrete Leben ihnen zu viel oder zumindest mehr als anderen Menschen zugemutet hat. Wieder andere haben dieses innere Vertragssystem auf Gegenseitigkeit nicht erkennen und entwickeln können oder aufgekündigt, weil man ihnen zu viel abgenommen oder sie von der Selbst- und Mitgestaltung in ihrem eigenen Leben oder den Lebenswelten abgehalten hat. Viele Menschen werden scheinbar gelebt, resignieren, lassen leben oder steigen auf Ersatzleben um und wundern sich, dass es ihnen damit nicht wirklich gut geht. Tragt Masken, schont das

Gesicht! So büßen Menschen im Verlauf ihres Lebens oder schon in der Kindheit ihre Lebensenergie ein, weil sie nichts oder niemand mehr anfeuert, sich mit Neugier auf ihr Leben, seinen Auftrag und die eigenen Kräfte einzulassen. Die Gegenseitigkeit kann aber auch von der anderen Seite, der Umwelt und Mitwelt, aufgekündigt werden. Viele Kinder, Jugendliche und andere Menschen bekommen nicht, was sie zum Leben und zu ihrer Entwicklung brauchen: Nahrung, Kleidung, Wohnung, Bildung, Zuwendung, Respekt und Anerkennung. Manchmal wird ihnen fast alles verweigert, weil sie am falschen Ort, zur falschen Zeit und mit dem falschen Geschlecht geboren werden, wie eine Kinderhilfsorganisation die Not benachteiligter Mädchen in vielen Ländern treffend beschreibt.

Leben braucht von Anfang an ein Dach über dem Kopf, etwas zu essen und nicht nur in diesem frühen Stadium einen liebenden Schutz. Einen solchen Ort gibt es zumindest für den Anfang und beglückt schaute sich das kleine Ei in der Gebärmutter um. Mit aller Kraft grub es sich noch tiefer in die Plazenta ein, musste diese stören und verletzen, um zu bekommen, was es so dringend brauchte: Nahrung und einen Halt, materielle und immaterielle Hilfe in Form von zärtlicher Zuwendung, um sich entwickeln zu können. Wir beginnen unser Leben mit einer »Hausbesetzung«, ob uns das politisch angenehm ist oder nicht. Wir vertreiben niemanden, sondern nutzen einen Raum, der zum Bewohnen gedacht ist und nicht leer stehen soll, wenn er gebraucht wird. Von Anfang an kämpfen wir uns ins Leben hinein, bewältigen Widerstände, klammern uns fest, suchen Halt und fühlen die Bedrohung für unser Leben, wenn das nicht gelingt. Aber während unser kleines Ei seinen Einzug in die neue Wohnung mit aller Kraft vorantreibt, macht es eine wunderbare Erfahrung: Es war gar nicht so schwierig, zum Leben zugelassen zu werden. Da gab es ein anderes Lebewesen, das sich besetzen lässt, kooperieren kann und darauf vorbereitet ist, dem kleinem hilflosen Winzling im eigenen Leib bedingungslos Asyl zu gewähren, eine notwendige Voraussetzung nicht nur für die erste Etappe menschlicher Entwicklung, wenn das Leben eines Menschen in notvolle Bedrängnis kommt und auf die unterschiedlichsten Formen der Gastfreundschaft angewiesen ist.

Das kleine Ei verstand diese wichtige, lebenslang bedeutsame Botschaft über die Art und Weise, wie Leben lebt. Leben ist nicht nur Co-Evolution, sondern vor allem Koexistenz und grundsätzlich als soziale Existenz angelegt. Leben lebt vom Stoffwechsel, vom Austausch und vom Teilen. Wir könnten keinen Atemzug tun, wenn wir keinen Sauerstoff hätten, keinen Schritt machen, wenn die Schwerkraft der Erde uns nicht unterstützen würde. Ohne dass irgendjemand sät, erntet und Lebensmittel herstellt, hätten wir nicht genügend Nahrung, ohne dass jemand auf unsere Liebe antwortet, könnten wir nicht lieben. Unsere Liebe würde ohne das Gegenüber, das Du, ins Leere laufen. »Wir sind Leben, das leben will, inmitten von Leben, das leben will«, schreibt Albert Schweitzer. Der Weg in die Selbstständigkeit, Unabhängigkeit und Freiheit menschlichen Lebens braucht den Schutz des Miteinanders und führt immer wieder durch Phasen der Abhängigkeit und Eingebundenheit. Geben und Nehmen ist die Schaukelbewegung, die der kleine Mensch aus den ersten neun Monaten seiner Existenz schon kennt. Bindung, Einbindung und Entbindung sind die Eckpfeiler und Voraussetzungen für ein selbstständiges Leben inmitten des Zusammenlebens mit anderen. Das kleine Ei staunte, wie schlau das Leben alles eingerichtet hatte und ein tiefes Vertrauen machte sich breit. Wissen-Wollen und Sich-Wundern sind gefragt, um das offene Geheimnis in uns zu entdecken. Das Staunen über diese innere soziale Ethik des Lebens hat Albert Schweitzer »Ehrfurcht vor dem Leben« genannt, eine Ethik, die auf der Mitverantwortung des Menschen für die Schöpfung beruht.

Wir müssen uns mit jedem Atemzug, jedem Herzschlag, jedem kleinen Schritt für unser Leben entscheiden, unsere Gestaltung selbst in die Hände nehmen und sind dabei unser eigenes Werkzeug. Am Anfang müssen wir sogar das kleine Herz, unsere Lunge, unser Gesicht mit seinen Öffnungen, das Gehirn und alles andere gestalten, um einen Leib zu formen, den wir bewohnen können, der unsere geistigen, seelischen und sozialen Bedürfnisse befriedigen hilft und der uns Heimat wird. Einmal zur Entwicklung angestoßen, bauen wir das Haus, folgen wir dem Ruf unserer Gattung: ein Mensch im aufrechten Gang zu werden, aufgerichtet zwischen Himmel und Erde und nach allen Richtungen Orientierung suchend. Ausgestattet mit der einzigartigen Möglichkeit, bewusst Einfluss auf die Richtung zu nehmen, Richtungen zu ändern, aufzubrechen und umzukehren, ist der Weg das Ziel, weil das Ziel und der Weg identisch sind. Es gibt keinen Weg zum Frieden, der Frieden ist der Weg und auch keinen Weg zur guten Arbeit, die gute Arbeit ist der Weg, heißt es in der »Theologie der Schöpfung«von Dorothee Sölle.

Es gibt keinen Weg zu einer guten Arbeit an mir selbst, die gute Arbeit ist der Weg? Ein Anflug von staunender Angst ergriff das kleine Ei, als es diese Botschaft zu Ende dachte. Wir bekommen das Gehirn zum Denken, aber denken müssen wir selbst? Die Hände zum Greifen, aber begreifen und zugreifen müssen wir selbst? Die Ohren zum Hören, aber hören müssen wir selbst, auch zuhören oder weghören? Die Nase zum Riechen, aber entscheiden müssen wir selbst, wen wir nicht riechen können? Den Mund zum Essen, aber essen müssen wir selbst, auch wenn wir gefüttert werden? Wir bekommen die Möglichkeit zum Sprechen, aber was und mit wem wir sprechen, entscheiden wir selbst, auch wenn man uns später den Mund verbietet? Das kann ja heiter werden, dachte das kleine Ei. Was, wenn die Menschen nicht denken, nicht zuhören, nicht sehen, das Essen verweigern, wenn sie nichts mit ihrer Fähigkeit, zu sprechen, anfangen können und schweigen oder Unsinn reden? Das kleine Ei kam ins Grübeln. Was werde ich brauchen, wenn ich einmal Kind bin, um das zu können, was ich eigentlich kann oder der oder die zu werden, die ich bin? Und was kann man gegen das frühe Vergessen tun, dass Autonomie gelernt sein will und Neugier und Erkenntnis Kinder der Freiheit sind? »Entspann dich«, mahnte eine innere Stimme. Jetzt geht es um die Gegenwart und nicht irgendeine rosige oder schreckliche Zukunft. Das kleine Ei versuchte sich noch besser an der Gebärmutterwand festzuhalten, und für einen Augenblick verlor es sich in einen Traum. Vielleicht ist die Gebärmutter ja doch das Land, wo Milch und Honig fließen, wo man im warmen Wasser schaukeln kann und man nicht so viel zum eigenen Lebenserhalt beitragen muss. Eine erste Vorstellung vom Paradies entstand. Vielleicht bekommt man ja nicht nur das nackte Leben, sondern auch alles andere, was man braucht gratis. Sehr lange konnte das kleine Ei diesem Traum nicht nachhängen. Die eigene Entwicklung drängte.

Wachsen und gedeihen

In rasenden Schritten ging es voran. Kommt Zeit, kommt Rat war nicht die Haltung, die der Embryo einnehmen konnte. Nach 15 Tagen war der Embryo ein dreiblättriger Keim, aus dessen drei Keimblättern sich alle Gewebe und Organe entwickeln. In der zweiten und dritten Woche nach der Einnistung machten sich deshalb die einen Zellen auf, um das Nervensystem, die Sinnesorgane und die Haut zu bilden. Eine andere Schicht von Zellen fühlte sich für die Verdauungsorgane, die Lunge und die unteren Harnwege zuständig und eine dritte Schicht war mit der Gestaltung des Herzens, der Blut- und Lymphgefäße, der Muskeln und des Skeletts beschäftigt. Auf der Baustelle Mensch war viel los und jede Gestalt- und Entwicklungsbewegung war vom Wissen über die innere Ordnung der zukünftigen Gestalt durchdrungen. Nervensystem und Gehirn sind ganz frühe Bildungen des Keimes und entstehen in einem funktionellen Zusammenspiel mit allen anderen Organen, insbesondere mit dem Herzen. In einem bewegten Prozess von Ein- und Ausstülpung, dem umfangreichen Austausch im Stoffwechsel und einer rhythmischen Verlagerung der Schwerpunkte im Prozess der Entwicklung versucht der entstehende Organismus im Verlauf seiner Differenzierung die immer wieder von Neuem ein wenig aus dem Gleichgewicht gebrachten Stoffwechselfelder zu erhalten und die jeweils weiteren Differenzierungsschritte möglich zu machen. (Blechschmidt) So lassen sich schon vor der Gefäßbildung entsprechend der zu- und ableitenden Stoffwechselbewegungen »arterielle« und »venöse« Kanalisierungen der Interzellularsubstanz erkennen, das heißt die Bewegung des Blutes von innen aus dem Zentrum nach außen an die Peripherie und umgekehrt ist älter als das Herz, das dem Blut später durch sein Pumpen diese Richtung gibt. Das Herz bildet sich im Zusammenhang mit dem Gehirnwachstum, und weil das Gehirn für sein intensives Wachstum viel Nahrungszufuhr braucht, entstehen am Anfang der dritten Woche für das hungrige Gehirn die zunächst schlauchförmige Herzanlage, schon bald danach aber der unfassende Blutkreislauf und die pulsierende Herzanlage. In ihrer ständigen Funktion als Hauptlieferant der Nahrungsstoffe an das schnell wachsende Gehirn nimmt auch die Herzanlage an Größe zu und ist bald als Herzwulst unter der dünnen Haut des Embryos deutlich erkennbar. Am Ende der dritten Woche hat das Herz zu schlagen begonnen und der kleine Keimling bekommt jetzt den Namen »Embryo«. Herz und Hirn bilden in diesem Entwicklungsstadium eine Einheit, und es scheint gar nicht so dumm zu sein, sich auch für später eine intensivere Zusammenarbeit von »Herz und Verstand« zu wünschen.

In der vierten Woche bildet sich die Gestalt des Embryos. Kopf, Hals und Rumpf lassen sich deutlich erkennen und am Ende dieser Woche sind bereits alle Organsysteme wie Nervensystem, Eingeweide, Gefäßsystem, Bewegungsapparat und Verdauungsapparat vorhanden. Typisch für die fünfte bis achte Woche der Embryonalentwicklung ist die C-förmige, stark gekrümmte Gestalt, die eine Folge des starken Wachstums des Gehirns und des Nervensystems ist, während das Wachstum der Aortenanlagen im Inneren des Körpers langsamer ist. Wie erstaunt konnte man später wahrnehmen, dass diese typische embryonale Haltung sich auf den Tafeln zur Ohrakkupunktur oder als fast archetypische Haltung bei Kindern oder alten Menschen wieder finden lässt, die embryonal zusammengerollt im Bett vor allem dann Schutz suchen, wenn sie sich in Not oder verlassen fühlen. Während sich das schnell wachsende Gehirn über den Herzwulst wölbt, entstehen in den Beugefalten die knochigen Teile des Gesichts: Ober- und Unterkiefer, Nase, Zunge und Kehlkopf. Auch die Augen- und Ohrblase entstehen als Ausstülpungen des Gehirns. Arm- und Beinknospen bilden sich, Fußplatten werden ausgebildet, »Fingerstrahlen« sind erkennbar, dann bald die Finger selbst. Nach sieben Wochen ist der Kopf schon runder, das Gesicht wird kindlicher und am Ende der achten Woche sind alle inneren und äußeren Organe angelegt und der Embryo macht erste Wahrnehmungserfahrungen. Weil so genannte Reflexzentren für die Atembewegungen entstanden sind, wird die spätere Atemfähigkeit schon während des embryonalen Lungenwachstums geübt.

Wenn das meine Mutter und mein Vater wüssten, dachte der kleine Mensch nach den ersten acht Wochen, dass ich bereits weitgehend fertig bin und eigentlich nur noch ausreifen, wachsen und üben muss! Hoffentlich haben die überhaupt schon gemerkt, dass sie mit mir schwanger sind und dass ich mich hier im mütterlichen Bauch bereits kräftig auf meine Geburt vorbereite. Nirgendwo gab es einen Schalter, mit dem man irgendeine Lebensbewegung oder irgendein Organ ein- oder anschalten konnte. »Learning by doing« ist die Lernmethode des Lebens, und alle Organe übernehmen bereits eine Funktion, während sie sich entwickeln. Sie entstehen nicht für Funktionen, sondern durch diese, also nicht für eine Zukunft, sondern für die Gegenwart. Der kleine Mensch lernt also nicht für irgendeine ferne Zukunft, sondern von seiner sich entwickelnden Existenz in der Gegenwart, wie er seine zukünftigen Aufgaben bewältigen kann. »Die Ausbildung embryonaler Strukturen ist zu jedem Zeitpunkt der vorgeburtlichen Entwicklung an die Übernahme spezifischer Funktionen gebunden. Strukturelle und funktionelle Reifungsprozesse sind also niemals voneinander zu trennen. Der Embryo ist nicht mit einem Gerät vergleichbar, das erst zusammengesetzt werden muss, bevor es funktioniert. Er ist von Anfang an ein lebendiger Organismus, der sich an die gegebenen Umstände anpasst und sie meistert.« (Hüther, Krens) Dieser lebendige Organismus entwickelt ein Netz von Verbindungen, die ineinander greifen und sich durch spezifische Vernetzungen in der Entwicklungsarbeit unterstützen. So bekommt das Gehirn von den Nervenfasern, die ins Muskelgewebe einsprossen, Informationen über die dortigen Wachstumsbewegungen und kann auf diese Weise seinerseits Zentren bilden, die später umgekehrt die Muskeln mit Nerven versorgen, um willkürliche Bewegungen zu erzielen. Die Entwicklungsbewegungen des Armes bezeichnet der Embryologe Blechschmidt als »Wachstumsgreifen« und deutet damit an, dass bereits vorgeburtlich die Funktion eingeübt wird, die nachgeburtlich ausgeübt werden kann. Auch für das Gehirn formuliert er eine ähnliche Entwicklungsdynamik. Zunächst wachsen die Nervenverbindungen mit den Körperteilen. Sie vermitteln diese Informationen dann an das Gehirn und dieses kann daraufhin die entsprechenden Speicherungen für die spätere Kooperation mit den Körperteilen und Organen nutzen.

Der kleine Mensch entsteht in einem Gestaltungsprozess, in dem fast nichts endgültig festgelegt ist, sondern nutzungsabhängig strukturiert werden muss. Für die Herausbildung des Gehirns lässt sich sagen, dass die Bildung, Wanderung und die für das menschliche Gehirn typische Anordnung der Nervenzellen während der Hirnentwicklung weder zufällig erfolgt noch von richtungweisenden genetischen Programmen gelenkt und gesteuert wird. »Die genetischen Anlagen legen lediglich fest, welche Leistungen die Nervenzellen zu erbringen haben, wenn sie in eine bestimmte Situation geraten.« (Hüther, Krens) Wie eine solche Situation dann aber aussieht, wird durch das bestimmt, was bereits vorher innerhalb des Embryos passiert ist, welche anderen Zellen vor Ort sind, welche Aufgaben diese haben und wie die Rahmenbedingungen grundsätzlich aussehen. Auch Gene sind keine Autopiloten, die einfach loslegen können und auf eine bestimmte Entwicklung pochen, sondern sind ebenfalls grundsätzlich abhängig von dem Milieu, in das sie hineingeraten. »Alles, was neu hinzukommt, wird also automatisch in das eingebettet und in seiner weiteren Entwicklung durch das festgelegt, was bis dahin bereits entstanden ist.« (Hüther, Krens) Man kann nicht bei Eins anfangen, sondern nimmt immer Bezug auf Gegebenes, wächst in Zusammenhänge oder in Lebensgemeinschaften wie Familien, Nachbarschaften oder Kulturen hinein, stellt sich den Anforderungen, Regeln und Verhaltensweisen, um sie zu übernehmen oder sich zu Eigen zu machen, indem man sie gleichzeitig weiterentwickelt. Die menschliche Entwicklung ist ein »großer Gesang«, eine unendliche Improvisation der Grundmelodie.

Mit den Sinnen leben lernen

Mit der Entstehung des Gehirns, des autonomen Nervensystems und den vegetativen Funktionen erwachten auch die Sinne im kleinen Menschen. Ein ganzes Orchester wurde aufgebaut, um all die Eindrücke und Reize, die aus der äußeren und inneren Welt auf ihn einströmten, zu empfangen und über die Nervenbahnen an das Gehirn weiterzuleiten. Ein reger Austausch entstand, das Spiel ging hin und her, und durch den ständigen Zustrom an Informationen bildeten sich im Gehirn immer neue Erregungsbahnen. Das Gehirn reifte an den Erfahrungen, konnte immer kompliziertere Reize aufnehmen, reagierte mit Orientierungsbewegungen und veranlasste selbst Sinnesbewegungen. Waren es unangenehme Reize, so reagierte der Fötus mit einer abwehrenden Bewegung, beispielsweise durch die Veränderung seiner Lage, wenn er auf einen spitzen Knochen seiner Mutter zu liegen kommt. Jede schwangere Frau, die in sich hineinfühlt, spürt das ganze Reservoir von Stoß-, Streck-, Dreh- und Wellenbewegungen, das dem kleinen Menschen als Ausdrucks- und Verhaltenspotenzial bereits zur Verfügung steht und das eine ganz eigene emotionale Sprache spricht. Sehen, Hören, Riechen, Schmecken und Tasten mussten als Funktion gelernt werden, während die dazugehörigen Organe entstanden, die sich dieser Aufgabe zuordneten. Es ist eine Informationsflut, die auf den kleinen Menschen jetzt eindringt, und er muss sich davor schützen, im Chaos zu versinken. Alles ist neu, jeder Reiz kommt direkt an, und es gibt noch keine Kriterien, um die Wichtigkeit oder Bedeutung zu überprüfen. Mit jedem Entwicklungsschritt wächst aber auch die Neugier, jenes Leitgefühl, das alles Lernen trägt. Wenn man noch keine Augen, Ohren oder einen Mund hat, kann man auch nicht den Affen spielen, der nichts sehen, nichts hören und auch nichts sagen will, dachte der kleine Embryo trotzig und folgte voller Aufregung seinem Entwicklungsauftrag, die Instrumente zu gestalten, mit denen die vielen Eindrücke und Reize in sinnvolle Bahnen zu lenken waren. Die Vermutung, dass schon in der pränatalen Phase eine Art »Lebensgrundstimmung« entsteht, die den einen Säugling ausgeglichen, neugierig und der Welt zugewandt und den anderen eher müde, ängstlich, weinerlich oder apathisch erscheinen lässt, bestätigt sich umso mehr, je deutlicher die Art und Weise der Vernetzung der körperlichen, emotionalen und sozialen Lebensbewegungen im Rahmen der modernen Gehirnforschung erkannt wird.

Leben ist ein Weg durch die Fremde, aber indem wir leben, lernen wir uns und das Leben kennen. So lernte der kleine Mensch schmecken und riechen, entwickelte eine Vorliebe für »Süßes« und fand es unverschämt, dass er manchmal Nikotin oder Alkohol durch das Fruchtwasser zu sich nehmen musste, obwohl der das nicht mochte. Sein Riechorgan wurde so geschult, dass er nach der Geburt nur der Nase nachgehen musste, um am Geruch die Mutter und die dazugehörige Brustwarze erkennen zu können. Der Fötus lernte auf die Stimme und den Herzschlag der Mutter zu hören, aber auch die Stimme des Vaters konnte sich in seiner klanglichen Welt verorten, wenn dieser nicht ständig stumm durch Abwesenheit glänzte, sondern seine Stimme dem Platz des Geschehens zuwandte. Nur indem man langsam und auf einfache Weise das Zuhören lernt, bilden sich die Ohren zu einem immer differenzierteren Sinnesorgan aus. Der Fötus reagiert mit Bewegungen und erhöhter Herzrate auf laute Außengeräusche, ohne dass bei der Mutter eine sicht- oder messbare Veränderung eintritt und hüpft im Rhythmus der Trompete bei einem Konzert, das die Mutter besucht. Dieses Prinzip war in der bisherigen Entwicklung schon deutlich geworden. Nur durch sinnliches Erleben kann der kleine Mensch erfahren, wie sich eine beruhigende Melodie, bei der man entspannt im Fruchtwasser schaukelt, von einem fremdartigen und lauten Geräusch unterscheidet, bei dem man sich erschreckt zusammenzieht. Schmecken lernt man, indem man ausprobiert, ob »Honig und Milch« durch die Nabelschnur fließen oder ob irgendein Wissenschaftler mal wieder Bitterstoffe ins Fruchtwasser mischt, um zu sehen, ob sich der Fötus angewidert zurückzieht, weil ihm das Lächeln vergangen ist, bevor er ausprobieren konnte, wie das nachgeburtliche Lächeln geht. Bei dieser Vorstellung kam Freude auf und der kleine Mensch freute sich auf jenen Tag nach der Geburt, an dem er seine Eltern mit seinem ersten Lächeln beglücken und zeigen konnte, was er schon vorgeburtlich in den Grundzügen und später von lächelnden Menschen nachahmend gelernt hatte. Und wieder mischte sich auch Traurigkeit in dieses Glücksgefühl. Wie abhängig doch jeder Mensch von anderen Menschen und der Welt ist, um sich auszuprobieren und das zu entwickeln, was seinen Möglichkeiten und Talenten entspricht! Was passiert, wenn Menschen nicht verstehen oder vergessen, wie sie das geworden sind, was sie sind, sich nicht an die große Lernleistung aus embryologischen Tagen erinnern und daraus Kraft für ihr Erwachsenenleben ziehen?

Der kleine Mensch brauchte neben den fünf Sinnen auch andere Sinnesorgane, die den komplizierten Austausch zwischen der inneren und äußeren Welt und zwischen den Dialogen in der Innenwelt des Organismus zu organisieren in der Lage waren. Dazu gehörten die Sinnesorgane, die sich für Temperatur, Blutdruck oder Schmerz zuständig fühlten, oder Rezeptoren, die in den Muskeln oder Gelenken mit dafür sorgten, dass der kleine Mensch sich im Gleichgewicht halten konnte, falls er ins Schleudern kam. Was Augen, Nase, Ohren, Mund und Haut zu sehen, riechen, hören, zu schmecken oder zu tasten bekamen, musste miteinander verknüpft, in Sinneseindrücke übersetzt und an die Motorik weitergegeben werden, damit der Fötus lernen konnte, wie man mit Gestik, Mimik und anderen Bewegungsimpulsen auf sensorische Eindrücke reagieren kann. Nuckeln oder Daumenlutschen ist kein genetischer Selbstläufer, sondern Ausdruck eines erlernten Umgangs mit der Nabelschnur oder dem Daumen. Der Fötus nahm zur Kenntnis und ahnte mit Weitblick, dass subjektives Wohlbefinden eine persönliche Kreation ist, zu der man die Welt um sich herum benutzen muss. Ob man Nabelschnur, Brust oder Flasche braucht, Hauptsache es gibt was zu nuckeln, wodurch sich das Wohlgefühl entfalten kann.

Schon früh weiß der kleine Mensch, was angenehm und was unangenehm ist, wenn er mit etwas aus seiner Umwelt in Berührung kommt. »Im Alter von acht Wochen reagiert der Fötus, wenn er an den Lippen berührt wird. Er ist zu diesem Zeitpunkt ungefähr 2,5 cm groß. Im Laufe der Zeit weitet sich die Berührungsempfindlichkeit immer mehr aus. In der 14. Schwangerschaftswoche werden Berührungen außer auf dem Rücken und der Schädeldecke am ganzen Körper wahrgenommen. Interessant ist, dass sich die Empfindsamkeit zuerst in den Körper- und Hautbereichen entwickelt, die später besonders sensibel sind wie Lippen, Gesicht und Genitalien.« (Hüther, Krens) Tasten und fühlen brauchen den ganzen Menschen. Sie schulen über die Haut Empfindung und die Empfindsamkeit und sind für die Entwicklung lebensnotwendig. »Hätte man keine Hautwahrnehmungen, wüsste man nicht, wo der eigene Körper zu Ende ist.« (Hüther, Krens)

Indem pränatale Berührungskontakte in der Gebärmutter dem Kind erste Erfahrungen mit seiner Körperoberfläche ermöglichen, entwickelt sich die Selbstwahrnehmung, eine der wichtigsten psychischen Fähigkeiten des Menschen. Selbstwahrnehmung, so folgerte der Embryo angesichts dieser Erfahrungen schlau, ist keine Nabelschau, sondern Ausdruck der Fähigkeit, die Welt um sich herum durch Kontakt und Berührung wahrzunehmen und dabei sich selbst kennen zu lernen. Berührungen liefern über die Haut dem Gehirn wichtige Informationen über die Beschaffenheit der Körper und Dinge, die einander begegnen.

Pränatale Erfahrungen hinterlassen Spuren im Organismus. Manche Autoren bezeichnen diese Spuren als »primäres Reservoir von Gefühlen, sozusagen unbewusste, vegetative und zerebrale Grundeinstellungen im Sinne des neurophysiologischen Begriffes der »Hintergrundaktivität«. Wieder wird das dialogische Austauschprinzip deutlich, durch das Leben sich selbst organisiert: die Reize, die der Fötus aus seiner Umwelt, vor allem aus dem innerkörperlichen Milieu seiner Mutter erhält, haben Einfluss auf die Funktionsweise des fetalen Gehirns und des hormonellen Systems, indem Reaktionsmuster des Gehirns und Grundwerte der Hormonausschüttung eingestellt werden, die wiederum die weitere Entwicklung, zum Beispiel die hormonelle Regulationsfähigkeit beeinflussen. Die dabei entstehende Befindlichkeit ist von Mensch zu Mensch verschieden. So reagiert der eine Mensch auf Belastungen mit hormoneller Überstimulation, der andere mit Desorganisation und der nächste angemessen und flexibel. In diesem Sinne kann man pränatale Erfahrungen auch als frühe Prägungen bezeichnen.

Wieder kam der kleine Embryo aus dem Staunen nicht heraus. Warum wissen die Menschen so wenig über die Prinzipien ihrer Entwicklung und die Alltagsklugheiten des Lebens? Es ist doch einleuchtend, dass man nicht nur als Herz, sondern auch als Gehirn, Leber, Lunge, als Arm oder Bein seine Aufgabe viel besser lernt, wenn man von Anfang an und Schritt für Schritt für die jeweilig zu erledigenden Entwicklungsschritte beansprucht wird. Natürlich können die Nervenbahnen sich besser vernetzen, wenn sie konkret für etwas genutzt werden, kann der Körper sich besser ausformen, wenn er die jeweiligen Funktionen und Wachstumsbewegungen bereits einübt, die beispielsweise Arme und Beine später übernehmen sollen. Wenn der kleine Mensch im Mutterleib nach der Nabelschnur greift, am Daumen lutscht, sich dehnt, streckt oder dreht, das Gesicht verzieht oder die Zunge bewegt, übt er sich als Lehrling des Lebens. Menschen kommen also nicht als unbeschriebene Blätter zur Welt, sondern haben sich bereits während der embryonalen Frühentwicklung die Grundlagen für alle späteren Leistungen in ihr Stammbuch geschrieben! Als Winzling von sechs Zentimetern Größe und einem Gewicht von etwa acht bis14 Gramm reagiert man bereits am Mund, an der Hand, der Fußsohle und an der ganzen Körperoberfläche auf Berührungsreize. Man kann eine Faust machen, der Gleichgewichtssinn beginnt zu funktionieren und nach 21 bis 25 Wochen könnte der kleine Mensch schon außerhalb des Mutterleibs überleben. Wenn das keine Lebensleistung ist!

Ich bin der helle Wahnsinn, nicht nur ein kleines Wunder, dachte der kleine Mensch, den die Mediziner schon von Embryo in Fötus umgetauft hatten, und ein leichter Anflug von Verzweiflung ergriff ihn, weil eine alte Frage wieder auftauchte: Was, wenn die späteren Lehrer und anderen Erwachsenen vergessen haben, dass man zunächst nicht für irgendeine Schule, für irgendeine ferne Zukunft, sondern für das jeweils gegenwärtige, konkrete Leben lernen muss, um einen Weg fürs Überleben zu finden? Was, wenn sie nicht darauf achten, dass ein Mensch sich nur weiterentwickeln kann, wenn er herausgefordert wird, neugierig bleibt, seine Entwicklungsgesetze beachtet werden und er Möglichkeiten bekommt, seine individuellen Talente und Fähigkeiten auszuprobieren? Was, wenn Eltern, Lehrer, Wissenschaftler und Bildungspolitiker an die Technologie vom Nürnberger Trichter glauben, über den man das Gehirn des kleinen Menschen volllaufen lässt, anstatt dass es lernt, Probleme zu lösen?

Das biologische Überraschungsei

Der Fötus legte seine Stirn in Falten und wollte sich merken, welche Schlüsse aus seiner vorgeburtlichen Ausbildung zu ziehen waren. Inzwischen war klar, ob er als Mädchen oder Junge zur Welt kommen würde, er konnte schlucken und schmecken, er hatte Augenbrauen und Haare und konnte sich mit Bewegungen gegen die Bauchdecke bei der Mutter bemerkbar machen. Leben ist ein ständiger, erprobender und umfassender Dialog mit allem, was den Menschen umgibt. Was die Biologen als Stoffwechsel bezeichnen, ist Grundlage dieses Dialogs. Seine wesentliche Funktion ist, wie wir gesehen haben, die Integration im tätigen Vollzug. Wird dieser lebenserhaltende Dialog einseitig zum Monolog umfunktionalisiert oder für fremde Interessen instrumentalisiert, so wird genau jener offene Lern- und Gestaltungsprozess unterbrochen, der die notwendige Entwicklung in die Selbstständigkeit vorantreibt.

Für neun Monate hat der kleine Mensch einen Mietvertrag und einen Ausbildungsplatz, um sich für das eigene Leben auszubilden und die Voraussetzungen dafür zu schaffen, geboren zu werden. Nach der Geburt muss er an diesen Qualifizierungsprozess anknüpfen können, um sich weiterzuentwickeln. Wir erinnern uns: Kein Organ, kein Herz, keine Lunge, kein Gehirn, nicht die Hände oder die Füße bilden sich mechanisch von allein, sondern nur dadurch, dass sie auf dem Weg zu ihrer endgültigen Aufgabe Funktionen übernehmen und wenn nötig wieder abgeben und sich wandeln. Das ist auch das nachgeburtliche Lernprogramm: Anstöße erkennen, Anregungen aufnehmen, Hindernisse überwinden, sich anpassen oder Widerstand leisten, sich dehnen oder zusammenziehen, erste Gefühlsreaktionen entwickeln, die Bewegungen und Stimmen von innen und außen wahrnehmen, Krisen überstehen und Leben in allen Variationen spüren und mitgestalten. Nun war aus dem kleinen Ei tatsächlich längst ein Embryo und dann ein Fötus geworden, der seine zukünftige Gestalt als kleiner Mensch fast perfekt präsentierte.

Eine überraschende Erfahrung war der anderen gefolgt, und der kleine Fötus begann stolz auf seine Gestaltungsarbeit und erstaunt darüber zu sein, wie viel Talent er im Umgang mit Störungen und Herausforderungen entwickelt hatte. Er bekam eine Ahnung davon, was vielleicht die wichtigste Lektion im Buch über die menschliche Entwicklung ist: Der Mensch ist ein Überraschungsei, ein Original, urheberrechtlich geschützt, wie sehr er sich auch bemüht, so zu werden und zu sein wie alle anderen. Im Lebendigen gibt es keine Kopie. Keine Tannennadel ist die Kopie einer anderen, kein Blatt auf dem Baum die Kopie eines anderen Blattes, keine menschliche Nase, kein Gesicht, keine Krankheit die Kopie einer anderen, auch wenn sie diagnostisch den gleichen Namen trägt. Wie man sich so viele Unterschiede einfallen lassen konnte, war für den kleinen Menschen kaum zu fassen. Irgendwie lag auf der Hand, dass ein solcher Wahnsinn von Vielfalt und Originalität kaum auszuhalten war und die Menschen Strategien entwickeln würden, um diese Wildnis einzudämmen und in normale Bahnen zu lenken. Ihre Antwort ist ganz offenbar der »Wahnsinn einer Normalität« (Arno Gruen), die sich der Überraschungskraft des Lebens und der lebendigen Vielfalt der Menschen mit messbaren Durchschnittsgrößen entgegenstellt, mit Normalgewicht, Normalgröße, normalem Blutdruck, mit normalen Gedanken und Gefühlen.

Aufbruch und Abschied

Wie im späteren Leben auch gilt jetzt für den kleinen Menschen: Wenn man sich gerade gut eingerichtet und an die Lage gewöhnt hat, vielleicht sogar, wenn es am schönsten ist, muss man manchmal gehen. Im letzten Drittel der Schwangerschaft war der Raum für den kleinen Menschen ohnehin immer enger geworden, und der Körper- und Berührungskontakt zwischen Mutter und Kind wurde schwieriger. Die ständigen Berührungsreize waren nicht nur angenehm. Nun war es an der Zeit, Abschied zu nehmen. Um auf eigene Füße zu kommen, muss man auch gute Beziehungen beenden können und gehen, wenn es Zeit ist, dachte der kleine Mensch. Aber was kommt nach dem Abschied? Wo werde ich landen? Während er so vor sich hindachte, fiel ihm die Unterhaltung eines Zwillingspärchens in der Gebärmutter ein und er war froh, dass sich offenbar alle kleinen Menschen vor der Geburt solche Fragen stellten.

»Weißt du was«, sagte die Schwester zu ihrem Bruder. »Ich glaube, es gibt ein Leben nach der Geburt!« »Was für eine Idee!«, erwiderte er, »warum denn? Hier ist es doch schön dunkel und warm und wir haben genug zu essen.« Das Mädchen gab nicht nach: »Es muss doch mehr als diesen Ort geben, etwas, wo Licht ist. Und vielleicht werden wir uns frei bewegen und mit dem Mund essen.« Aber sie konnte ihren Zwillingsbruder nicht überzeugen. »Mit dem Mund essen, so eine komische Idee. Und es ist noch nie einer zurückgekommen, nachdem er geboren wurde. Das hier ist alles, was es gibt. Und mit der Geburt ist das Leben zu Ende. Warum willst du immer mehr?« Nach längerem Schweigen sagte die Schwester zögernd: »Aber weißt du, was ich noch glaube? Ich glaube, dass wir eine Mutter haben!« »Eine Mutter!«, entgegnete er spöttisch. »Ich habe noch nie eine Mutter gesehen, also gibt es sie auch nicht.« »Aber manchmal, wenn wir ganz still sind, kannst du sie singen hören. Oder spüren, wenn sie über ihren Bauch streichelt ...« Wieder schwiegen beide eine Zeit lang. Schließlich fuhr die Schwester fort. »Spürst du nicht ab und zu diesen Druck? Das ist doch immer wieder ganz unangenehm. Manchmal tut es richtig weh.« »Ja, aber was soll das schon heißen?« »Ich glaube, dass dieses Wehtun dazu da ist, um uns auf einen anderen Ort vorzubereiten, wo es viel schöner ist als hier und wo wir unsere Mutter von Angesicht zu Angesicht sehen werden. Wird das nicht aufregend sein?«

Kurz darauf waren die neun Monate zur Vorbereitung auf die Geburt um und die Räumungsklage lag auf dem Tisch. Die Mietwohnung war endgültig zu klein geworden. Als schließlich der mütterliche Organismus mit Wehklagen den Abschied forderte, machte sich der kleine Mensch kooperativ wie immer ebenfalls auf den Weg und suchte sich durch die Enge und Dunkelheit des Geburtskanals den Weg ins Leben zu bahnen. Der Abschied aus dem kleinen Paradies war nicht leicht, und er konnte sich durchaus vorstellen, dass eine unbewusste Sehnsucht nach diesem ersten Lebensort zurückbleibt, wie die Psychoanalytiker behaupten. Aber es gab kein Zurück mehr und dem kleinen Menschen wurde angst und bange, als er sein schönes Nest verlassen musste, überall Blut war, er den Druck der Beckenknochen auf seinem Kopf spürte, seine Mutter stöhnte und plötzlich fremde Hände in Gummihandschuhen ihm zu Hilfe kamen. Mit jeder Wehe trieb er dem Ende dieser intensiven Mutter-Kindbeziehung entgegen und wusste nach all den Erfahrungen, dass es auch jetzt keine Sicherheit gab, den Weg ins Leben ohne Risiko zu schaffen, selbst wenn er nicht zur Kategorie einer »Risikoschwangerschaft« gehörte. Wohin der kleine Mensch auch schaute – überall gab es Risiken. Es war deutlich, dass Leben in all seinen Phasen ein Wagnis ist, das auch scheitern kann.

Aber wer nichts wagt, kann auch nichts gewinnen, sagte die innere Stimme. Der kleine Mensch war schließlich neugierig darauf, seine Mutter und seinen Vater kennen zu lernen und auch darauf, wie ein Leben ohne Anbindung an die Nabelschnur möglich sein würde. Wer würde wohl nach der Geburt die Strippen in die Hand nehmen, von welchen Anbindungen würde er abhängig sein und welche anderen Abnabelungen würden ihm später dann wieder bevorstehen? Aufbrechen, ankommen, Abschied nehmen, aufbrechen, ankommen und wieder Abschied nehmen, das schien ein rhythmisches Lied des Lebens zu sein! Neun Monate waren ja eigentlich eine kurze Zeit für eine Lehre, die das ganze Leben halten sollte, dachte der kleine Mensch und hörte gleichzeitig das kleine«Überraschungsei« in sich flüstern: In der Kürze liegt die Würze! Jetzt kommt es darauf an, das Gelernte anzuwenden, neue Bindungen einzugehen und auf eigene Weise unter spezifischen Bedingungen weiterleben zu lernen.

Trotz einiger Bedenken fühlte sich der kleine Mensch gut vorbereitet. Er wusste, an welche Person er sich halten musste und dass er beschützende Beziehungen und Berührungen brauchte, um sich gut ernährt und wohl zu fühlen. Ihm war klar, dass die Brust ähnlich wie die Nabelschnur nur die Möglichkeit zum Nuckeln bieten würde, aber dass man im eigenen Rhythmus einen Weg finden muss, um satt zu werden, selbst wenn man gefüttert wird. Wenn man sich nicht beteiligt, bleibt einem das

Essen im Halse stecken. Selbstorganisation und Selbstregulation hatte er schließlich sein ganzes kleines Leben lang schon geübt. Mit seinen Sinnesorganen, an deren Bildung er beteiligt war, hatte er sich bereits einige grobe Vorstellungen von der Welt da draußen erarbeiten können, und das kleine Gehirn hatte schon Voraussetzungen dafür geschaffen, dass er alle Neuigkeiten abspeichern, verschalten und wieder nutzen konnte. Er konnte strampeln und treten, seine Hände schon etwas greifen und festhalten. Dehnen und strecken waren ihm geläufig, auch anspannen und entspannen waren nicht mehr fremd. In seinen Zellen war Wissen gespeichert, und es gelang ihm besonders gut, sich zu erinnern, wenn es um angenehme Erfahrungen ging, die man gerne wiederholt. Wenn das keine gute Geburtsvorbereitung von meiner Seite ist, dachte der kleine Mensch stolz, während er hoffte, dass die erwachsenen Menschen, die ihn empfangen werden, diese Leistungen auch erkennen und respektieren würden.

Von der Befruchtung an hatte der kleine Mensch gelernt, dass man Leben nur in Kooperation und im Austausch mit dem mütterlichen Organismus schafft.

Er wusste, dass Gemeinsamkeit stärkt und versuchte nun zusammen mit seiner Mutter auch in der jetzt durch die Geburt anstehenden Trennung den gemeinsamen Rhythmus der Koexistenz zu praktizieren, den sie so lange schon miteinander geübt hatten. Als er endlich das Licht der Welt erblickte und sein erster Schrei auch die Angst zeigte, die Leben immer begleitet, wurde eine weitere Botschaft deutlich: Leben ist ein Weg durch die Fremde und jeder Schritt wagt den Fall. Aber indem wir leben, lernen wir das Leben und uns selbst kennen.

Auch nach der Geburt geht die Reise weiter. Leben ist das Geschenk der nackten Geburt, nicht mehr und nicht weniger, das habe ich verstanden, dachte der kleine Mensch. Einem geschenkten Gaul schaut man nicht ins Maul, heißt es später. Wesentliches ist schon entschieden, bevor ich bei meinen Eltern oder sonst irgendwo in der Welt meine Wunschliste einreichen konnte. Wir können uns weder das Geburtsjahr noch unsere Eltern, weder unsere Hautfarbe noch das Land oder die soziale Lage aussuchen, in die wir hineingeboren werden. »Friss, kleiner Vogel, oder stirb«, das ist die erste wichtige Lebenslektion, wenn man den Geburtskanal verlassen hat. Leben verspricht nichts: weder Gesundheit, Glück, Reichtum, die große Liebe, noch ein langes Leben. Aber es hält viel, wie wir schon wissen, vor allem das, was wir selbst in die Hand nehmen oder was in uns gefördert wird.

Als gattungsgeschichtlich beschriebenes und gleichzeitig in der konkreten Welt noch unbeschriebenes Blatt startet der kleine Mensch als biologisches und genetisches Überraschungsei. Menschliches Leben ist auf seine Art ein Waisenkind, das jeden Tag neu von uns adoptiert werden muss, damit es überleben kann.

»Nun gut«, sagte der kleine Mensch zu seinem Leben, »keine leichte Aufgabe, aber ich freue mich, dass du da bist und mir die Möglichkeit gibst, zu zeigen, was in mir steckt. Ich adoptiere dich. Ab jetzt trägst du meinen Namen. Zusammen sind wir erst recht ein ›Überraschungsei‹, und denk dran: was immer passiert, uns auf dem Weg auseinander bringt oder aufeinander wütend macht, bis zum letzten Atemzug kann noch etwas aus uns werden, weil wir unsere Arbeit ohnehin fortsetzen müssen und dabei die einzigartige Chance haben, uns zu verändern. Wir werden von nun an wie alle Menschen vor uns einen kleinen Beitrag zur Geschichte der Gattung Mensch schreiben. Dieser Beitrag besteht aus der Biografie, an der wir täglich weiterschreiben werden und die den Titel trägt: »Die Gestaltung und Erfindung meines Lebens inmitten der Welt, in die ich hineingeboren wurde.« Ob am Ende ein Roman, eine Tragödie, eine Komödie, vielleicht eine Oper, ein Musical, ein Western oder ein Krimi dabei herauskommt, überlassen wir der Zukunft.

Sie nahmen sich an die Hände und begaben sich auf Wanderschaft. Und wenn sie nicht gestorben sind, dann leben sie heute mit uns zusammen und all den anderen Überraschungseiern auf diesem Planenten, die es irgendwann einmal geschafft haben, befruchtet zu werden und ins Leben zu kommen: mehr oder weniger beschädigt, müde oder froh, als gelungene oder irregeführte Ausgabe der menschlichen Gattung, mit ihren erkannten und verkannten Talenten, ihrem Lachen und Weinen, mit ihrer Wut, ihrem Neid, ihrer Rechthaberei, ihren Niederlagen und Träumen. Aber wie auch immer die Menschheit sich entwickelt, jeder einzelne Mensch bleibt ein lebendiges Beispiel für den schwierigen Auftrag, die unglaubliche Vielfalt und auch Schönheit dessen zu entwickeln, was es bedeutet, ein Mensch im aufrechten Gang zu werden.

3. Kapitel
Leben, Biografie und Leib – Der Körper als Haus und Werkzeug des Lebens

Biographie, Komma, meine

Geboren in Unwissenheit
Wider besseres Wissen.
Lebend,
aber nicht immer lebendig.
Beschäftigt,
aber nicht mit dem,
was mich beschäftigt.
Aufgewachsen in Illusionen
Auf den Umwegen des Irrtums.
Erfüllung gefunden
In unerfüllten Träumen.
Wiedergeboren
Nach jeder Erkenntnis,
aber niemals wie neugeboren.
Jede neue Erfahrung
bezahlt mit dem Leben
und daran reicher geworden.
Älter geworden in der Suche
nach dem Ich und Du,
aber nicht erwachsen.
Biographie, Komma, meine,
die vergangenen Jahre,
das war mein Leben.   (Udo Jerns)

Die Reise geht weiter

Körper, Komma, meiner, gezeugt ohne mein Zutun und Einfluss, leibhaftig und mutig lebend von Anfang an, aber nicht immer lebendig. Glücklich in meinen und anderen Armen und voller Furcht vor Ablehnung und vernichtender Kritik. Begeistert über viele meiner Angebote und mit allem belastet, was mich beschäftigt. Ort meines Fühlens und Denkens, Raum schaffend für meine Entwicklung, im unermüdlichen Einsatz für alles, was mich bewegt. Mich beherbergend und tragend, mit mir lebend in jeder Sekunde. Meine Vergangenheit im Gepäck, nicht immer eine Zukunft vor Augen, oft abgefunden mit der Gegenwart eines Augenblicks. Mein Alter annehmend, verwandelnd und erduldend, gezwungen und bereit, mich auszuhalten, zärtlich mit mir zu sein, zu lieben und zu sterben und ich mit ihm.

Biografie und Leib, das Haus, das ich bewohne, mit Fenstern und Türen, Treppen und Stiegen, mit Dielen, die knarren, mit Stauräumen für das, was ich nicht spüren will, mit einem Balkon für schöne Aussichten, von dem aus ich die Sonne am Morgen und den Mond am Abend begrüße. Mein Leib, der mich in seinen Räumen zum Essen und Trinken, zum Arbeiten und Lieben, zur Lust und zum Schmerz einlädt, der mich mit seinen Alltagsklugheiten in einem Augenblick überleben lässt, um mich im nächsten mit der Diagnose einer schweren Krankheit an den Rand meiner Existenz zu drängen. Mein Leib, der in einer Umarmung von mir erzählt und mich die Zärtlichkeit der Nähe oder die Kühle der Distanz eines anderen Menschen spüren lässt. Aus dem grenzenlosen Universum in den Leib hineingeboren, aus dem Leib in das grenzenlose Universum zurückgestorben. Mein Leib, das Körper-Haus, das mir vom ersten bis zum letzten Atemzug immer wieder verändernde Heimat ist, auch wenn ich es manchmal unbewohnbar mache und in der Auseinandersetzung mit dem Leben zu verlieren drohe.

Dem Leben im Sinne der biografischen Gestaltungsarbeit zu begegnen, verlangt die Bereitschaft, es auch erleben zu wollen, sich von ihm zeichnen zu lassen. Die aus dem Erlebten gewonnene Lebenserfahrung kann dann zu jenem lebenspraktischen Wissen werden, von dem zu Beginn des Buches die Rede war. Erleben, erfahren und erkennen sind der Dreiklang, durch den mit jedem weiteren Schritt ein neues Moment aufgenommen wird und die bis dahin gelebte Geschichte in einen erweiterten, vielleicht veränderten Zusammenhang gestellt wird. Die Begegnungen mit dem Leben können starke Eindrücke hinterlassen, sie können sich in Krisen wie schweren Zusammenstößen darstellen, die den Eindruck erwecken, als habe der Blitz eingeschlagen. Was die Menschen in diesen Begegnungen erlebt haben, ist schwerer zu fassen. Die Kraft einer Wirkung teilt sich nur selten unmittelbar mit. Die leibhaftige Begegnung mit dem Leben ist an keiner Stelle eine Sache des Augenblicks. Der Mensch muss sich ihr aussetzen, sich erneut mit dem Leben verabreden, das einem begegnet ist, ihm schrittweise nachgehen, um die Begegnung zu vollziehen. Sonst bleiben wir in dem Erlebnis stecken und damit gewissermaßen auf der Strecke der Begegnung hängen, können später bestenfalls das Erlebnis erinnern, ohne recht zu wissen, was wir eigentlich erlebt haben. Wer beim Familientreffen einen Schwank aus seinem Leben erzählt, berichtet in der Regel wie ein Berichterstatter von Ereignissen, deren biografischer Kontext verloren gegangen oder gar nicht erlebt wurde. Wir sind nur selten auf der Höhe unserer Lebenszeit. Begegnungen mit dem Leben sind keine empirischen Erhebungen, keine Befragung derer, die das Leben gewählt haben. Der registrierende, abschätzige, nur sezierende Blick erstickt die Begegnung im Keim in ähnlicher Weise wie die schnelle Begeisterung, die Angst vor prüfender Klarheit hat, weil beide sich aus dem Geschehen heraushalten und sich auf die jeweiligen neutralen Beobachterposten zurückziehen. »Der Schwärmer wie der Sezierer versäumen den Vorgang. Sie trennen von ihm eine Seite ab und nehmen sie für das Ganze oder geben sie dafür aus. Beide versäumen das Wissen, der eine über der Liste der Fakten, der andere über die Einbildung von einer Begegnung, die so weit hat gar nicht reifen können. Beide versperren sich dem Wesentlichen an Erfahrung: Sie erlauben dem Erleben nicht, im Erlebenden eine Vorstellung vom Begegnenden bis zu ihrer Übertragung auf Neues ausreifen zu lassen, sich genauer von einer bis dahin so nicht gekannten Fülle treffen zu lassen. Gefühlsduselei und Datenhuberei stehen einander als traurige Alternativen gegenüber und sind sich gleich im Entscheidenden: Die Anstrengung des Gemüts wird verweigert.« (R.zur Lippe)

Den One-Night-Stand gibt es nicht nur als sexuelle Begegnung. Auch in mancher auf Dauer angelegten Liebesbeziehung bleibt die Erfahrung nach dem Erleben der Begegnung bei beiden Erlebenden aus und verwandelt sich nicht in ein Wissen, das man für weitere Begegnungen der Liebenden nutzen könnte. Nur die Ahnung von der Möglichkeit einer lebendigen Beziehung leuchtet in der Erinnerung der ersten Begegnungen noch auf. Ähnliches gilt für das leibliche Erlebnis, das im Augenblick der Mitteilung einer schwerwiegenden Krankheitsdiagnose den ganzen Menschen erschüttert. Die Fixierung auf die Daten, die verhindern, dass sich der Patient aus Angst, die Herrschaft zu verlieren, in die Erkrankung als einer Begegnung mit dem Leben hineinziehen lässt oder die Fixierung auf das Erlebnis der Mitteilung, die mit der Erstarrung jede innere Bewegtheit anhält, verhindern beide auf ihre Weise, dass aus dem Erleben eine Erfahrung wird, die die Tür zum vorhandenen oder anzustrebenden Wissen vom Leben öffnet.

Die Biografie eines Menschen dokumentiert die Erfindung seines Lebens und zeigt unser Überraschungsei bei der Gestaltungsarbeit im Umgang mit den Herausforderungen, die in der Begegnung mit dem Leben liegen und zur Beziehung auffordern. Erfolge und Niederlagen, Hoffnungen und Irrtümer, gelungene und misslungene Beziehungen hinterlassen sichtbare und unsichtbare Spuren. Gelebtes und ungelebtes Leben, verwirklichte und unerfüllte Träume gehen Hand in Hand. Jeder Herzschlag und jeder Atemzug, die Rhythmusstörung des Herzens und das Atem raubende Asthma, die alten und die neuen

Schritte, die Gehstörungen und die Ohnmachten, die orientierenden, misstrauischen, liebenden und verlorenen Blicke wie die Blindheit, der nächste wie der letzte Bissen samt allen Essstörungen dazwischen sind Ausdruck umfassender psychosomatischer, geistiger und sozialer Gestaltbewegungen, die die Autobiografie des Lebens Seite für Seite füllen, ohne dass das Ende absehbar wäre. Unser Leben schreibt nicht mit uns zusammen ein Buch, damit wir auch ein Buch geschrieben haben, selbst nicht für die Voyeure und Zeitungen, die irgendetwas über uns ausplaudern wollen, sondern dokumentiert und deutet Prozesse und Tatsachen, die wirklich mit uns zu tun haben.

Natürliche Moral und Sozialität des Lebens

Wir erinnern uns. Leben bekommen wir nur als eine Möglichkeit, leben müssen wir es selbst. Leben braucht unsere Entscheidung, leben zu wollen, einen Entschluss, gegen die zu erwartenden Widerstände den aufrechten Gang lebenslang zu üben, ohne zu wissen, wohin er uns führt und wie es ausgeht. Menschliche Existenz ist von allem Anfang an unzulänglich, unfertig und ergänzungsbedürftig, verletzlich und zeitlich begrenzt, eine in jeder Weise offene und gefährdete Existenz. Wer leben will, muss die Möglichkeiten, aber auch die Notwendigkeit und die Not anerkennen, die in dem von uns akzeptierten und selbst zu verantwortenden Auftrag liegen, leibhaftig und konkret leben zu wollen, zu sollen, aber leben zu können und zu dürfen. Wir folgen auch nach der Geburt, wenn wir das Licht der Welt erblickt haben und bis zum Ende unserer Tage weiterreisen, einer biografischen Utopie und einer nach wie vor komplexen Aufgabe. Intuitiv und durch die vorgeburtliche Erfahrung geschult wissen wir allgemein bis auf die Ebene der Zelle, dass wir diese Aufgabe selbst, aber nicht allein bewerkstelligen müssen und können. Wie schon in den ersten Tagen unseres Lebens brauchen wir auch für unsere weitere Entwicklung eine liebende Unterstützung, die sich weitgehend bedingungslos am Prozess des Lebens und seinen konkreten Bedürfnissen orientiert, eine Art sozialer »Mütterlichkeit« und »Väterlichkeit«. Leben beginnt nicht mit der Erfüllung, es wächst in die Erfüllung hinein und wir mit ihm. Lebendige zwischenmenschliche Beziehungen, die die »gesetzte Grundordnung« des Lebens und seine »natürliche Moral« verstehen lernen und umzusetzen versuchen, wollen beispielsweise liebesfähige, neugierige, kreative und selbstbewusste Kinder wachsen sehen und keine in erster Linie artigen, angepassten und gehorsamen Kinder, denen jede Frage an das Leben im Halse stecken bleibt.

In seinem Werk »Buch der Fragen« stellte der Literatur-Nobelpreisträger Pablo Neruda Fragen an das Leben, die ohne Antwort blieben, bis eine Lehrerin auf die Idee kam, sie acht- bis neunjährigen Kindern zu stellen. »Sag mir, die Rose, ist sie nackt oder hat sie nur diese Kleidung?« Antwort: »Sie trägt nur die Tränen der Sonne.« »Wohin gehen die geträumten Dinge?« Eine Antwort: »Sie treffen sich mit anderen Träumen.« Frage an das Leben: »Geht das Gelb eines Tages zur Neige, woraus machen wir dann das Brot?« Ein Kind antwortet: »Wir machen es einfach auswendig.« (Marty Brito)

Es sind solche Antworten auf die Fragen des Lebens, die die Kinder und uns neben all dem anderen Wissen reich machen.

Die »natürliche Moral«, die der Ordnung des Lebens innewohnt und nicht mit den Sätzen »Du sollst nicht«, »Pass auf«, »Nicht berühren«, »Nicht bewegen«, »Der liebe Gott sieht alles« ins Leben einführt, lehrt uns, dass die partnerschaftliche Liebe wie die allgemeine Menschenliebe nur wenig mit dem Trauschein, irgendwelchen Gesetzestafeln oder der allgemeinen Verkündung der Menschenrechte, sondern mit der Anstrengung und Bereitschaft zu tun haben, sich gegenseitig wachsen zu lassen, zu respektieren, zu unterstützen und den einzelnen Entwicklungsstufen und Veränderungen auch dann zu vertrauen, wenn sie uns selbst Schwierigkeiten machen oder stören. Den Entwicklungsvorgängen des jungen Organismus entsprechend lernt das Kind nicht »durch den Kopf«, sondern unter Beteiligung von dessen Reflexionsvermögen durch Inanspruchnahme aller Organe und gleichzeitig aktiver Herausforderung jener Potenziale, die als Vermögen in ihm verankert sind.

Wahres Leben bewegt sich nach vorn in unbekannte Bereiche, aber es tut dies nicht gern allein. Es braucht keine Schüler, keine Anhänger, keine Jasager, keine Bewunderer und keine Verehrer. Diejenigen, die als eingefleischte Bedenkenträger die »Idee des Lebens« wie eine heilige Urne vor sich hertragen, aber alles tun, um die vitalen Lebensinteressen von Kindern, Jugendlichen, jungen Familien, arbeitslosen, kranken, behinderten oder alten Menschen immer wieder von den Tagesordnungen der Parlamente, Gremien und Bürgervereinigungen abzusetzen, haben als Politiker, Haushaltsexperten, als Lehrer und Erzieher, als Bürgerinnen und Bürger wie wir selbst manchmal auch Angst davor, dem Leben zu begegnen und uns dabei wirklich klar, kompromisslos und dennoch verhandlungsbereit für die eigenen wie für die Lebensbedürfnisse anderer Menschen einzusetzen. Leben ist kein Experiment, das wir unseren Methoden unterwerfen können, um seinen statistischen Durchschnittswert zu erreichen. Es ist kein Objekt, das wir in einer Versuchsanordnung einfach unserem Urteil unterwerfen können, das wir auseinander nehmen können, um es nach unseren Vorstellungen und für alle Menschen verbindlich wieder zusammenzusetzen. Leben braucht keine Wissenschaftler, die die Modelle vom Leben für das Leben selbst halten, sondern ein Wissen schaffen, das zur prüfenden Klarheit über die Lage des Lebens, der Menschen in gegenwärtigen Lebens- und Arbeitsverhältnissen und die Gefährdungen von beiden beiträgt. Leben braucht keine Freiheitskrämer, sondern Kämpfer für die Befreiung des Menschen aus Not und Unterdrückung, nicht irgendwo und irgendwann, sondern hier und jetzt. Was es deshalb dringend braucht und nicht entbehren kann, ist Gesellschaft, Kameradschaft, Freundschaft, menschliche Nähe und das mitfühlende Verständnis einer anderen Seele, die Möglichkeit, sich auszusprechen, gehört und gesehen zu werden und jemandem sein Innerstes anzuvertrauen. Jeder von uns ist gemeint. Niemand will und kann ganz allein leben, ohne dabei Gefahr zu laufen, verrückt zu werden. Der Arzt und Psychoanalytiker Wilhelm Reich sprach von einer »natürlichen Sozialität des Lebens«, einer Sozialität, wie wir sie als kleines Überraschungsei exemplarisch im mütterlichen Organismus erfahren haben. »Leben baut eine Brücke, um einen Strom zu überqueren, und nicht, um bei der nächsten Jahresversammlung der Ingenieursvereinigung einen Preis zu erhalten«, heißt es bei Reich.

Die Angst auf der einen Seite, die menschliche Geborgenheit, Eingebundenheit und Verortung einzubüßen oder auf der anderen Seite die Eigenständigkeit und Selbstbestimmung zu verlieren, hinterlässt tiefe Spuren in den individuellen wie sozialen Biografien der einzelnen Menschen wie ganzer Völker und Nationen.

Biografie ist leibhaftig

Was hinter uns liegt
und was vor uns liegt,
sind Winzigkeiten
im Vergleich zu dem,
was in uns liegt.
(Oliver Wendell Holmes)

Das individuelle wie das kollektive Leben ist auf allen Ebenen der Existenz immer wieder positiv herausgefordert und gleichzeitig gefährdet. Die Kunst zu leben ist der Versuch, mit diesen Gefährdungen umzugehen. Das gilt in besonderem Maße für das hohe Lied der Gesundheit, die für viele Menschen die Garantin für ein langes Leben ist. »Die Gesundheit eines Menschen ist eben nicht ein Kapital, das man aufzehren kann, sondern es ist überhaupt nur dort vorhanden, wo es in jedem Augenblick des Lebens erzeugt wird. Wird es nicht erzeugt, dann ist der Mensch bereits krank«, heißt es bei Viktor von Weizsäcker.

Dieser »Erzeugerauftrag« gilt für das Glück, die Liebe und die Hoffnung in gleicher Weise. Sie sind zwar als Samen und sogar mit genetischen »Rezeptoren« in uns angelegt, aber als reale und wirksame Kraft müssen sie vom Menschen noch entwickelt werden. Manchmal können wir den jeweiligen Gefährdungen für die Gesundheit, den Herausforderungen für unser Glück, den Fragen an die Liebe und der konkreten Utopie der Hoffnung ausweichen, sie überlisten, verdrängen und dabei hoffen, dass die Götter und der Zufall uns zur Seite stehen. Um aber Gesundheit, Glück und Liebe zur eigenen Sache zu machen und leibhaftig zu erfahren, was sie für uns bedeuten, müssten wir uns den meisten Fragen stellen, sie annehmen, uns einfühlen, anlehnen, anpassen oder Widerstand leisten und die Antworten in unseren biografischen Lebenskontext integrieren. Leben wird gestaltet und erlitten.

Indem wir leben und nach Antworten auf Fragen suchen, die sich uns stellen, finden und erfinden wir unser Leben. Biografie als Selbstgestaltungs-, Arbeits- und Erfindungsprozess und Konstruktionsleistung des Lebens entsteht in diesem wechselhaften Prozess von Anpassung und Widerstand und beschreibt einen biografischen Lernprozess, in dessen Zentrum die Fähigkeit steht, sich auf ein wechselndes Milieu einzustellen, heranzuwachsen und zu altern, im Falle einer Verletzung zu gesunden, zu leiden und letztlich in Frieden den Tod zu erwarten. Erfolgreiche Realitätsbewältigung und Leistungsvermögen brauchen an ihrer Seite die Fähigkeit, den Erfolg auch genießen zu können und sich in Lust und Schmerz lebendig zu fühlen, um jenen Zustand eines möglichst umfassenden körperlichen, geistigen und sozialen Wohlbefindens herzustellen, den die Weltgesundheitsorganisation Gesundheit nennt und den man auch als Lebenszufriedenheit und Ausdruck eines erfüllten Lebens bezeichnen könnte.

Eine Biografie gibt anders als die Datenreihe der Lebensgeschichte Auskunft darüber, wie und warum wir etwas umgesetzt und uns angeeignet haben, woran wir gescheitert sind, was wir erhofft haben, was uns glücklich gemacht hat und wer wir warum und mit wem unter welchen Umständen geworden sind.

Das Biografische erzählt vom leibhaftigen Leben, der Erscheinungsweise menschlichen Seins. Nur in seiner Leiblichkeit tritt der Mensch überhaupt als denkende, sich seiner selbst bewusst werdende, empfindsame, sinnliche, gebrechliche, tätige wie sterbliche Existenz hervor. Unterschiedliche leibliche, seelische, geistige, spirituelle und soziale Erfahrungen schichten sich in uns auf, werden verarbeitet und integriert. Sie bilden und vernetzen die Geschichte des Körpers mit den bereits vorhandenen Denkmustern, die Geschichte der Seele und ihre Gefühlswelten mit der Geschichte der sozialen Welt, die uns trägt, formt und gefährdet. Die soziale Biografie des Individuums hinterlässt ihren »Eindruck« als Körpergeschichte in der Physis, wird einverleibt und prägt damit auch den individuellen körperlichen Ausdruck von Haltung, Bewegung, Gesten und Sprechweisen. Die Psychosomatik spricht in diesem Zusammenhang von einer subjektiven Anatomie, mit der der Mensch seine einzigartige Individualität zum Ausdruck bringt.

Die Lebensgeschichten der Menschen vermischen sich mit der Geschichte ihrer sozialen Beziehungen, an denen sie mit »Leib und Seele« teilnehmen. So entsteht die leibhaftige Biografie einerseits als Ausdruck menschlicher Einmaligkeit und andererseits als sich wiederholender Akt der Menschwerdung, in dem Gattungs-, Sozial- und Lebensgeschichte ständig zusammenwirken, über Generationen, Nationen und Völker hinweg neue Lebensbilder schaffen, Epochen bilden, einen »Zeitgeist« erfinden und kreieren, an denen wir aktiv und passiv beteiligt sind. Hans Jonas sprach von der »Selbstintegration im tätigen Vollzug«, dem umfassenden Vorgang des Stoffwechsels, der weit über das Atmen oder die Ernährung hinausgreift.

Dieser geschichtliche, sich ständig verändernde Leib ist Träger unserer persönlichen und sozialen Biografie. Ausgestattet mit genetischen Anlagen, die ebenfalls zu ihrer Entfaltung ein förderliches Milieu brauchen, einem lebendigen Organismus, einem anpassungsfähigen Körper, mit Gefühlen und einem Denkvermögen in einem Gehirn, das lebenslänglich lernen und sich verändern kann, sind Menschen mit Hilfe ihres Bewusstseins in der Lage, einmal entstandene Denkprogramme, Handlungsmuster oder Gefühlslandschaften wieder aufzulösen oder zu überschreiben, wenn diese unsere weitere Persönlichkeitsentwicklung oder die Entfaltung der geistigen und emotionalen Potenzen zu behindern beginnen. Wir sind aktiv aufgefordert und passiv gezwungen, zu leibhaftigen und überaus sensiblen Biografen unseres Lebens zu werden. Denn: »Alles, was lebt, auch ein Gehirn, steckt in einem großen Dilemma. Es muss hinreichend offen sein, damit es all das aufnehmen kann, was es zu seinem Aufbau und zur Aufrechterhaltung seiner inneren Ordnung benötigt. Gleichzeitig muss es aber auch hinreichend verschlossen sein, um zu verhindern, dass Störungen aus der äußeren Welt in seine Innenwelt vordringen und die Stabilität der dort aufgebauten inneren Ordnung bedrohen.« (Hüther) Das Gleiche gilt für die Offenheit und Lebendigkeit unseres Organismus, unserer Gefühlslandschaften oder unserer Arbeits- und Lebensbeziehungen. Leben ist Entwicklungsarbeit im Kontext der unentfalteten Möglichkeiten unserer Biografie.

Biografie ist mehr und etwas anderes als unsere Lebensgeschichte. Sie ist das mit Bedeutung versehene Ergebnis eines umfassenden Stoffwechsels des Menschen mit den sozialen, kulturellen und gesellschaftlichen Welten, die ihn umgeben, sozusagen eine große Gestaltbewegung im Prozess der Selbstorganisation des Menschen. Das Beziehungsverhältnis von Leib und Biografie macht uns das Grundverhältnis deutlich, in dem der Mensch steht: Er ist überhaupt nur dadurch Mensch, dass er sich und sein Leben in jedem Augenblick mit Körper, Geist und Seele erfindet, sozusagen leibhaftig seine Biografie gestaltet. Ohne Leib keine Biografie, ohne Biografie kein Leib. Leib und Körper sind die Bühne, auf der die Biografie eines Menschen als großes Theaterstück des Lebens inszeniert und aufgeführt wird. Beide, Leib und Biografie, führen eine Art Protokoll, berichten über die Dialoge zwischen innen und außen. Das Biografische macht deutlich, wie im Prozess der Sozialisation sinnstiftende Bezugssysteme aufgebaut und Gesellschaft und Kultur konkret einverleibt werden. Dadurch wird klar, wie ihre förderlichen, aber auch schädigenden und widersprüchlichen Wirkungen die Entwicklung eines Menschen beeinflussen und sich das Verhältnis zwischen Subjekt und Gesellschaft Schritt für Schritt in Aufbrüchen, Umbrüchen und Zusammenbrüchen als subjektives Lebenskonzept manifestiert. Jeder Mensch ist aktiv aufgefordert und passiv gezwungen, zum sensiblen Biografen seines Lebens zu werden und entwickelt dabei seine Lern-, Familien- oder Arbeitsbiografie in ähnlicher Weise. Die Fähigkeit des Menschen zur Entwicklung und Vereinheitlichung sinnlich-körperlicher, geistiger und emotionaler Vermögen ist die Voraussetzung dafür, dass er leben kann. Diese bei allen Menschen angelegte Sinnesfähigkeit hält Körper, Geist und Seele nicht nur zusammen, sondern schafft im Kontext von Koexistenz und sozialem Handeln auch die notwendige Differenzierung, in der die Unterschiede zum Tragen kommen können. So findet die Tatsache, dass Leben immer Leben in der Anwesenheit eines anderen ist, als Grundordnung allen Lebens prinzipielle Anerkennung

Improvisation einer Grundmelodie

Die physische Geburt des Menschen ist nicht der Anfang seines Lebens, aber mit ihr beginnt für den kleinen Menschen jenseits der geschlossenen mütterlichen Welt die eigentliche Arbeit, nämlich die Entdeckung und Eroberung der Welt in der realen Begegnung mit dem Leben. Vom biologischen Überraschungsei zur eigenen Biografie zu kommen, sind Weg und Ziel der Lebensreise. Alles, was sich schon pränatal entwickelt hat, wird zum Werkzeug, das neue Leben draußen in der Fremde zu wagen und das Spiel mit den Kräften zuzulassen. Was menschliches Leben grundsätzlich für eine lebendige und menschenwürdige Entwicklung braucht, bringt der kleine Mensch bei der Geburt als lebenserfahrenes biologisches Überraschungsei bereits mit auf die Welt. In den Prinzipien seiner bisherigen Gestaltungs- und Zusammenarbeit mit den Eltern ist die ordnende Grundmelodie des Lebens verankert. Im weiteren Verlauf geht es nun durch zusätzliche Kompositionen und Improvisationen um die Variation, Vollendung und Hinführung jener Grundmelodie zu der einzigartigen biografischen Melodie, die jeden Menschen als Original mit einem biografischen Geheimnis auszeichnet.

Der kleine Körper eines Menschen ist bei der Geburt in der Regel innerlich wie äußerlich perfekt ausgebildet, es ist sozusagen alles dran und drin, auch wenn er nur wenige Kilogramm wiegt und meistens nur rund 50 Zentimeter groß ist. Der neugeborene Mensch muss nun lernen, was man mit Händen und Füßen, mit dem Mund, den Ohren, den Augen, dem Gehirn und den Gefühlen, dem Herzen und den anderen inneren Organen in den jeweiligen Umwelten anfangen und wie man sie nutzen kann. Er muss wie bei seiner Entwicklung vom Ei zum Embryo seiner spezifischen menschlichen Bestimmung folgen und gleichzeitig herausfinden, wer er potenziell vergleichbar und im Unterschied zu anderen kleinen Menschen sein kann. Leben ist ein Weg durch die Fremde, aber indem wir leben, Lebenserfahrungen sammeln und unsere eigene Lebenspraxis entwickeln, lernen wir nicht nur uns selbst, sondern auch kennen, wie, warum und in welche Welt wir gekommen sind, um in der Begegnung mit ihr das eigene Leben zu erfinden.

Das Grundprinzip menschlicher Entwicklung und damit die zentrale Herausforderung des Lebens sind Selbst- und Mitgestaltung der angelegten Ordnung, Überraschung, und relative Unvorhersagbarkeit. Wie die biologische Entwicklung des »Überraschungseis« als »autopoietischer Prozess gezeigt hat, ist menschliche Existenz eine Krisenexistenz, die von Übergängen, Unterschieden und Spielräumen lebt und sich ständig zwischen »Stirb und Werde« bewegt. Geburt und Tod sind sicher die größten zu bewältigenden Krisen. Immer wieder neu muss der Mensch nach jedem Entwicklungsschritt und jeder Krise die Veränderungen körperlich, geistig, seelisch und sozial in das Vorhandene integrieren, zurück ins Gleichgewicht und zur Ruhe kommen. Wenn nötig muss er im nächsten Augenblick wieder aufbrechen, um erneut das Wagnis einzugehen, den festen Boden unter den Füßen zu verlieren, um einen anderen zu gewinnen. Jeder Schritt wagt den Fall und ist gleichzeitig die einzige Chance, einen Schritt weiter zu kommen. Leben lebt in jedem Augenblick im Angesicht von Risiko, Unsicherheit und Wandel. Stagnation, Stillstand und Resignation sind sein Tod.

Jede neue Lebensphase baut auf der vorherigen und auf dem auf, was in dieser entwickelt, aber vielleicht auch versäumt wurde. Kein Kind weiß im Voraus, ob und wie es die nächste Phase erreichen wird. Es muss sich selbst, anderen Menschen, den Lebensbedingungen und seiner Fähigkeit zur Improvisation vertrauen, um ein Jugendlicher zu werden, um sich von dort aus in das Erwachsenenleben hineinzuleben. Sonja ist erst elf Jahre alt und schon in der Kinderpsychiatrie gelandet. Ihre Seelennot mit den Erwachsenen, die sie eigentlich unterstützen sollten, aber oft schlagen, versteckt sie in einem kleinen Text mit dem Titel: »Eine Mutter besäuft sich«: *»Eine Mutter geht in eine Kneipe, und nach drei Stunden ist die Mutter besoffen. Und ihr Kind sagt zur Mutter: ›Du sollst aufhören zu trinken.‹ Aber die Mutter sagt: ›Misch du dich nicht ein.‹* (Hesse, Wellershoff) Niemand von uns weiß, wie es sein wird, wenn wir erwachsen sind, wir die Erwerbsarbeit verlassen oder jenes Alter erreichen, das uns zumindest statistisch versprochen zu sein scheint. Vielen von uns fällt es nicht leicht, zu altern. Aber auch unser gesamtes Leben und Sterben ist nicht leicht. Wir sträuben uns gegen das Unvermeidliche und leiden dadurch. Wir pochen verbissen auf die Vorstellung, dass das Leben uns etwas versprochen hat und mit unseren Lebensplänen identisch zu sein habe, dass es einschließlich der Rente sicher sei und wir die Risiken vermeiden können, die in der Begegnung mit dem Leben stecken. Umso mehr leiden wir, wenn wir einsehen müssen, dass das Leben anderes mit uns vorhatte. Wir müssen eine neue Sichtweise in Bezug auf Geburt, Alter, Wandel und Sterben entwickeln, eine Art von Perspektive, die es uns ermöglicht, ohne dramatisches Gezerre mit den vielen hinter und vermeintlich noch vor uns liegenden Hindernissen umzugehen.

Jedes Lebensjahr und jede Lebensphase sind bei allem, was sie uns gebracht haben, mit allem, was offen geblieben ist und mit all der Unsicherheit, die in der Zukunft liegt, ein Beitrag zu jener einzigartigen und unverwechselbaren Biografie, die unseren Namen trägt und bei Menschen, die uns kennen, so etwas wie einen festen Eindruck hinterlässt, mit dem sie sichergehen können, wenn sie an uns denken. Manchmal aber verändert sich dieser Eindruck, wenn Menschen spüren, dass wir uns im Kontext spezifischer Lebensereignisse verändern und plötzlich menschlicher, zärtlicher, zugewandter oder entschlossener erscheinen. »Der Schlaganfall hat mir eine neue Perspektive geschenkt, die besagt: Sei kein weiser Alter, sondern werde selbst eine Verkörperung der Weisheit!«, schreibt Ram Dass, der in den 60er- und 70er Jahren Vorbild und Lehrer einer ganzen Generation spirituell Suchender war, als er sich später mit einem schweren Schlaganfall auseinander setzen musste und ein Freund ihn seitdem als menschlicher empfand.

»Welch ein Geschenk ist mir durch den Schlaganfall zuteil geworden, indem er mich gelehrt hat, meine Menschlichkeit nicht mehr zu Gunsten meiner Spiritualität leugnen zu müssen – zu erkennen, dass ich sowohl Beobachter als auch Teilnehmer, sowohl ewiger Geist als auch alternder Körper sein kann.«

Leitlinien der biologischen und biografischen Lebensgestaltung

Die Reise vom »biologischen Überraschungsei« zur »eigenen Biografie« folgt spezifischen Lebensprinzipien, die sich als Leitlinien und Maßstab für eine gesunde körperliche, geistige, seelische und soziale Entwicklung erweisen. Wer verstehen will, wie Leben lebt und welchen Ordnungsprinzipien ein gelingendes Leben und das eigene gesundheitliche Wohlbefinden folgen, sollte sie kennen und ihnen im eigenen Leben Geltung verschaffen. Die zentralen Prinzipien des Lebens wurden als biologische Prinzipien formuliert (Schäfer, Wille), ich möchte sie, wie in den beiden ersten Kapiteln begonnen, hier um die anthropologischen und systemischen Aspekte erweitern.

* Alle Lebewesen und lebendigen Systeme wie der Mensch, sein Organismus oder die Natur streben eine weitgehende Ordnung an und pendeln sich dabei zwischen Perfektion, Sicherheit, Erfüllung auf der einen Seite und Chaos, Unsicher-

heit, Veränderung auf der anderen Seite ein. So wie Ebbe und Flut am Rande des Meeres mit jeder Welle eine unendlich sich bewegende Linie in den Sand zeichnen, so zeichnet auch das Leben zwischen Ebbe und Flut, dem Zusammenbruch einer alten Ordnung in der Krise und der Herstellung einer neuen Ordnung nach der Krise eine ebenfalls bewegte Lebenslinie. Leben ist immer wieder das Ergebnis einer kontinuierlichen Aushandlung mit der Welt und ein ständig variierender Kompromiss, zu dem jeder einzelne Mensch wie die Menschengemeinschaft herausgefordert sind, um überhaupt überleben zu können. Jede Liebe, jede Trennung, jede Erkrankung oder Genesung, jeder Erfolg und jede Niederlage haben eine Geschichte und sind das Ergebnis solcher konstruktiven Kompromisse zwischen Chaos und Ordnung. Leben lebt vom Spiel mit den Zwischenräumen, den Übergängen, lebt von der getroffenen Entscheidung gegen eine andere Möglichkeit. Unser Leben durchlebt unterschiedliche Arten des Daseins, die mit ihren jeweils spezifischen Qualitäten unseren Lebenslauf einfärben, uns glücklich machen oder zur Verzweiflung bringen.

❋ Leben braucht Energie, und jeder Mensch kommt mit einem bestimmten »Quantum« an subjektiver Energie auf die Welt, die man objektiv nicht messen kann. Gesellschaft und Kultur ergreifen diese Lebensenergie, formen, fördern und verwenden sie über die Lebens- und Arbeitsbedingungen, gefährden, verringern sie und beuten sie aus. Lebensenergie wird im ständigen Wechsel von innen wie von außen aufgebaut und verbraucht. Bewusst und unbewusst entscheidet jeder Mensch selbst, ob und wie er seine Lebensenergie über Nahrung, Bewegung, frische Luft, Schlaf, friedliches Zusammenleben oder Lebensfreude fördert, sinnvoll und angemessen für seine Lebensbedürfnisse und Aufgaben nutzt oder diese im Kontext seiner familiären und anderen Beziehungen, seiner Denkmuster und emotionalen Verstrickungen sinnlos verbraucht und vergeudet. Zur »Ökonomie des Lebens« gehört der verantwortungsbewusste Versuch, immer wieder abzuwägen und ein Gleichgewicht zwischen den Vorgängen der »Einnahmen«, der »Ansammlung« und der »Erneuerung« auf der einen Seite und der »Ausgaben«, des Abbaus und des Verbrauchs auf der anderen Seite zu schaffen. Es geht darum, Lebensenergie zu sammeln, sie zu regenerieren, einzuteilen und zu erneuern wie umgekehrt sie aktiv einzusetzen, gezielt zu verausgaben und für die Erfüllung der eigenen körperlichen, geistigen, seelischen und sozialen Bedürfnisse zu nutzen. Dieses Prinzip gilt im Übrigen für den Umgang mit allen natürlichen Ressourcen. Wer seine eigene Energie oder die Ressourcen der Erde schonungslos verbraucht, sägt an dem Ast, auf dem er sitzt.

* Selbststeuerung und Selbstorganisation sind konstitutiv für alle lebenden Systeme und auf Rückkoppelung angewiesen. Menschliches Leben ist ein Kind der Freiheit, der Selbstorganisation wie der daraus resultierenden Selbstständigkeit und dabei abhängig von seiner Umwelt und eingebettet in den »Schoß eines anderen«, wie wir im Prozess der Einnistung des befruchteten Eies in die Gebärmutter gesehen haben. Jede Fähigkeit zur Selbstregulation kann durch Missachtung der Regeln oder Prinzipien gestört und aus den Angeln gehoben werden. Die Fähigkeit des menschlichen Organismus, einen ausgewogenen Rhythmus zwischen Ein- und Ausatmen oder Nahrungsaufnahme und Verdauung zu finden, kann durch äußere wie innere Einflüsse erheblich gestört werden. Wenn sich im Prozess der Selbstregulation ein System einseitig mit Energie aufschaukelt und sich nach einer gewissen Zeit kein geregeltes Gleichgewicht bildet, droht es zu explodieren. Im umgekehrten Fall besteht die Gefahr der Erstarrung. Es fehlt die Rückkoppelung. Fremdbestimmung, mechanische Beherrschung und Instrumentalisierung der Fähigkeit zur Selbstregulation gefährden die Lebensfähigkeit eines lebendigen Systems und untergraben die »Autonomie«, die als Voraussetzung eines selbstbestimmten Lebens auch tragende Grundlage liebender, sich gegenseitig respektierender Beziehungen zwischen Mann

und Frau, Eltern und Kindern, Lehrern und Schülern, Ärztinnen und Patientinnen ist. Viele Beziehungen gehen unter der Last illusionärer und fordernder Vorstellungen und einseitiger Überbeanspruchung in die Brüche, weil kein Raum für die Selbstregulation der individuellen Bedürfnisse bleibt.

* Leben ist ein ständiger Wechsel zwischen Ruhe, Innehalten und Stille auf der einen Seite und Hast, Eile und schneller Bewegung auf der anderen. Lebenserhaltend und stärkend ist das Einpendeln zwischen den Polen Anspannung und Entspannung, Aktivität und Passivität, die das Leben bis auf die Ebene der Zelle regulieren. Ein Herz muss schnell schlagen, sogar rasen, aber auch wieder zur Ruhe kommen können. Manche Lebenssituation verlangt eine blitzschnelle Reaktion, auch Eile und Hast, eine andere bedarf des Innehaltens, der Stille und Geduld. Viele der so genannten »Zivilisationserkrankungen« wie beispielsweise die Herz- und Rückenerkrankungen sind Beispiele für den Verlust von Balance und für spezifische Formen der Vereinseitigung, der Erstarrung und der Unfähigkeit von Organismus und Muskulatur, aus einer permanenten Anspannung und Beanspruchung in die entlastende Entspannung zu gehen. Sich geistig und seelisch zu bewegen, Leidenschaft zu entwickeln und sich zu Unruhe und Aufregung bewegen zu lassen, ist ebenso wichtig, wie sich zu gedulden, innezuhalten, dem Sinn einer Aufgabe nachzuspüren oder sich Zeit für die Liebe und die Wut zu nehmen. Wer die Fähigkeit zum Wechsel zwischen diesen Grundhaltungen verliert, wird sich sehr schnell weder in der eigenen Haut noch in den Lebenswelten wohl fühlen, die ihn umgeben. Viele Menschen »hasten« durch ihre Lieben, Ängste und ihre Beziehungen, sind ständig »online«, überall anwesend, aber nie da. Statt eines Wechsels zwischen hoher Aktivität und Ruhe, erzeugen sie Stillstand. Familien-, Eltern-, Freundschafts-, aber auch Arbeitsbeziehungen haben vielfach ihr kreatives Potenzial zwischen Bewegtheit und Ruhe verloren, sind zunehmend in Konventionen oder zu

Bildern im Kopf erstarrt und dümpeln geistig, emotional und sozial am Existenzminimum vor sich hin. Wie manche ältere Menschen nicht ruhig, sondern eher verzweifelt und resigniert am Eingang ihrer Altenheime auf die eigenen Kinder warten, anstatt sich bewusst auf ihren gegenwärtigen Lebensort, ihren konkreten Lebensabend und die anderen Heimbewohner einzulassen, so warten auch viele jüngere Menschen anscheinend »cool«, aber dennoch ungeduldig darauf, dass sich irgendjemand in ihre Richtung bewegt. Sie haben die aktive, manchmal blitzartig notwendige Anstrengung verlernt, die Richtung zu ändern und die Initiative zu ergreifen, wie sie das als kleine Kinder noch konnten, wenn sie im Sturm die Welt eroberten oder mit unglaublicher Konzentration und Stille einem erzählten Märchen lauschten.

❋ Ohne Anpassung wäre die ganze Evolution nicht denkbar und Leben nicht möglich. Anpassung in diesem Sinne ist nicht Unterwerfung, sondern ein Prozess der aktiven Einordnung, Integration und Transformation. Die Gattung und der einzelne Mensch haben sich auf diese Weise entwickelt, erhalten und ihre unterschiedlichen Kulturen und Lebensweisen im Rahmen ihrer Umwelten hervorgebracht. Der nicht Angepasste geht zugrunde, der sich extrem Anpassende ist in Gefahr, seine eigene Individualität zu verlieren. Anpassung und Widerstand sind die beiden zentralen Herausforderungen, die sich jedem Menschen im Prozess des Heranwachsens und im Kontext der gesellschaftlichen Integration stellen. Sie sind auch der Hintergrund für die »Grundformen der Angst« (Riemann). Der Herausforderung, selbst zu wachsen, sich auf sich selbst zu konzentrieren, Potenziale zu entdecken und Ich-Stärke zu entwickeln, steht die andere Herausforderung gegenüber: sich in Beziehung zur Welt zu bringen, Gemeinschaft und Gemeinsinn als Kraft zu entdecken, Realitäten anzuerkennen, Abhängigkeiten auszuhalten, sich auf andere zu verlassen und Wir-Stärke zu entwickeln. Vielen Menschen gelingt diese Balance zwischen Ich und Wir, aber auch Anpassung und Widerstand nicht. Die einen drehen sich immer um sich selbst und haben ständig Angst, sich zu verlieren. Die anderen drehen sich ständig um die anderen, die Kinder, die Familie, die Freunde, um nur nicht mit sich selbst konfrontiert zu werden. Die einen setzen nur auf Beständigkeit und Kontinuität, die anderen nur auf Veränderung und Wandel. Leben braucht die richtige Mischung!

* Im Lebendigen gibt es keine Kopie. Individualität ist unteilbar und beginnt mit der ersten Zellteilung. Wird ein Individuum wie die Zelle oder ein Ökosystem durch einen befruchtenden oder störenden Anstoß von außen geteilt oder verändert, geht die ursprüngliche Einheit verloren und eine neue Einzigartigkeit entsteht. Menschliches Leben schwingt zwischen dem Versuch, seine Einzigartigkeit unter Beweis zu stellen und gleichzeitig durch Anpassung und Nachahmung in einem größeren Zusammenhang zu überleben. In diesem Sinne ist Biografie der Versuch, Individuum und Gesellschaft zusammenzufügen und zwischen der Einzigartigkeit und individuellen Einsamkeit des Menschen und seiner sozialen Existenz als Mitglied der Menschengemeinschaft und der Gesellschaft zu vermitteln. Es gibt keine Krankheit, die die Kopie einer anderen wäre, keine Trennung, die ein anderer Mensch einfach wiederholen könnte, um durchzukommen. Die Augen eines Menschen gibt es nicht noch ein anderes Mal in der gleichen Ausgabe, und jeder Irrtum kann einen Menschen gefährden, wie die folgende Geschichte eines Herzinfarkts zeigt. »*Paul G. erkannte erst nach 20 Jahren Ehe, dass er in seiner Frau vor allem die Augen seiner Mutter gesucht hatte, und sein Herz beginnt sich zusammenzukrampfen, als diese Frau ihn verlassen will … Unter intensiven Schmerzen erlebt der Mann, wie eine fremde Hand um sein Herz greift und es zusammendrückt.*« (Sroka)

* Lebende Systeme und Lebewesen sind komplexe, miteinander vernetzte Gebilde und stehen auf vielfältige Weise in Beziehung zueinander. Sie leben weniger von Wenn-Dann-Beziehungen, sondern vom Ineinandergreifen der gegensätz-

lichen Strebungen, haben eine antilogische, kreative Struktur, aber improvisieren nach Regeln, wenn sie das Leben erfinden. So ist der menschliche Organismus ein hochkomplexes Beziehungsnetz, in dem die Organe ihre Funktionen übernehmen und im Austausch untereinander, mit dem Gehirn und den Gefühlen erfindungsreich und bezogen auf die jeweilige Anforderungen ihre Arbeit tun. Die chinesische Medizin und besonders die Akupunkturlehre gehen davon aus, dass es einen funktionellen Zusammenschluss einer Vielzahl unterschiedlicher Organe gibt, die in einer Art Regelkreis mittels der Meridiane miteinander kooperieren, sich gegenseitig absichern und ausgleichen. Fünf Funktionskreise um die Hauptorgane Herz, Leber, Nieren, Lunge und Milz bilden ein offenes und zugleich äußerst komplexes System und greifen in der Zusammenarbeit die jeweiligen Störungen und Symptome auf, um Befund und Befinden des erkrankten Menschen in Beziehung zueinander zu setzen und wieder in ein harmonisches Gleichgewicht zurückzubringen. Ein Atem kann nicht ausgerechnet dann auf Sparflamme schalten, wenn ein Mensch vor einer Gefahr fliehen muss. Und das Herz will und muss höher schlagen, wenn ein Mensch in einen Liebesrausch gerät. Letztlich muss aber das ganze System helfen, damit die Aufgabe gelingt. Jede Krankheit, jede Liebe und jedes Leiden, jede Angst und jede Sucht sind der Ausdruck von gelungenen oder missglückten Beziehungen und Vernetzungen zu sich selbst, zu anderen und zur Welt.

✻ Leben braucht Struktur und Gliederung. Einerseits müssen Grenzen gebildet, Einteilungen vorgenommen und spezifische Funktionen übernommen werden, andererseits lebt das System des Lebens vom Austausch, der Verbindung und der Durchlässigkeit der einzelnen Teile. Körper, Geist und Seele brauchen Strukturen, übernehmen unterschiedliche Lebensfunktionen, müssen Grenzen ziehen und sie im Austausch wieder überschreiten, dürfen sich nicht überschwemmen lassen und müssen gleichzeitig stellvertretend handeln. Wenn das Gefühl der Leidenschaft oder Wut einen Menschen ergreift, könnte der Kopf kühl bleiben und eine Kurzschlusshandlung vielleicht verhindern. Wenn der Kopf sich gegen ein wichtiges Gefühl durchsetzen will und nichts an sich heranlässt, kann ein Leben in Gefahr geraten. Auch wenn Leben nichts verspricht und in seiner Unbestimmtheit und Unvorhersagbarkeit eine große Offenheit verlangt, braucht der Mensch Strukturen, die ihm das Heranwachsen und die Entwicklung erleichtern, Pläne, die er einhalten und wieder aufgeben kann, Rituale, in die er sich in Augenblicken der Krise einbinden kann oder Grenzen, die er einhalten, aber auch überschreiten kann, wenn die Bewältigung einer besonderen Lebensherausforderung dies verlangt.

* Lebewesen bewerten Dinge und Umstände. Sie ordnen diese nach Wichtigkeit und verleihen ihnen eine Bedeutung im Hinblick auf ihr eigenes Leben. Der in unserem Stammhirn verankerte Stressmechanismus ist eines der wichtigsten Bewertungsinstrumente. Um den wechselnden Lebenssituationen gerecht zu werden, brauchen Menschen Orientierung und müssen für sich und andere Werte und Bewertungen entwickeln und auch wieder verändern. Starres Festhalten, aber auch völliges Ignorieren von Werten führt zum Verlust der Tragfähigkeit von Sinnstrukturen und macht, wie wir an fundamentalistischen Positionen erkennen können, einzelne Menschen wie Gruppen und ganze Gesellschaftssysteme krank. Freiheit, Gleichheit und Geschwisterlichkeit sind solche Werte, die auch im täglichen Leben ihre Bewertung finden und ausgehandelt werden müssen. Frieden, Toleranz und Liebe sind andere. Wie lernt ein Kind den Umgang mit Freiheit und Gerechtigkeit, wie lernt es teilen, wie Mitgefühl und Toleranz? Wie lernt es, Sachverhalte zu bewerten und einen Zugang zur subjektiven Wahrheit zu finden? Viele Krankengeschichten erzählen von der Bedeutung einer spezifischen Art des Verlustes der inneren Wahrheit, wenn ihnen infolge der Tabuisierung des Todes der Zugang zu ihrer »objektiven« Situation verweigert wird. Sie antworten dann oft mit der Verschlechterung ihres Zustandes oder der Zu-

nahme an Schmerzen und nur ein offenes Gespräch ist das adäquate Schmerzmittel, wie das folgende Beispiel zeigt. »*Während eines solchen offenen Gesprächs hatte ein Patient mit Magenkarzinom seine quälenden Schmerzen verloren. Als ein anderer Arzt ihm jedoch, um ihn zu schonen, baldige Besserung versprach, kehrten die Schmerzen wieder zurück. Dieser Vorgang einer Abwechslung von offener und zudeckender Therapie wiederholte sich mit demselben Effekt mehrmals.*« (Kütemeyer, Masuhr)

❋ Leben ist auf Verständigung angewiesen und braucht Zeichen und Signale für die Kommunikation und den Austausch. So brauchen Menschen die verbale Sprache und andere Zeichen wie die Körpersprache, Kleidung, die Architektur ihrer Wohnungen, viele ihrer Sitten und Gebräuche, um sich verbindlich zueinander zu verhalten und verstehen zu lernen. Auch die inneren Systeme wie das Hormon-, Immun- oder Nervensystem reagieren auf Signale und ihre Bedeutung. Die moderne Gehirnforschung vermittelt uns mit Hilfe der bildgebenden Verfahren einen bleibenden Eindruck von den Zeichen und Signalen, mit denen sich Erkenntnisse, Erfahrungen, aber auch Lust und Angst im Gehirn in Strukturen und Verbindungen übersetzen, ohne dass wir gleichzeitig zureichend erklären können, wie, aus welchen Gründen und mit welcher Bedeutung für den Menschen sie das tun. Katzen und Hunde haben ihr gegensätzliches Zeichensystem, und Kulturen sind darauf angewiesen, dass man ihre Sitten und Gebräuche als Zeichen und Signal ihrer Identität begreift. Anzeichen der Gewalt und des Hasses schnell zu verstehen, kann überlebenswichtig sein. Wer die Signale im Prozess des Verliebens richtig deutet, hat einen besseren Start für den nächsten Schritt oder fühlt sich beschämt, wenn er mit der Deutung der Signale daneben liegt.

❋ Leben beruht auf dem Prinzip der Polarität und ist eine Spannungsbeziehung zwischen Geburt und Tod. Mit Körper, Geist und Seele muss der Mensch ein ausgeglichenes Verhältnis zwischen Himmel und Erde, Fliehkraft und Schwerkraft, Tag und Nacht, Lust und Angst, Nähe und Distanz, Hoffnung und Verzweiflung, Säen und Ernten, Reden und Schweigen, Einnahme und Ausgabe, Gesundheit und Krankheit finden. Im konkreten Leben neigen wir immer wieder einmal mehr zur einen, ein anderes Mal mehr zur anderen Seite und sind dabei ständig in Bewegung. Der jeweilige Punkt dazwischen, in dem die Dynamik in ein Gleichgewicht übergeht und den Spielraum zwischen Lust und Angst, Distanz und Nähe öffnet und eine angemessene Lösung findet, bleibt unberechenbar. Diese Unberechenbarkeit ist der Preis für die offene Begegnung mit dem Leben und zeigt, dass gerade in der Unvorhersagbarkeit die Hoffnung auf eine Zukunft erscheint, die uns bisher unmöglich schien. Wie Nacht und Tag einerseits ineinander übergehen und sich gegenseitig garantieren, dass es eine nächste Nacht und einen anderen Tag geben wird, von denen wir aber andererseits nicht wissen, was sie bringen und wie sie sein werden, so begegnen sich alle polaren Gegensätze des Lebens als komplementäre, sich ergänzende und einander ablösende, aber nicht als sich ausschließende Zustände des Lebens. Wer nie Angst hat, sich nie schwach fühlt, wer nie mit der Ohnmacht in Berührung kommt, wer nur seine Überlegenheit spürt, kommt mit einer wesentlichen Seite seines Menschseins und seiner Menschlichkeit nicht in Kontakt und verfehlt einen Teil des Auftrags, den wir mit der Geburt übernehmen. Wer könnte das Licht jenseits der Dunkelheit, die Gesundheit jenseits der Krankheit wirklich verstehen und erklären?

Der Körper als Werkzeug der Lebensgeschichte

Über und mit dem Körper erzeugen und entwickeln wir das Leben. Jeder Lebensvorgang, auch das Denken und Fühlen, hat einen körperlichen Bezug, ist ein Gestaltungsakt mit und über den Körper und stellt diesen selbst her, wie uns der kleine

Mensch als biologisches Überraschungsei verdeutlicht hat. Nur indem wir seine Arbeit fortsetzen, also atmen, essen, trinken, hören, sehen, sprechen, gehen, greifen, stehen, Nahrung aufnehmen und verdauen, denken, fühlen, Eindrücke sammeln, uns in der Welt bewegen, Kontakte aufnehmen, lieben, wachsen und lernen, entwickeln wir uns in der Begegnung mit dem Leben auf unsere eigene Biografie zu. Bewusst handelnd müssen wir in der Begegnung mit dem Leben und der Welt auf alles Einfluss nehmen, was uns materiell umgibt und geistig wie emotional betrifft, uns in Beziehung setzen und auf diese Weise wahrnehmen, was als Vernunft und Weisheit in unserem Körper angelegt und gleichzeitig als Potenz in diesem verborgen ist. Das Auge entwickelt sich zum Sehen dadurch, dass es mit Hilfe des Lichts etwas sichtbar macht, das zugleich den Menschen etwas sehen lässt:: Bilder. Die Hände entwickeln sich zum Handeln dadurch, dass sie aus Greifbarem Handliches machen, das zugleich Handeln macht: Werkzeuge. (Kükelhaus)

Damit dies geschehen kann, muss die Welt, müssen Kultur und Gesellschaft auch zu ihrem eigenen Nutzen und Fortschritt dem Menschen den Boden bereiten, ihm Angebote machen, Aufgaben stellen, Wirkungen in ihm auslösen und seine eigenen Wirkungen zur Kenntnis nehmen und bestätigen. Vertrauen in die Welt und ihre Menschen und die Erfahrung von Selbstwirksamkeit sind die wichtigsten Garanten für eine selbstsichere, kreative und stabile Entwicklung jedes Kindes und jungen Menschen. Sie sind die Ressource, um erwachsen zu werden und in Würde zu altern. Auch für die weitere körperliche Entwicklung gilt, was wir aus den ersten neun Monaten unseres Lebens schon wissen. Im Lebendigen läuft nichts von selbst, mechanisch oder automatisch. Leben ist das Spiel von Frage und Antwort, von suchen und finden, wirken und bewirken inmitten von Kultur und Gesellschaft. Der Körper entwickelt sich durch den körperlichen Umgang mit »Körpern«. Dieser Umgang vollzieht sich als körperliche Arbeit an Bauwerken, die alle Organanlagen im Sinne ihrer Gesetzlichkeit herausfordern. (Kükelhaus) Eine Landwirtschaft oder ein Landbau, der sich als »Bebauung der Erde« versteht und die Erde, Mutter Erde, vor Ausplünderung und Vergiftung schützt, ist derselben universalen Ordnung des Mit-Seins mit der Erde und ihren Lebewesen verbunden wie der kleine Mensch, der im Kontext dieser universalen Lebensordnung in der embryonalen Entwicklung an seinem Körper »mitbaut«, ohne den mütterlichen Organismus gleichsam auszuplündern.

Die Geschichte unserer körperlichen Erziehung und Sozialisation ist Teil der Naturbeherrschung am Menschen und ein Stück Naturgeschichte menschlicher Sinnlichkeit wie Körperlichkeit. Die Art und Weise, wie Menschen essen und trinken, sich kleiden, wie sie wohnen, arbeiten, ihre Freizeit verbringen, wie sie in Familien leben und Nachbarschaften pflegen, wie sie sich lieben oder streiten, in Kriege ziehen oder Frieden stiften, legt Zeugnis davon ab, aus welchen Erfahrungen und Lebenswelten sich die menschliche, vor allem auch körperliche Entwicklung speist und welchen Einflüssen sie ausgesetzt ist. Soziale Lebens- und Arbeitsweisen werden individuell zu eingefleischten Verhaltensweisen, schulen den Körper und lassen sich in ihm und auf ihm nieder. Wer dauerhaft in eine spezifische Stresslage gebracht oder gegen seinen Willen in den Krieg geschickt wird, mit großer Angst in die Schule gehen muss oder mit Verzweiflung die Trennung von einem geliebten Menschen erlebt, reagiert mit allen körperlichen Mitteln, um den Anforderungen gerecht zu werden oder mit Schutz- und Schonhaltungen, um sein Gleichgewicht wieder herzustellen. Kleine Kinder auf viel zu großen Stühlen an den Tischen der Erwachsenen lernen früh, dass man mit ihnen nicht auf Augenhöhe spricht. Liegende Patienten, die während der Visite zum Chefarzt aufsehen müssen, erleben sich körperlich eher als Patientengut, das belehrt und behandelt wird, und nicht wie ein mündiger Patient, mit dem der Arzt in einen gleichberechtigten Dialog tritt. Schüler auf unbequemen Schulbänken sacken nach einer gewissen Zeit körperlich in sich zusammen, verlieren ihre Konzentration und nehmen eine entsprechende Geisteshaltung ein. Soziale Lagen und Stimmungen verändern wie Wetterlagen die Körperlandschaft eines Menschen.

Jäger- und Sammlerkulturen erfordern eine andere körperliche Sozialisation und Zurichtung, als Gesellschaften, in deren Mittelpunkt die Arbeit in der Landwirtschaft, die Industrie- oder die Dienstleistungsarbeit steht. Die Geschichte der Industrialisierung geht einher mit einer körperlichen Umerziehung der Landarbeiter, ihrer Frauen und Kinder zur Fabrikarbeit, die in den Folgen der körperlichen und seelischen Verelendung ihresgleichen sucht. Die Erfindung der öffentlichen Anstalten, der Waisenhäuser, Fürsorgeheime, der Gefängnisse, Armenhäuser, Psychiatrien und Krankenanstalten war wesentlich mit dem Versuch verbunden, die Menschen, die aus unterschiedlichen Gründen von der Normalität abwichen, auch körperlich unter Kontrolle zu bekommen. Wer lebenslang eine sitzende oder stehende Tätigkeit ausübt, wer mehr mit dem Kopf als mit den Händen arbeitet, »richtet« seinen Körper jeweils anders ein und zu. Wenn Kinder durch die Veränderung der Lebens- und Arbeitsbedingungen zu Stubenhockern werden, keine Baumhäuser mehr bauen oder Bäche mehr aufstauen, keine geheimen Treffpunkte mehr haben, freie Bewegung nicht mehr gefragt ist und sie sich jenseits überfüllter Kinderzimmer keinen eigenen Platz mehr erobern können, weil sie gleichzeitig an allen Lebensorten unter ständiger Kontrolle stehen, leidet nicht nur ihre körperliche, sondern auch ihre geistige, seelische und soziale Entwicklung. Neugier und Erkenntnis sind Kinder der Freiheit und diese wird in den frühen Jahren vor allem körperlich »erobert«, wie man an jedem Säugling und Kleinkind beobachten kann.

Lebende Organismen – und der menschliche Körper ist ein solcher – sind sich selbst regulierende, auf ihre jeweiligen Umwelten bezogene und so gesehen »soziale« Systeme, die in sich geschlossen mit anderen Systemen verkoppelt sind und interagierend mit allem umgehen, um ihr Leben zu erzeugen. Der sichtbare Körper mit all seinen stofflichen Vorgängen, das Nervensystem als alles durchdringendes neuronales Netzwerk, das beobachtbare Verhalten des Organismus in seinen Interaktionen mit der Umwelt, wie der psychische Bereich, in dem all die Fühl-, Denk-, Wahrnehmungs-, Kommunikations- und Handlungsprogramme miteinander verbunden sind, setzen sich nach den grundlegenden Leitlinien in ständigem Austausch mit der Außenwelt auseinander und erarbeiten im Prozess der Anpassung und Umstrukturierung ihre eigene Ordnung. Es gibt keine Gedanken und Gefühle, die für sich allein existieren und immer sind beide auch mit körperlichen Vorgängen verbunden. Freude, Glück, Angst, Scham, Ekel, Wut, Schuld und viele andere Gefühle haben ihre jeweils ganz spezifische körperliche Ausdrucksform und prägen die Körperhaltung als Haltung zur Welt. Wer sich freut und das Geschehen um sich herum mit geteilter Zustimmung verfolgt, ist körperlich ein anderer als der, der sich gedemütigt, ausgebeutet oder im Widerspruch und Widerstand zu seiner Umwelt befindet. Wer körperlich, sozusagen »chronisch« die Haltung des Verlierers, des Opfers, des Clowns annimmt, bestimmt auf diese Weise nachhaltig sein körperliches Lebensgefühl, selbst wenn die Lebenswirklichkeit etwas anderes anzeigt. Den Körper können wir befreien, wenn wir uns bewusst werden, in welcher Haltung er aus welchen Gründen stecken geblieben ist. Der Körper kann uns seinerseits mit seiner Haltung festhalten und Gedanken und Gefühle in die Knie zwingen, wenn wir ihm nicht mit Körperwahrnehmung und dem Mut zur Veränderung zu Leibe rücken.

Körperlichkeit wird in ihren konkreten individuellen und höchst subjektiven Ausdrucksformen im Stoffwechsel mit der materiellen Welt und der jeweiligen Kultur historisch geformt und erlernt und ist deshalb nicht »angeboren« oder genetisch auf eine bestimmte Erscheinungsweise festgelegt. Da die Gene aber zur Ausstattung des Menschen gehören und – wie Gerald Hüther schreibt – ebenfalls ein soziales Milieu brauchen, um ihre Wirkung zu zeigen, mischen sie sich selbstverständlich in die Erscheinungsweise des Körpers ein. Zwar ist ein Teil der körperlichen Regulationsmechanismen wie die Steuerung der

Organfunktionen schon mit der Geburt vorhanden und als Schaltplan in den Neuronenverbindungen des menschlichen Gehirns »gedruckt«, aber ein bedeutsamerer Teil entwickelt sich erst nach der Geburt auf der Basis der »frühen Informationen« durch unser erstes Tasten, Riechen, Schmecken, Fühlen. Niemand kann ein Kind wachsen machen, das tut es von allein, wenn es die nötigen Bedingungen erhält, und für die können wir sorgen. Mensch werden heißt, in jedem Augenblick mitten im Alltag des Lebens üben.

Der aufrechte Gang ist eine solche lebenslange Übung in allen Dimensionen der menschlichen Existenz. Als sinnstiftende körperliche Haltung des Menschen, aufgerichtet zwischen Himmel und Erde mit freiem Blick, einem festem Stand zum Stehen und Verstehen und beweglichen Händen und Armen zum Greifen und Begreifen braucht sie in den Tiefendimension des aufrechten Ganges eine »aufrechte« mutige Seele, aufrichtige Gedanken sowie eine aufrechte soziale Haltung, die dem einzelnen Menschen, aber auch ganzen Gruppen von Menschen helfen kann, wirklich von innen heraus die aufrechte Haltung einzunehmen und den Sinn der Koexistenz menschlichen Lebens nicht nur zu begreifen, sondern auch zu leben. Eine gebrochene Seele, einen resignierten Geist erkennt man auch an der Körperhaltung. Ob wir mit Zivilcourage auftreten oder uns bei jedem Konflikt davonschleichen, macht einen leibhaftigen Eindruck. Wer vom Körper spricht, kann über die Gefühle, Gedanken und sozialen Situationen, in denen der Mensch lebt, nicht schweigen. Sie leben alle von einer austauschenden, sich gegenseitig gestaltenden Wechselbeziehung, die gesellschaftlich geprägt und Veränderungen unterworfen ist. Nichts von dem, was wir »organisch«, als Physiologie unseres Körpers mitbringen, haben wir dauerhaft oder gar selbstverständlich zur Verfügung. Es muss immer wieder neu eingesetzt, ausgehandelt und durch Veränderungen den inneren wie äußeren Verhältnissen angepasst werden. Nichts was wir einmal gedacht oder gefühlt haben, kann so bleiben und ist unveränderbar.

Der Körper ist das erste Werkzeug der Kulturen und lebensgeschichtliches Werkzeug des Menschen zugleich. Leibliches Erleben und Körper sind während ihrer ganzen Entwicklung einzigartig, in diesem Sinne radikal subjektiv, aber gleichzeitig sichtbar sozial und kulturell geformt und überformt, und dadurch auch anderen Menschen ähnlich. Kein anderer kann irgendetwas so erleben wie wir, kein menschlicher Körper ist die Kopie eines anderen Körpers, aber als Angehörige spezifischer Kulturen und Zeitgenossen können wir Ähnlichkeiten entdecken und ohne die nahen Bezugspersonen nicht existieren, deren Gesten, Körperhaltungen und Sprechweisen wir seit Kindesbeinen nachahmen. Die körperliche Existenz ist in jedem Augenblick im Prozess des gestalteten Werdens wie das Leben selbst. Es gibt nur wenige unveränderliche körperliche Kennzeichen, nach denen wir im Reisepass gefragt wurden. Der eindeutige Fingerabdruck, die DNA sind Beispiele. Menschliche Identität, auch die des Körpers, ist eine Identität im Werden. Werde, der du bist!

Lebensgeschichte als Geschichte der Sinne und der körperlichen Identität

Die menschliche Geschichte ist eine Geschichte der Sinne. Als Geschichte der Gattung Mensch und in einzelnen Lebensgeschichten wurde sie mit Händen und Füßen, mit Geist und Bewusstsein, mit Gedanken, Gefühlen, Vernunft und Intuition, liebend und arbeitend, von Frauen und Männern, in Kriegen und Friedenszeiten geschrieben. Als Werkzeug dieser Geschichte gestaltet der Körper im Innen wie im Außen. Wir müssen mit den Händen und dem Gehirn denken, mit den Füßen und dem Willen entscheiden. »Die Hand ist das äußere Gehirn des Menschen«, heißt es bei Kant. Nicht die Hände handeln, der ganze Mensch handelt. »Er ist es, der sich erhebt in den Zustand, in dem er mit den Händen denkt, mit dem Denken fühlt.« (Kükelhaus) Die Hände waren in der Form der Kralle Vorbild für Werkzeuge wie die Hacke, Harke oder den Pflug, mit denen der Mensch die Erde im Ackerbau lockern und umgraben konnte, um der Erde die Mittel abzugewinnen, die er zum Überleben braucht. Mit bloßen Händen versuchen wir Menschen auszugraben, wenn sie verschüttet werden. Kinder buddeln mit ihren Händen Löcher in den Sand, um ihre Burgen zu bauen. Die zusammengelegten Hände bilden die erforderliche Schöpfkelle, wenn wir an der fließenden Quelle Wasser trinken wollen und sind Urbild für das Gefäß. Die menschliche Faust wird nachgeahmt vom Hammer, mit dem wir etwas befestigen, einen Zaunpfahl einschlagen oder eine Hütte bauen können. Manchmal deutet die Faust auf die Bereitschaft zum entschlossenen Kampf. Mit den Händen können wir streicheln, schlagen und Zeichen geben, jemanden heranlocken oder von uns weisen. Die Füße sind die Grundlage für unseren Stand. Mit ihnen nehmen wir Standorte und Standpunkte ein, setzen den Fuß auf Grund und Boden zum Zeichen des Besitzes und laufen, so weit uns die Füße tragen. Mit und auf ihnen lernen wir selbstständig zu werden, etwas durchzustehen oder die Balance zu halten.

Jeder Mensch wiederholt in der Entwicklung seines Körpers, im Auf- und Ausbau seines lebenslangen Hauses wie seiner Nutzung, was die Geschichte der Menschheit ihm vorgelebt hat. In der Auseinandersetzung mit der Schwerkraft muss unser ganzer Körper, müssen alle Sinne, Muskeln, Sehnen und Gelenke sowie die Gleichgewichtsorgane eine hochkomplexe und vernetzte Arbeit leisten, um im feinen Zusammenwirken der tragenden Strukturen die Voraussetzungen dafür zu schaffen, dass wir auf eigenen Füßen stehen und von dort aus die Schritte in die Welt wagen. (zur Lippe, Kükelhaus) Erst im erfahrenen und erlebten körperlichen und sinnlichen Umgang mit allem um uns herum wird sichtbar, was in uns steckt und was die Welt und ihre Menschen uns ermöglichen. Zur Berührung gehört das Berührtwerden, zum Sehen das Gesehenwerden, zum Hören das Gehörtwerden, zum Lieben das Geliebtwerden lebensnotwendig dazu. Wer nicht berührt, gesehen, gehört oder geliebt wird, ist ebenso gefährdet wie die, die nicht berühren, nicht sehen, nicht hören und nicht lieben. Der Leib als fühlender und mitdenkender Träger menschlicher Existenz kann in mancher Weise verfehlt werden, wenn der Körper im Verbund mit Geist und Seele seine handwerklichen Fähigkeiten nicht entfalten kann und schon als Lehrling daran gehindert wird, seine Leistungsfähigkeit und seinen Erfindergeist unter Beweis zu stellen. Nicht nur die Olympiaden behinderter Menschen, sondern viele Kinder in schwierigen, fast aussichtslosen Lebenslagen wie Straßen-, Waisen- und Flüchtlingskinder, aber auch manche alten, schwer kranken und sogar sterbenden Menschen zeigen uns nicht nur ihre Verhaltensauffälligkeiten, Verletzungen und Pathologien, sondern manchmal auch den überraschenden Reichtum an körperlichen, geistigen, emotionalen Lebenskompetenzen und sozialer Fantasie, mit der sie ihren Willen zu überleben und zu leben mitten in der Not ausdrücken. Der zehnjährige Nils, nach vielen Gewalterfahrungen Psychiatriepatient, drückt seine Hoffnung auf eine gewaltfreie Zukunft so aus: »*Es war ein Mann, der Kinder nicht leiden konnte. Als ein Kind vorbeikam, hat er es gehauen. Als noch ein Kind kam, hat er es hauen wollen, und wie ein Wunder ist seine Hand stehen geblieben.*« *(Hesse, Wellershoff)*

Leben braucht Lebensmittel. Der Mensch kommt nicht nur körperlich als absolut bedürftiges Mängelwesen zur Welt und ist auf Ernährung, Pflege und Zuwendung durch andere angewiesen. Essen und Trinken in Verbindung mit liebender Zuwendung halten im wahrsten Sinne des Wortes Leib und Seele zusammen. Mit diesen Tätigkeiten stopfen wir die Löcher in der Existenz des Menschen und bewahren ihn vor dem Tod. Der Hunger nach Leben aber ist umfassender und hat viele Gesichter. Als Antwort auf die Bedürftigkeit des Menschen und seinen Wunsch zu leben, sind Ernährung und Berührung in allen Dimensionen menschlicher Existenz die Voraussetzung dafür, dass Leben entsteht und sich entwickeln kann. Wir brauchen physische Nahrung und gleichzeitig Lebensmittel, um auch die geistigen, seelischen und sozialen Bedürfnisse zu befriedigen und zu nähren. Ohne Liebe, Berührung und Beziehungen, die uns tragen, würden wir bei lebendigem Leib verhungern. Wir brauchen spirituelle Nahrung, sinnstiftende Begegnungen und Vertrauen in einen umfassenden Schutz, damit die Hoffnung auf eine eigene Zukunft und das Vertrauen in die universale Verbundenheit genährt werden und ein sinnerfülltes Leben, das das Alltagsgeschehen übersteigt, möglich ist.

Der Körper ist wichtigster Partner des Menschen und Haus des Lebens, das er baut, weiter einrichten und auch dann zu bewohnen lernen muss, wenn es still im Hause wird und der Körper zusammen mit der Seele unter seinen Belastungen zusammenbricht und streikt. Der Mensch erlebt und versteht seinen Körper nur insoweit, als er mit ihm identifiziert ist. Diese Identifikation mit sich selbst stellt eine Leistung dar, die erlernt werden muss, sonst ist der Mensch seiner Körperlichkeit unkontrolliert überlassen. Die leibliche Erlebnisfähigkeit und Körperwahrnehmung sind wichtige Instrumente im Prozess der Selbsterkenntnis und Selbstwahrnehmung, und es kann zu tief greifenden Störungen kommen, wenn diese Instrumente nicht entwickelt werden oder verkümmern. Viele Menschen können ihre Gedanken, Gefühle, Befindlichkeiten oder Schmerzen nur mit Mühe beschreiben, haben keine angemessene Einschätzung ihrer körperlichen, geschweige denn ihrer psycho-sozialen Belastbarkeit und antworten auf die Frage, wie es ihnen gehe mit: »Es muss ja!« Menschen mit Befindlichkeitsstörungen wissen nicht, dass es sich eigentlich um Suchbewegungen handelt. Sie fragen sich nicht wirklich danach, wie und wo sie sich biografisch befinden, können trotz ärztlicher Behandlung typische Angstreaktionen oder Erschöpfungszustände nicht realisieren oder einordnen. Sie klagen über körperliche Beschwerden, ohne die seelische Seite des pathologischen Geschehens zu erkennen. Andere wiederum fühlen nicht, was sie sehen und tun nicht, was sie können. Kinder wissen wie viele Erwachsene nicht, wohin sie mit ihrem Unruhe-, Bewegungs- und Tatendrang oder ihren Rückzugsgefühlen sollen und viele Menschen können beim Essen schon lange nicht mehr einschätzen, was ihr Körper wirklich braucht, was ihnen schmeckt und was ihm gut tut. Auch die Diagnosen »Bewegungsmangel«, »Nervosität und Aufmerksamkeitsdefizit«, »Übergewicht« oder »Depression« geben den Menschen ihre körperlich-seelische Wahrnehmungsfähigkeit und Selbsteinschätzung nicht zurück. Über den Verlust der körperlichen Wahrnehmungsfähigkeit spricht Bertolt Brecht in einer seiner Geschichten über Herrn Keuner. »*Zu Herrn K. kam ein Philosophieprofessor und erzählte von seiner Weisheit. Nach einer Weile sagt Herr K. zu ihm: ›Du sitzt unbequem, du denkst unbequem.‹ Der Philosophieprofessor wurde zornig und sagte: ›Nicht über mich wollte ich etwas wissen, sondern über den Inhalt dessen, was ich sagte.‹ ›Es hat keinen Inhalt!‹ sagte Herr K. ›Ich sehe dich täppisch gehen, und es ist kein Ziel, dass du, während ich dich gehen sehe, erreichst. Du redest dunkel, und es ist keine Helle, die du während des Redens schaffst. Sehend deine Haltung, interessiert mich dein Ziel nicht.‹*«

Innere Bilder und Leitbilder können krank machen

Dem Körper der Menschen geht es nicht gut. Er schmerzt überall und ruft mit Symptomen um Hilfe. Im Haus des Lebens sind zu viele Fenster geschlossen, die Mauern haben Risse, viele Menschen fühlen sich im eigenen Haus nicht mehr wohl. Der aufrechte Gang ist in Gefahr. Hochgezogene Schultern und geballte Fäuste bändigen Angst und Wut. Gekrümmte Wirbelsäulen verschiedenster Art sind zu beobachten. Auch der Seele und dem Geist vieler Menschen geht es nicht gut. Die Begegnung mit dem Leben auf dem Weg zur eigenen Biografie, die dem Überraschungspotenzial gerecht werden kann, die uns das kleine Ei als Auftrag mitgegeben hat, ist in Gefahr. Freie Gedanken, offene Gefühle, Unternehmergeist und eigene Erfahrungen beflügeln auch Kinder immer seltener, um sich selbst eine Vorstellung vom Leben zu bilden und sich neugierig auf den Weg zu machen. Viele erwachsene Menschen sind dagegen beherrscht von Vorstellungen und inneren Bildern, wie sie sein sollten, was sie erreichen müssten, und folgen autoritäts- und erfolgsfixiert den gesellschaftlichen Leitbildern und ihren Versprechungen. Andere sind besetzt von Angst machenden Bildern, die ihnen den Mut genommen haben, ihre Biografie und ihr Schicksal in die eigenen Hände zu nehmen, sind verwirrt und desorientiert und können froh sein, wenn sie jemand liebevoll oder mitleidig an die Hand nimmt.

Innere Bilder sind im Gehirn abgespeicherte Muster, die wir benutzen, um uns in der Welt zurechtzufinden. (Hüther) Wir brauchen diese Bilder, um Handlungen zu planen, Herausforderungen zu erkennen, anzunehmen und auf Bedrohungen zu reagieren, die in der Begegnung mit dem Leben auftauchen. Aufgrund dieser Bilder erscheint uns ein Körper als schön oder hässlich, stark oder schwach, anziehend oder abstoßend. Wir strukturieren und entwickeln diese Bilder in der Begegnung mit der Welt, in unserer Familie, den Erziehungseinrichtungen, die wir durchlaufen, über die Menschen, die wir lieben und die uns ablehnen. Die eigenen Bilder sind durchwoben von unbewussten Fremdbildern, und so ist jede Selbstwahrnehmung umstellt von Fremdwahrnehmungen, also dem, was andere in und an uns sehen, wahrnehmen und bewerten. Der Weg vom biologischen Überraschungsei zur eigenen Biografie und die erfolgreiche Entwicklung einer befriedigenden körperlichen, geistigen, seelischen und sozialen Existenz beruht auf der Fähigkeit des einzelnen Menschen, die Vielzahl der inneren Bilder, der Menschen- und Weltbilder zu einem ihn tragenden Selbstbild zusammenzufügen, an dem er sich orientieren kann. »Von der Beschaffenheit dieser einmal entstandenen inneren Bilder hängt es ab, wie und wofür ein Mensch sein Gehirn benutzt und welche Verschaltungen deshalb in seinem Gehirn gebahnt und gefestigt werden. Es gibt innere Bilder, die Menschen dazu bringen, sich immer wieder zu öffnen, Neues zu entdecken und gemeinsam mit anderen nach Lösungen zu suchen. Es gibt aber auch innere Bilder, die Angst machen und einen Menschen zwingen, sich vor der Welt zu verschließen.« (Hüther)

Mut, Ausdauer und Zuversicht scheinen unseren Weg in den ersten neun Monaten begleitet zu haben. In vielen Biografien findet sich der Hinweis, dass die spätere Begegnung mit dem Leben, seinen Widersprüchen und manchmal unerträglichen Realitäten bei vielen Menschen Bilder der Hoffnungslosigkeit, Resignation und Verzweiflung erzeugt hat, die die anderen positiven Bilder vom Leben überschatten und aus der Hymne an das Leben ein Klagelied gemacht haben.

Innere Bilder können den Horizont erweitern und den Menschen stark machen, aber auch einengen, Angst einjagen, ihn verunsichern und schwächen.

Geprägt von gesellschaftlichen Leitbildern, die den Menschen eine Vorstellung von Gesundheit, Schönheit, Stärke, Funktionalität und Effektivität vermitteln, entwickeln Menschen wie ganze Gesellschaften statische, oft fundamentalistische Vorstellungen vom Leben, die sich wie Fremdkörper im individuellen wie kollektiven Leben festsetzen und den Beteiligten unabhängig von konkreten biografischen oder gesellschaftlichen Erfahrungen einhämmern, was richtig oder falsch, gut oder böse, schön oder hässlich, gesund oder ungesund zu sein hat. Menschen verlieren auf diese Weise ihre Orientierung und die Fähigkeit zur Selbsteinschätzung. Eine der für die körperliche Befindlichkeit der Menschen folgenreichste destruktive Vorstellung ist die vom Körper als einer Maschine. Sie ist der Schlüssel zu einem Paradigmenwechsel, der dem biomedizinischen Modell der herrschenden Medizin zum Sieg gegenüber allen anderen Vorstellungen vom menschlichen Körper, von Gesundheit und Krankheit verholfen hat. Die damit einhergehende gesellschaftliche Reduktion des menschlichen Körpers auf ein Arbeitsinstrument, das ebenso reibungslos wie eine Maschine zu funktionieren hat und schonungslos ausgebeutet werden kann, für dessen seelische und geistige Belange im vorherrschenden Bild von Arbeit und Medizin kaum Raum blieb, haben dazu beigetragen, dass das soziale, auf effektiven Einsatz, pragmatische Ausnutzung und abstrakte Normen ausgerichtete Körperverständnis auch das subjektive Körpererleben maßgeblich beeinflusste. Ein erneuter Paradigmenwechsel liegt in der Luft, denn die Naturwissenschaften des 20. Jahrhunderts, allen voran die Biologie bestätigen, was viele schon ahnten: Der Körper ist keine Maschine, sondern »beseelte Materie«, die eine Motivation braucht, um sich zu bewegen.

»Wir bekommen heute biologisch am Beispiel der so genannten Rezeptoren demonstriert, dass im Aufnehmen Entscheidungen geleistet werden, die wir der Aktivität zuzuschreiben gewohnt sind. Freilich leisten die Rezeptoren genannten Zellen unserer Nervenbahnen eine selektive Aufnahme von Wahrnehmungsreizen … wenn sie diese weitergeben … oder eben nicht. In diesem physiologischen Vorgang wird uns heute endlich mit der Logik des Lebens … sinnlich klar gemacht, worin der Irrtum, ja die Verfehlung des mechanischen Menschenbildes etwa von Descartes liegt«, wenn er die Beziehungen zwischen dem Gehirn als der Zentrale und Befehlsstelle und den Melde- und Vollzugsorganen des Körpers als Rohrpostsystem beschreibt. (R. zur Lippe)

Leben ist für viele Menschen zu einem Müssen und Sollen geworden. Krankheit wesentlich Arbeitsunfähigkeit und Ausfall jener Leistungen, die der Mensch erbringen muss, um sich über Wasser zu halten. Was die Menschen mit ihrem Körper wollen, können oder dürfen, tritt als persönliche Entscheidung zunehmend in den Hintergrund. Der notwendig auf offenen Austausch, Selbstregulation und die Fähigkeit zur Selbsteinschätzung ausgerichtete kritische Dialog, der zwischen dem an der Lohn- und Erwerbsarbeit orientierten Körperverständnis und dem am Leben, subjektiven Leiberleben und Wohlbefinden interessierten Bild vermitteln sollte, wurde in Wissenschaft, Gesellschaft und Medizin zunehmend auf die Legitimation und Durchsetzung von Anpassungsleistungen und die Verminderung von Risikofaktoren reduziert. Das Bild vom leistungsbereiten, funktionierenden, manipulierbaren, reparierbaren und medikamentös instrumentalisierbaren Körper vertrieb das Bild vom entspannten, genießenden, liebenden und sich selbst regulierenden Körper, der auf Gefühle und eigene Bedürfnisse spontan, kreativ und angemessen reagieren kann. Messbare körperliche Intaktheit, Unversehrtheit, Jugendlichkeit und die

Orientierung an Durchschnittswerten bestimmen, was mit dem Körper des einzelnen Menschen zu geschehen hat und ihm soziale Anerkennung verleiht.

Die gesellschaftlichen Bilder über das Aussehen und die körperliche Bedeutung der verschiedenen Lebensphasen des Menschen, die Sorgfalt, die auf die Pflege des Körpers verwendet wird, die Regeln der Nahrungsaufnahme, die Theorien über das Schlaf- und Bewegungsbedürfnis, die Arbeitsintensität oder die zumutbare Lebensarbeitszeit, über die Erträglichkeit von Schmerzen oder das Altern und Sterben determinieren die subjektive Wahrnehmung des Körpers und beeinträchtigen zunehmend die leibliche Erlebnisfähigkeit, Selbsteinschätzung und Körperwahrnehmung des einzelnen Menschen. Der Mensch hat einen Körper, den er einsetzen kann, mit normalem Blutdruck, Normalgewicht und ohne sonstige Auffälligkeit, aber er ist nicht dieser Körper, kann ihn in seiner Lebendigkeit und Leidensfähigkeit nicht wahrnehmen und verliert jede orientierende Sicherheit, wenn sich der Körper mit Symptomen auffällig macht und sich mit Störungen zu Wort meldet. Das Haus des Lebens fühlt sich nicht mehr als leibhaftige Heimat an. Wenn Körper und Seele streiken, ruft das Leben mit Symptomen oder Schmerzen um Hilfe. Wer aber nicht bei sich zu Hause ist, kann auch nicht in Verhandlungen eintreten, weil er nicht weiß, worum es gehen könnte. Die Menschen gehen zum Arzt und hoffen, dass dieser dem Körper oder der Seele helfen kann, ohne das Leben zu berühren!

Im Gehirn haben Zeigestöcke, Denkverbote und Vorschriften vielfach die Herrschaft übernommen und behindern die Menschen bei der Suche nach biografischen wie kollektiven Lösungen für die historisch spezifischen Probleme. Eigenständige und eigenwillige Gedankengänge, kreative soziale Konfliktlösungen und überraschende individuelle Aufbrüche, Versuche eigener Verantwortungsübernahme und beteiligender Mitgestaltung in Familie, Schule, Betrieb und Gesellschaft werden auf diese Weise sofort wieder in geordnete Bahnen gelenkt und einseitig jenen Schulungen und Verordnungen unterworfen, die ohnehin vorgesehen waren und die keinerlei Bewegungen erzeugen. Wir sind auf vielen Ebenen nicht nur in ökologische, ökonomische und Sackgassen der Bildung und Erziehung geraten. Die Leitlinien der schöpferischen Gestaltung kommen nicht zum Tragen und die Werkzeuge, die uns Körper und Gehirn zur Verfügung stellen, werden untauglich, weil wir sie nicht angemessen nutzen. Leib und Leben, Geist und Natur arbeiten, wenn man sie lässt, als Schöpfungsgemeinschaft. Sie wissen, dass sie eine gemeinsame Geschichte haben, die ihr Wesen ausmacht. Körper und Gehirn arbeiten in Beziehungen, die sich nicht auf den Typus der chemischen Reaktion reduzieren lassen, mit komplexen Netzwerken und einem ausgeklügelten Chemiewerk von Botenstoffen. In der Begegnung mit dem Leben und seinen Herausforderungen wie den damit verbundenen Anstößen von außen erzeugen sie in Wirkungszusammenhängen und mit Hilfe von Rückwirkungen eine leibhaftige und beseelte menschliche Existenz, Glücksgefühle, Entspannung, Wohlbefinden oder Leistungsbereitschaft im Wechsel mit Wut, Trauer, Gefühlen von Unglück, Sinnlosigkeit und Versagensgefühlen. Ohne Leib und Körper würde alles Denken und Fühlen ins Leere laufen.

Weil wir nicht fragen, wie das Leben lebt und was wir schon wissen könnten, wenn wir uns gegenseitig auf den schöpferischen Gestaltungsprozess aufmerksam machen würden, der in unserer bisherigen Biografie trotz aller Leiden, Versäumnisse und Unzulänglichkeiten dokumentiert ist, geht es auch vielen Seelen nicht gut. Sie leiden im Körper still vor sich hin und erfinden die widersprüchlichsten Gefühlslandschaften, um zu zeigen, wie ihnen das Leben ans Herz oder an die Nieren geht. Sie spucken Gift und Galle, schicken die Liebe durch die Hölle der Bevormundung oder in die Wüste der Eifersucht, zerbrechen sich den Kopf in endlosen, schmerzvollen Gedankenschleifen über Dinge, die sie nichts angehen, und hören auf zu denken, wenn sie endlich etwas fühlen. Die Sehnsucht nach Leben geht in Ersatzbefriedigungen und Süchten aller Art unter. Auf Zigarettenschachteln wird die Endlichkeit angekündigt. Teilhabe und Beteiligung wird in Beschuldigung und Suche nach dem Schuldigen für das eigene Unvermögen umgemünzt. Gedienert wird bis zum Umfallen oder bis das Kreuz bricht, die Furcht vor der Zukunft sitzt im Nacken und viele Menschen schlagen sich zähneknirschend und mit geballten Fäusten durch die Nacht. In vielen Arbeits- und Lebensbereichen sind die Menschen starrer geworden, haben Autonomie, Beweglichkeit und ihre schon im Mutterleib erworbene Fähigkeit zur Selbstregulation verloren. Statt ihrer Sehnsucht nach Leben und ihrer Liebesfähigkeit als inneren Weisheiten zu vertrauen, den lebenserhaltenden Rhythmen von Anspannung und Entspannung im Atem- oder dem Herzrhythmus bewusster zu folgen, den erlernten Alltagsklugheiten aus der frühen Begegnung mit dem Leben und den eigenen Gefühlen und Empfindungen nachzugehen, bauen die Menschen auf die Vorstellung einer auf Effektivität, Durchschaubarkeit und schnelle Gewinnmaximierung reduzierte Rationalität, die die lebendige, sich gegenseitig befruchtende Zusammenarbeit von Körper, Geist und Seele nicht mehr versteht und vergeblich versucht, die Menschen und ihr Leben über technische Befehle und Anweisungen in den Griff zu bekommen. Unsere Körperhaltung wie unsere leibliche Erlebnisfähigkeit spiegeln eine Haltung zur Welt. Eine körperliche Erkrankung kann die soziale Lebenserfahrung und Haltung zur Welt zum Ausdruck bringen, wie das folgende Beispiel aus der neurologischen Psychosomatik der biografischen Medizin Viktor von Weizsäckers zeigt.

»Bei einem Patienten, der im Ersten Weltkrieg beide Unterschenkel verloren hatte, verwandelten sich harmlose Phantommissempfindungen in unerträgliche Phantomschmerzen, die ihn zum Morphinisten machten, als sein Jugendtraum, das Hotel des Vaters zu führen, wegen seiner Verstümmelung zunichte wurde und er stattdessen eine Beamtentätigkeit übernehmen musste. Er träumt sich immer wieder in Besitz beider Beine, z.B. als Skifahrer, der er früher gewesen war. Durch die Behandlung wurde sein Wunsch, einen anderen Beruf zu ergreifen, bestärkt, und er begann einen Großhandel mit Goldwaren, der ihm ein ungebundenes Leben ermöglichte. Durch

diese Veränderung gelang eine völlige Entwöhnung und eine Behebung der Schmerzen, unter denen er mehr als dreißig Jahre lang gelitten hatte.« (Kütemeyer, Masuhr)

Die biografische Konstellation und die verdeckten Wünsche des Patienten sind der Schlüssel zu den jahrzehntelangen Schmerzen. Nur über sie ist zu erfahren, wohin der Mann eigentlich in seinem Arbeitsleben wollte: heraus aus der Beamtentätigkeit, zurück in die Selbstständigkeit, sein eigener Chef sein, Arbeitszeiten selbst bestimmen, auch wenn er rund um die Uhr arbeiten muss. Die Phantomschmerzen sind die »schöpferische Antwort« auf eine ausweglos erscheinende Situation, für die erst in der psychosomatischen Behandlung eine Lösung gefunden wird. »Krankheit ist eine unvollendete Schöpfungstat«, heißt es bei Viktor von Weizsäcker. Die Schmerzen haben den Patienten darauf aufmerksam gemacht, wohin die Lebensreise nach der Kriegsverletzung eigentlich gehen sollte und dass sein Leben ihm auch nach Jahren der Stagnation mit Hilfe der Schmerzen eine erneute Entscheidung zu einem Ereignis abverlangte, das lange zurücklag. Er musste dem Leben über all die Jahre durch Schmerz und Abhängigkeit hindurch nachgehen, um das Erlebte als Erfahrung nachzuvollziehen. Erst das in der Behandlung erarbeitete Wissen machte klar, was er eigentlich erlebt hatte und schaffte die Basis für die praktischen Konsequenzen aus einer lang zurückliegenden ereignisreichen Begegnung mit dem Leben.

Der Leib und sein biografisches Gedächtnis

Die Lunge atmet, das Ohr hört, das Auge sieht, das Gehirn denkt. Sie tun es nicht allein und nicht einzeln, sondern der ganze Mensch atmet, hört, sieht und denkt. Die Sinne sind für das Leben des Menschen tätig, machen den Körper zum beseelten Leib, selbst wenn die Eigentümer der Lunge nicht tief genug erleben, wie sich ihr Brustkorb dem ewigen Rhythmus von Ein- und Ausatmen hingibt, ihn verändert, der Stimmung anpasst oder die Luft für einen Augenblick anhält, wenn ein Schreck durch die Glieder fährt. Der Schmerz schmerzt. Als Lebensschmerz schmerzt er sogar als Phantomschmerz. Die Beine unseres Patienten gehen, auch wenn sie amputiert sind, wenn der Patient sich in den Besitz beider Beine als Skifahrer träumt, der er einmal war. Der Leib kann sich erinnern, setzt sich über die äußere Realität hinweg und erzeugt für einen Augenblick eine innere Realität, die dem alten Bild gleicht.

Die Fähigkeit, den Leib zu erleben und im lernenden Umgang mit den Erfahrungen das Leben zu entfalten und zu üben, gehört zu den wichtigsten Voraussetzungen, das biografische Geheimnis zu lüften, wer wir sind, wie wir das geworden sind und wie sich das anfühlt, die zu sein, die wir sind. Es ist wesentlich die leibliche Empfindung und Erlebnisfähigkeit, die uns die Sicherheit gibt, dass wir existieren und dass wir vor allem nicht allein sind, weil wir die Welt und andere Menschen in der Berührung erleben können. Leben ist leibhaftig und der Leib das Haus des Lebens. Die Worte Leib und Körper beschreiben zwei Erscheinungsformen ein und derselben Sache. Mit dem alten Wort »Leib« ist eher die allgemeine Existenzform des Menschen, das unsichtbare gefühlte Sein gemeint, wenn ein Mensch feststellt »Ich bin krank.« Wenn jemand fröhlich ist, empfindet er sich auch leiblich so. Gefühle wie Freude oder Schwermut sind nicht aus der Luft gegriffen, sie verwirklichen sich im Leib. Ihrem Unterschied entsprechend zeichnen sie sich durch die leiblich empfundene schwebende Leichtigkeit oder eine bedrückende und beengende Schwere aus, unter der sich alles zu Boden senkt. Der Mensch »fühlt sich leicht«, sein Gang schwingt mit der gefühlten Freude. Die Angst dagegen legt sich auf die Brust, schnürt die Kehle ein und lässt das Herz bis zum Halse klopfen: Der Mensch »fühlt sich schwer«, sein Gang wirkt »bleiern.«

Was die Sinne leiblich erleben, wird einverleibt. Das Gehörte wird leiblich gespürt und bewertet. So werden Stimmen leiblich als durchdringend, spitz, kalt, hart oder weich erlebt. Männern wie Frauen gehen bei den schönsten Liebeserklärungen die Hüte hoch, wenn sie stimmungsvoll in einem Dialekt vorgetragen werden, der ihnen auf die Nerven geht. Der Fötus entwickelt schon im Mutterleib ein leibliches Gefühl zu Mozart, Beethoven oder Tina Turner, wenn die Eltern ihm diese immer vorspielen, und erlebt die Stimme der Mutter als beruhigend und sanft in dem Gefühl, dass sie sein Leben unterstützt. Der Geruch einer Erbsensuppe, der an die geliebte Großmutter erinnert, ist leiblich so tief verankert, dass er im Komapatienten eine spürbare Erinnerung auslöst und die Verbindung zu einem vergangenen Lebenskontext herstellt, zu dem gegenwärtig jeder bewusste körperliche Kontakt unmöglich ist. Gerüche können leiblich als schwer, leicht, wohlig, vertraut oder abstoßend empfunden und so im Leibgedächtnis archiviert werden. Personen, denen wir begegnet sind, bleiben uns manchmal mit ihrem Geruch in Erinnerung. Das Parfüm einer Frau, die man geliebt und seit Jahren nicht mehr getroffen hat, kann körperlich spürbar eine alte Leidenschaft auslösen. Mutter und Kind schaffen durch den Geruch neben anderen Bedingungen die Grundlage einer vertrauensvollen Bindung, und ein schlechter Geruch hat schon manche Begegnung zwischen Menschen zum schnellen Abschluss gebracht. Gefühle ergreifen den Menschen durch leibliche Regungen, gegen die er sich nicht wehren kann. Sie »beseelen« den Leib mit Atmosphären ähnlich der Stimmung, die ein sonniger Frühlingstag oder ein trüber Novembertag im Menschen auslöst.

Der Begriff »Körper« als andere Seite der Medaille »leibhaftige menschliche Existenz« umschreibt eher das, was körperlich sichtbar ist, was wir haben und in seinem Funktionieren oder seiner Abweichung beobachten können, wenn wir sagen: »Ich habe eine Krankheit,« »ich habe eine gute Sexualität«, »ich habe eine attraktive Frau«. Wir sehen den Körper im Spiegel von außen, bewerten ihn, kleiden, schmücken, füttern ihn, und setzen ihn als Instrument der Lust oder als Arbeitsinstrument ein. Wir haben einen Körper, aber wir sind der Leib! Wenn die Kleidung beim ersten Bewerbungsgespräch nicht stimmt, wir falsch angezogen sind, fühlen wir leibhaftig, wie es uns mit dem so oder anders gekleideten Körper geht. Wir können Übergewicht haben und es messen, sogar den Fettgehalt herausfiltern und die Anzahl der Schokoladentafeln nennen, die direkt auf die Hüften gegangen sind, aber wir fühlen es leibhaftig anders, wenn uns jemand, den wir lieben, deshalb ablehnt. Jedes Stück gespürten, erlebten und erfahrenen Leibes ist fester Boden unter den Füßen!

Eine irgendwie geartete grundsätzliche, auf Dauer angelegte Trennung vom eigenen Körper, seinen Bedürfnissen und seinem fühlbaren leiblichen Ausdrucksgeschehen ist nicht möglich, denn dies würde den physischen Tod oder schwere seelische Krankheit bedeuten. Die Art und Weise, wie der Mensch den Leib bewohnt, liegt in gewisser Weise in seiner Hand, ist Ausdruck seiner leibhaftigen Existenz und des Gefühls, die er zu dieser hat. Der Leib hat Strukturen, die dem Menschen Orientierung geben, im Außen wie im Innen. Mit Hilfe dieser Strukturen wissen wir, wo oben und unten, links und rechts, hinten und vorne ist. Wie können Räume erfassen und unsere Grenzen fühlen. Die Anerkennung der Körpergrenzen gehört zu den wichtigsten Voraussetzungen der Verortung. Im Rahmen der biografischen Gestaltungsarbeit des Menschen werden diese Körperbilder dynamisch, bezogen auf die Lebenssituationen und Ereignisse strukturiert und es entsteht eine spezifische Leib-Seele-Sprache. Die Sicherheit, die uns der Leib mit seinen Strukturen und seiner Sprache gibt, kann verloren gehen. Viele seelische Erkrankungen wie die Schizophrenien, der Autismus oder die spontanen psychosomatisch begründeten Lähmungen erzählen Geschichten vom unbewohnten, verlorenen oder abgespalteten Leib. Wenn der Mensch im Wahn oder aus anderen Gründen in der seelischen Krankheit aus sich selbst verjagt wird, seinen Leib als Gefäß ohne Boden erlebt, also zur leeren Hülle wird, dann hat er den Leib als Heimat, als Zuhause, als schützende Hülle verloren. Verloren sind auch Erinnerungen, Gefühle und alles, was dort seinen Ort hatte. »Ich war wie aus meinem Körper herausgerissen, wie aus mir selbst verjagt«, beschreibt ein schizophrener Kranker sein Gefühl.

(Pankow) Wer seinen Leib auf diese Weise verliert, weiß nicht mehr, wer er ist und wer er nicht ist. Den Leib zu verlieren, heißt auch dessen Empfindungsfähigkeit und Realitätssinn, aber vor allem den Anschluss an die Vernunft der menschlichen Ordnung zu verlieren, die uns bei der Mitgestaltung unseres Körpers während der embryonalen Phase als Orientierung und Werkzeug mit auf den Weg gegeben wurde.

Auch der Gesunde kann in Grenzsituationen »seinen Leib verlassen«, das heißt, er kann sein Erleben so verändern, als ob er nicht mehr im Leib zu Hause wäre.

Das vorübergehende Verlassen des Körpers kann Rettung bedeuten. Aus vielen Berichten von Gefangenen in den Foltergefängnissen dieser Welt erfahren wir, wie Menschen den gepeitschten Körper zu leugnen versuchen, um sich in eine andere Welt zu retten. Was die Gefangenen aufrechterhielt, war die einzigartige Fähigkeit, sich der gegenwärtigen Situation durch ein Bild vom blühenden Apfelbaum zu Hause, ein Gebet oder ein anderes Geheimnis zu entziehen, um standzuhalten. »Der Gefangene war nie dort, wo man ihn schlug, nie dort, wo man ihn zu essen zwang, nie dort, wo er arbeitete«, schreibt der französische Dichter Jean Cayrol über eine schlimme Zeit im Konzentrationslager.

Ohne diese Möglichkeit, sich andere Daseinsweisen zu öffnen, ist menschliche Existenz nicht lebbar. Sie ist der Beleg für die Fähigkeit des Menschen, als Beispiel eines »lebendigen Systems« in der Schöpfungsordnung unter extremster Bedrohung nach einer Möglichkeit zu suchen, weiterzuleben und seine Identität zu wahren.

Leiblicher Dialog als Lebensversicherung

Sich dem Dasein zu öffnen, muss vom ersten bis zum letzten Atemzug gelernt werden. Körper und Leib machen menschliche Existenz erst möglich und bestimmen sie nachhaltig, wie wir sehen konnten. Der Mensch bekommt das Leben in der körperlichen Existenzform nur als Möglichkeit, leben muss er sie selbst. Sie muss gestaltet und der Umgang mit dem Körper auf verschiedene Weise gelernt werden. Der kleine Mensch, der nach der Geburt von der Mutter versorgt wird, beginnt dieses Lernen durch die leibliche Kommunikation. Im »leiblichen Dialog« (Spitz) mit der Mutter und anderen bedeutungsvollen Personen erlebt sich der kleine Mensch leiblich und spürt, dass dieses erlebte Dasein im Mitsein mit anderen Menschen verändert werden kann. »Freiheit ist die eigene Entfaltung auf das Andere zu, dem wir in Wesen, Dingen, Vorgängen begegnen. Selbst wo sie gegen uns auftreten, begegnen wir durch sie auch uns selbst«, heißt es bei Rudolf zur Lippe. Der quälende Hunger, mit dem der Säugling fast außer sich um sein Leben schreit, fühlt sich anders an als das Wohlbefinden, mit dem er satt und selig lächelnd die Brustwarze der Mutter aus ihrem Dienst entlässt, um entspannt an ihre Brust zu sinken. Ungestillter und gestillter Hunger sind zwei Daseinsformen mit unterschiedlichen, sehr differenzierten Ausdrucksformen.

Der Weg zu sich selbst führt über die Liebe der Mutter zum Körper ihres Kindes. Ihre Berührung und die Bestätigung, dass der kleine Mensch liebenswert ist, bringt das Kind in positiven Kontakt mit der eigenen Körperlichkeit. Es beginnt sich selbst differenziert wahrzunehmen und zu lieben. Das »liebe Füßchen«, der »schöne Bauch« oder das »gute Händchen« sind dann wirklich lieb, schön und gut und werden vom Kind so lange auf diese Weise geschätzt, bis sich das Händchen plötzlich unerklärlicherweise in ein »böses« oder »falsches Händchen« verwandelt, weil es aus welchen Gründen auch immer in der Manteltasche oder auf dem Rücken bleibt, anstatt zum Grüßen auf der Bühne der Erwachsenen zu erscheinen. Reduzieren oder verweigern Eltern auch sich selbst gegenüber körperliche Liebesbezeugungen, missbilligen sie den Bewegungsdrang eines Kindes, weil sie auch den eigenen schon lange genug verboten haben, oder werden Körperteile wie die Genitalien gar nicht, zu viel oder missbräuchlich berührt, zur Tabuzone oder Ekelecke erklärt, dann hat das Kind Schwierigkeiten, sich umfassend und lustvoll mit dem eigenen Körper und den leiblichen Gefühlen zu identifizieren und ein positives Körper- und Leibbewusstsein zu entwickeln. Die leibliche Kommunikation dient primär dazu, Gefühle auszutauschen und zu teilen. Je mehr die leiblichen Dialoge von Mensch zu Mensch zum Problem werden, kein Erfahrungsaustausch über das Erleben stattfindet und Berührungsverbote und Übergriffe sich auch auf die materielle Welt des Kindes beziehen, desto größer wird die Schwierigkeit, Gefühle überhaupt auszudrücken, sich selbst kennen zu lernen und mit anderen auszutauschen. Lebende Systeme brauchen Rückkoppelungen, Bestätigungen, positive wie kritische Bewertungen und die Erfahrung von Selbstwirksamkeit, um sich zu entwickeln und immer wieder neu über die ungenügende Gegenwart hinauszuwachsen.

Ein anderer, aber komplementär ergänzender Weg, Körperbewusstsein als Teil der Selbstwahrnehmung zu entwickeln, führt über das Anfassen und Anschauen des Körpers durch das Kind selbst. So wie die unmittelbare Umwelt und die sichtbaren Gegenstände wahrgenommen werden und ihre Existenz bewusst festgestellt werden muss, ehe das Kind sie sich durch Wiederholung einprägt, so vollzieht sich auch die Wahrnehmung des eigenen Körpers durch praktische Erfahrung. Hand und Mund sind dem Bewusstsein wohl am nächsten und zugänglichsten, die Füße relativ weit weg und schon schwieriger zu erreichen. Der eigene Rücken und die Rückenlinie bleiben mehr oder weniger verborgen, das Kind kann ihn nicht berühren und auch nicht »einsehen«. Die meisten Menschen bleiben lebenslang unsicher, wenn sich hinter ihrem Rücken etwas abspielt, was sie nicht einschätzen können. Die Hände greifen, um zu begreifen, und es gibt kaum ein Verbot, das die Entdeckerfreude und kognitive Entwicklung eines Kindes mehr beeinflusst als der Satz: »Fass das nicht an!«

Wenn der kleine Mensch auf verschiedene Weise sitzen und stehen lernt, kann er auch verschiedene Standpunkte einzunehmen lernen und versteht so auch mehr von der Welt, in der er lebt, weil sich mit dem Körper auch sein Geist mehr bewegt.

Die Genitalien können nur erforscht werden, wenn dies nicht verboten wird, und das Erleben von Körperzonen, die auffälliger, sensibler oder erotischer reagieren als andere, gehört zum Einmaleins der Gefühle und beinhaltet ein schützendes Wissen über die Lust wie den Missbrauch dieser Zonen, wenn sie in Gefahr geraten.

Wer kleine Kinder beobachtet oder sich an die Anfänge erinnert, wie sie die Welt »einverleibend« erobern, wird die Bedeutung ermessen, die der Körper von Anfang an bei der Begegnung mit der Welt und in der eigenen Entwicklung hat. Die Einverleibung ist eine Form der leiblichen Kommunikation, in der andere Menschen und die Welt uns nonverbal so nahe kommen, dass wir sie innerlich spüren. Wenn uns ein aufgeschlossener, wunderbarer Mensch begegnet, geht uns das Herz auf. Den ungebrochenen Zorn oder die verhaltene Wut eines anderen spürt ein empfänglicher Mensch nicht bloß an dessen Gesichtsausdruck oder Verhalten, sondern ebenso am eigenen erschrockenen Betroffensein oder einem peinlichen Befremden, das in ihm aufsteigt. Für die erlernte Kenntnis vom eigenen Körper und seinen Gefühlslandschaften wurde von Paul Schilder aus seinen Erfahrungen und Überlegungen der Psychotherapie heraus der Ausdruck »Körper-Ich« geschaffen. Damit ist gemeint, dass die Fähigkeit, »Ich« zu sagen und »Ich« zu fühlen und zu erkennen, sehr wesentlich davon abhängt, dass ich mich in meiner Körperlichkeit fühlen und erkennen kann. (Eicke) Wer das als Kind auf der Basis der ersten selbstverständlichen, ganz unbewussten und intuitiv vollzogenen leiblichen Selbsterlebnisse in den frühen Mutter-Vater-Kindbeziehungen lernt, hat nicht nur die Grundlagen für ein Beziehungs- und Selbstwirksamkeitskonzept erworben, sondern auch eine wichtige Erdung erfahren. Ich bin nicht nur, weil ich denken kann, sondern auch, weil ich einen Körper habe und ein Leib bin, durch den die Schöpfungsordnung in der Person hindurch zum Klingen kommt. Sonare ist das lateinische Wort für »tönen«, und durch jede einzelne Per-son tönt der große Gesang der Schöpfung als immer wieder überraschende Melodie.

Je früher Kinder auf ihrem Weg ins Leben den Reichtum und die spontane Authentizität von körperlichen Reaktionen und leiblicher Empfindungsfähigkeit erfahren, erleben und einschätzen lernen können, desto reicher und differenzierter sind ihre körperlichen, aber auch emotionalen, geistigen und sozialen Fähigkeiten, Verhaltensweisen und Visionen, mit deren Hilfe sie als Erwachsene unsere Lebenswelten und Beziehungen menschlicher gestalten können.

Es geht immer um Leib und Leben, wenn Menschen sich auf den Weg machen. Beide stehen nicht nur sprachlich in einem engen Zusammenhang, sondern sind auf das engste miteinander verflochten. Der Leib ist keine abgesonderte Provinz, auch kein Instrument des Geistes, sondern das große Orchester, mit dem das Leben seine vielen Melodien spielt. Erleben, Empfinden und Wahrnehmen sind nicht im Kopf zentriert, sondern nutzen den Leib als »universalen Resonanzboden« (H. Schmitz), und jeder Lebensschritt des Menschen ist auf diese Resonanz angewiesen. Vom ersten bis zum letzten Atemzug verankert sich die emotionale, geistige und soziale Geschichte eines Menschen in der Geschichte seines Leibes. In ihr finden wir wieder, was es für den Leib bedeutet hat, wie wir als Mann oder Frau, als Angehörige unterschiedlicher sozialer Schichten, Religionen oder ethnischer Herkunft aufgewachsen und erzogen worden sind, wie wir unser Leben konkret gestaltet und sich die Spuren des Lebensweges in Körper, Geist und Seele eingegraben haben. Der Leib ist nicht nur ein Geschöpf der Natur und ihrer gesetzmäßigen Ordnung, sondern wird wie wir gesehen haben, seit der Zeit der Zeugung und frühen Entwicklung vom kleinen und großen Menschen mitgestaltet. Lebenslang muss er für die weiteren kulturellen, sozialen und anderen Einflüsse offen bleiben und sich der Gestaltungsarbeit und den Eingriffen des Subjekts, dessen Leib er ist, stellen. Nicht wir haben ein Problem mit dem Blutdruck, sondern er hat ein Problem mit uns. An den Beglückungen wie an den Schwierigkeiten, die Leib und Körper mit uns haben, sind wir »schöpferisch« beteiligt.

Die Begegnung mit dem Leben und die dazu erforderlichen Berührungen, körperlichen Beziehungen und zwischenmenschlichen Kommunikationen formen die soziale Struktur des Leibes und bilden zusammen mit der »Körpersprache« eine Art »Leibgedächtnis« aus, in dem die zentralen Lebenserfahrungen archiviert werden. Was wir je erfahren, erlebt, erlitten und gelernt haben, was wir an Lebensmustern, Verhaltensweisen und Persönlichkeitsstrukturen zusammengetragen und innerlich aufgeschrieben haben, verdichtet sich zu einer biografischen Landkarte, deren Straßen und Felder mitten durch den Körper gehen und leibhaftig erinnert werden. Bewusst und unbewusst leitet und belebt das leibliche Gedächtnis unsere biografische Arbeit. Wir wissen auf diese Weise, wie wir Auto fahren, mit zehn Fingern Schreibmaschine oder am Computer schreiben, in die Badewanne gehen, essen, Wäsche waschen oder in einen Zug steigen, ohne uns immer wieder neu zu informieren und zu orientieren. Das Leibgedächtnis erinnert in diesem Fall an Strukturen und Informationen, die wir im Laufe unseres Lebens mit zunehmender Routine im Unterbewusstsein verankert haben, während das Leibgedächtnis an anderer Stelle die einverleibte Erinnerung an Situationen, die wir durchlebt haben, schlagartig an die Oberfläche zerrt und bewusst macht, damit wir bei einer sich wiederholenden Situation schneller auf das Wesentliche stoßen und anders handeln können, wenn es nötig ist. Die erfahrene Liebe, eine erinnerte Scham oder der sich wiederholende, bedrohliche Abschied zeigen ihre emotionale Handschrift und lassen die Aufregung sichtbar werden, treiben die Schamröte ins Gesicht und lassen uns mit dem siebten Sinn riechen, wie der Hase laufen wird. Aber: »*Von tausend Erfahrungen, die wir machen, bringen wir höchstens eine zur Sprache, und auch diese bloß zufällig und ohne die Sorgfalt, die sie verdiente. Unter all den stummen Erfahrungen sind diejenigen verborgen, die unserem Leben unbemerkt seine Form, seine Färbung und seine Melodie geben. Wenn wir uns dann, als Archäologen der Seele, diesen Schätzen zuwenden, entdecken wir, wie verwirrend sie sind.*« (Pascal Mercier)

Der Blick in die Augen eines anderen: Ich fühle, was du fühlst

Eine wesentliche Quelle des Leibgedächtnisses ist der Kontakt zwischen zwei Menschen. Sobald wir mit einem anderen Menschen in Kontakt treten, interagieren unsere Körper miteinander und lösen unterschiedliche angenehme und unangenehme Empfindungen aus. Wir lernen zu spüren, was ein anderer Mensch spürt, und erleben, dass dies auch umgekehrt gilt. Menschen sind sich auf Anhieb sympathisch oder folgen ihren gesträubten Nackenhaaren und ziehen sich zurück. Dieses »Geheimnis der sympathischen Ausstrahlung« konnte lange nicht gelüftet werden, aber inzwischen haben die Neurowissenschaften den Resonanzboden gefunden und zu erklären versucht. »Das System der Spiegelneuronen stellt uns die neurobiologische Basis für das gegenseitige emotionale Verstehen zur Verfügung. Wenn wir die Gefühle eines anderen Menschen miterleben, werden in uns selbst Nervenzellnetze in Resonanz versetzt, also zum Schwingen gebracht, welche die Gefühle des anderen in unserem eigenen seelischen Erleben auftauchen lassen.« (J. Bauer)

Mitgefühl, Empathie, Liebe oder Wut zu empfinden, beruht auf der Fähigkeit, dass unsere eigenen neuronalen Systeme und Emotionszentren auf die Wahrnehmung dieser Gefühle bei anderen reagieren, indem sie spontan und unwillkürlich diese in uns rekonstruieren. Es ist der wahrnehmende, sich öffnende, sehende Mensch selbst, der auf das optisch Beobachtete und Wahrgenommene antwortet und auf seine Weise rückkoppelt. Sartre weist in seinem Werk »Das Sein und das Nichts« auf die fundamentale Bedeutung des Blickes für das Selbstbewusstsein hin. Selbstbewusstsein ist für ihn gleichgesetzt mit der Möglichkeit, von anderen als Objekt gesehen zu werden. »Es genügt, dass der andere mich ansieht, damit ich das bin, was ich bin.« Was wir sein können, werden wir durch unsere Beziehungen zu anderen, und wir können uns auf diesem Hintergrund vorstellen, wohin es die Menschen bringt, wenn sie weder als Kinder noch als Erwachsene keine Blicke mehr wagen oder nicht gesehen werden. Das ist der eigentliche Kern dessen, was wir Vereinsamung nennen.

Für die Begegnung mit dem Leben stellt uns unser Gehirn vom ersten bis zum letzten Augenblick ein optisches Aufbereitungs- und Interpretationssystem zur Verfügung, das keine andere Aufgabe hat, als das zu deuten, was auf die Absichten, Empfindungen oder Aktionen anderer Menschen schließen lässt. Bei der Auswertung konzentriert es sich dabei auf Körperbewegungen, Gesichtsausdruck, Mundbewegungen und vor allem auf die Blicke der anderen. Das optische Interpretationssystem beschränkt sich allerdings nicht darauf, Informationen an die verschiedenen Spiegelzellen zu liefern, die dann in Resonanz treten können, sondern sorgt gleichzeitig dafür, dass der Mensch auch auf das Angebot reagiert. Auch Spiegelzellen funktionieren nicht automatisch, sondern müssen eingespielt werden, um ihre Aufgabe bei der biografischen Gestaltung des Lebens zu erfüllen. Spiegelaktionen entwickeln sich nicht von allein, sie brauchen immer zwei Partner: das Gegenüber und den, der dieses Gegenüber in sich aufnimmt. »Die Spiegelresonanz ist die neurobiologische Basis für spontanes, intuitives Verstehen … Sie ist nicht nur in der Lage, bei der in Beobachterposition befindlichen Person Vorstellungen anzuregen, Gedanken und Gefühle hervorzurufen, sie kann unter bestimmten Voraussetzungen auch den biologischen Körperzustand verändern.« (Bauer)

Der andere Mensch, dem wir in die Augen schauen und der uns sieht, entscheidet frei darüber, was wir für ihn sind. So entscheidet er mit, was wir für uns sind. Das ist der tiefe Sinn der Tastsache, dass alles Dasein auch ein Mitsein ist und dass wir in der Begegnung mit dem Leben immer wieder auf »Verwandte« treffen, die das gleiche Interesse am Leben haben und uns zur eigenen Entwicklung brauchen. Joachim Bauer hat seinem Buch über die intuitive Kommunikation und das Geheimnis der Spiegelneuronen den Titel: »Warum ich fühle, was du fühlst« gegeben und verdeutlicht ähnlich wie Sartre die Abhängigkeit des Kindes, das in seinem eben erst erwachten Selbstbewusstsein bestimmt ist durch die spiegelnden Blicke der Eltern.

Der kleine Mensch spiegelt sich in die Welt hinein, wenn er dem Leben begegnet. Noch ohne Sprache, aber bereits hörend, sehend und fühlend ist er unterwegs. Die »Spiegelzellen« in seinem kleinen Gehirn gehören zu den wichtigsten Utensilien im Gepäck auf der Reise durch das Leben. Ohne sie gäbe es keinen Kontakt, kein emotionales Verstehen, keine Spontaneität und keine Intuition. So wie die Hände des Säuglings schnell nach etwas Greifbaren tasten oder den Finger der Mutter umklammern, so steht ihm für die Kontaktaufnahme mit seinen wichtigsten Bezugspersonen ein Startset von Spiegelneuronen zur Verfügung, mit deren Hilfe er die ersten Spiegelungsaktionen vornehmen kann.

»Use it or lose ist« heißt es nicht nur in der Hirnforschung. Wer rastet, der rostet, heißt es im Volksmund. Ein entwickeltes Gefühl, das nicht eingesetzt wird, verliert seine Kraft. Ein Gedanke, der ungenutzt bleibt und nicht weiter gedacht wird, geht ins Leere und vergeht. Nervenzellsysteme, die nicht benutzt werden, gehen verloren. Als offene Systeme, die zunächst hochgefahren wurden und dann zum Stillstand kommen, weil sie nicht mehr benutzt werden, verlieren sie erst ihre Potenz zur Selbsterneuerung und Selbstregulation und sterben dann ab! Die genetische Grundausstattung, die uns einverleibt ist, ist alles andere als eine Garantie dafür, dass sie später auch so funktioniert, wie sie eigentlich könnte. Die Organe, das Gehirn, die Sinne brauchen Herausforderungen, müssen beansprucht werden, brauchen wie beispielsweise die Spiegelneuronen ein passendes Beziehungsangebot, um ihren Beitrag zur Entfaltung des Lebens und zur Entwicklung des einzelnen Menschen zu leisten.

Vor allem in der frühen nachgeburtlichen Phase kommt dem Augenkontakt und den Blicken anderer Menschen das höchste Maß der Aufmerksamkeit zu. Mit den Augen entdeckt der kleine Mensch die »Seelenverwandtschaft« mit den erwachsenen Menschen, mit den Eltern, den Geschwistern und später auch mit fremden Menschen. Mehr als aus allen anderen Zeichen der Körpersprache lassen sich aus den Bewegungen der Augen und den Blicken anderer weit reichende Schlüsse ziehen. Schon mit viereinhalb Monaten macht der kleine Mensch in seiner Entwicklung einen enormen Sprung, wenn er mit seinem ersten »sozialen Lächeln« (Daniel Stern) seine Fähigkeit zu entfalten beginnt, in sozialen Kontakt mit anderen Menschen zu treten. Er beginnt Laute zu bilden, hält den Blickkontakt für längere Zeit aufrecht, fuchtelt mit den Armen, spiegelt das Erlebte mimisch und erlebt das Gesicht eines anderen Menschen, vor allem der Mutter, als eine faszinierende und beeindruckende Landschaft von großer Anziehungskraft. Das Gesicht ist der wichtigste Ort der leiblichen menschlichen Kommunikation, es ist einsichtig, weil meistens unbedeckt, offen und zugänglich. Für den Säugling ist das Gesicht der Mutter oder des Vaters deshalb nicht nur eine lebendige und interessante Fläche, die es zu erkunden gilt, um das Gegenüber kennen zu lernen, sondern Ort für lebenswichtige Dialoge. Die Gesichter reagieren, geben Antworten, vermitteln Vertrautheit. Der kleine Mensch fühlt sich schnell verbunden, kann den Blickkontakt herstellen und bekommt auf diese Weise eine Möglichkeit, sich für oder gegen einen Kontakt zu entscheiden. Schon in diesen frühen Monaten seines Lebens bestimmt der Säugling selbst, wohin er seinen Blick richtet und was er wie lange betrachtet. Leben heißt Entscheidungen treffen, von Anfang an. Weil enger Kontakt sich vor allem über Sich-Anblicken und Berühren entfaltet, kann der Säugling ihn eigenständig herstellen, mit einem strahlenden Lächeln vertiefen oder auch abbrechen, indem er seinen Kopf wegdreht und die Augen von dem Gesicht des anderen abwendet.

Wechselseitiger Augenkontakt, der Austausch ohne Worte mit Blicken gehört nicht nur in dieser frühen Zeit zu den wichtigsten Ausdrucksformen unserer leibhaftigen Existenz. Lebenslang bilden Augenkontakte eine wichtige Basis der menschlichen Lebensäußerung. Nicht zufällig werden die Augen als Fenster der Seele bezeichnet. Auch die meisten Erwachsenen interessieren sich beim menschlichen Gegenüber zunächst vorrangig für das Gesicht, suchen Kontakt zu den Augen, halten den Blick oder schauen schnell weg. Insgesamt verbringen wir während unseres ganzen Lebens viel Zeit mit der Betrachtung fremder Gesichter. Wir versuchen in ihnen zu lesen, um was es gerade geht, suchen nach Reaktionen, Gefühlen und Absichten und versuchen die Zeichen zu deuten und zu entziffern, um uns zu orientieren. Wer wegsieht, ist der Verlierer, wer den starren Blick länger aushält, der Gewinner, sagt ein Kinderspiel. Wer ständig übersehen wird, leidet. Wer nie jemanden zu Gesicht bekommt, gerät in Angst. Wer nur in verschlossene Gesichter schaut und den eigenen Blick lediglich abwendet, gerät in die Isolationshaft. Nicht zufällig nennen wir die Isolationshaft auch Isolationsfolter, weil sie den Menschen von allen Sinnesbezügen abtrennt und ihn damit schnell an den Rand der Existenz treibt.

Es geht immer um Leib und Leben, wenn wir auf die Welt kommen und in ihr überleben wollen. Manchmal reichen die Augen nicht, um sich in einer Notsituation an die Welt zu wenden und Beziehung aufzunehmen. Wenn ein schreiender Säugling von seinem Hungergefühl überwältigt und in seiner ganzen körperlichen Existenz von diesem Orkan ergriffen wird und die Mutter das Kind dann auf den Arm nimmt und an ihre Brust drückt, so entsteht in der Umarmungshaltung ein Kräftefeld, das Verständnis, Trost und Hoffnung vermittelt. Die beiden Körper von Mutter und Kind verstehen einander, lösen gegenseitig Wirkungen aus, ohne dass wir genau sagen könnten, wodurch und wie das geschieht. Gegenseitige Imitation, Stimulation und Spiegelung schaffen ein Beziehungsverhältnis, das dem Säugling anzeigt, dass er in seinem Bedürfnis erkannt wurde. Das Gefühl, verstanden zu werden, weckt das Interesse an weiterer Kommunikation. Kleine Menschen entwickeln gerade zu Beginn ihres Lebens erstaunliche Kompetenzen, um sich im Austausch mit den direkten Bezugspersonen ein Grundgefühl sozialer Verbundenheit zu erarbeiten. Der Leib speichert solche zwischenmenschlichen Erfahrungen und Menschen spüren oft ein Leben lang das Bedürfnis und den Wunsch nach jenen frühen lebensnotwendigen und vor allem spontanen Umarmungen, wenn ihre Gefühle – egal in welchem Alter – verletzt werden, wenn sie sich einsam, hilflos, unsicher, traurig oder ausgesetzt fühlen.

Der Verlust der Sehnsucht nach Verbundenheit

Bleibt der »Hunger nach Beziehung« unbeantwortet, indem der Säugling kein Gegenüber hat, das ihn spiegelt, so kann später das Kind keine Arbeitsmodelle für menschliches Verhalten und Handeln in seinen Netzwerken speichern und keinen affektiv-emotionalen Kontext entfalten, aus dem es Orientierung und Bewertungen gewinnt. Ein Kind, dem die Erfahrung fehlt, dass andere Menschen, vor allem seine Bezugspersonen seine leibliche Existenz respektieren, schützen und pflegen und auf seine Gefühle eingehen, wird seinerseits nur schwerlich eigene emotionale Resonanz entwickeln können. Nicht die Lust zu leben, wird seine biografische Gestaltungsarbeit bestimmen, sondern die Angst vor dem Leben und seinen Herausforderungen wird zum Zentrum des Lebensgefühls. Wer Leben über das Gefühl der Angst registriert, spürt die Sehnsucht nach Liebe und Leben leiblich wie einen großen unerträglichen Hunger: als mehr oder weniger dumpfes innerliches Zusammenziehen oder Spannungsgefühl im ganzen Leib, das sich ebenso deutlich oder undeutlich in der Magen- oder Herzgegend, im Hals, im Kopf oder im Unterleib konzentrieren kann. Bei Menschen, die von Angst beherrscht sind, findet man objektivierbar jegliche Art von Verkrampfung in den Organen und kann Schwindelgefühle, Übelkeit bis zum Erbrechen, Zittern der Gliedmaßen, Schweißausbruch, Beschleunigung der Herztätigkeit und Durchfall beobachten.

Angst ist ein stark irritierendes, verunsicherndes und beunruhigendes Erleben, das wie alle starken Gefühle das Denken, Fühlen und Handeln massiv beeinträchtigt. Reale Gefahren und vorgestellte Gefahren gehen Hand in Hand und erzeugen auf Dauer eine chronische Hilflosigkeit im Leben, die ihrerseits zu den unangenehmsten Erlebnissen gehört, die wir im Leben haben. Die Gefühle von Hilflosigkeit und Hoffnungslosigkeit haben sich als die beiden zentralen Faktoren erwiesen, die in der Lage sind, die Fähigkeit eines offenen Systems zur Selbsterneuerung, Selbstorganisation und Rückkoppelung aus den Angeln zu heben.

Wenn das Übungsfeld fehlt und der kleine wie später auch der große Mensch keine Möglichkeit findet, sich in Freiheit auf die Begegnung mit dem Leben und auf den anderen hin zu entwickeln, die Kräftepotenziale zu entfalten, die er mit auf die Welt gebracht hat, wenn schon das Kind keine Erfahrungen und kein praktisches Wissen zur Umsetzung seiner inneren Ordnung sammeln kann, wird es weder seine körperlichen Kompetenzen, noch aber Resonanz und Empathie in seinen unterschiedlichen Spielarten ausbilden. Die Folgen sind gravierend und nachhaltig. Schon früh wird auf diese Weise die offene, auf Zukunft gerichtete Begegnung mit dem Leben verhindert und Schritt für Schritt der Rückzug, die Erstarrung und Panzerung gegen die eigenen vitalen Lebensbedürfnisse eingeleitet. Die Fähigkeit des Kindes, mit anderen Menschen in emotionalen Kontakt zu kommen und sich auf diese Weise mit sich selbst, mit anderen Menschen und mit der Welt verbunden zu fühlen, wird bis an die äußerste Grenze herausgefordert und oft ruiniert. Schwere Störungen der emotionalen Resonanz werden, wenn sie krankhafte Züge annehmen, als Autismus bezeichnet, eine Art Unfähigkeit im Prozess des sozialen Aufeinander-Eingehens und der sozialen Kommunikation. Begleitet werden sie von der Schwierigkeit, andere nachzuahmen oder ihnen zu vertrauen, sich spontan auf etwas einzulassen, sich einzufühlen oder Bindungen einzugehen.

Die große Wunde, die dadurch entsteht, dass der Resonanzboden in der menschlichen Begegnung verloren geht, berührt die Wurzeln der menschlichen Existenz, denn sie signalisiert nicht nur den Verlust des Gefühls der Verbundenheit und der Erfahrung von Koexistenz, mit denen wir in die Welt eintraten, sondern auch die Gefährdung der leiblichen Existenz. Das Leibgedächtnis eines Kindes, dem sich kein anderes Gesicht und kein anderer Körper zuwandte, dem Schmerz zugefügt wurde und dem die frühen oder späteren Verletzungen noch immer in den Knochen sitzen, wird einen anderen Inhalt und eine andere Botschaft für die Zukunft im Gepäck haben als die der menschlichen Zuwendung, der Liebe, Kooperation, des Austauschs oder Vertrauens. Rückzug, Abgrenzung, Abwendung, niemals Angst oder Bedürfnisse zeigen, die Abhängigkeit befürchten lassen, sind dann als Elemente einer eher lebensfeindlichen Haltung zur Welt einverleibt. Aus der Liebe zum Nächsten wird die Furcht vor ihm, aus der Lust zur Arbeit wird die Ausbeutung der Arbeitskraft oder Arbeitsverweigerung, aus der zwischenmenschlichen Beziehung wird die Macht und Kontrolle über Menschen, aus dem freien Denken und dem ursprünglichen Forscherdrang eines Kindes wird die Anpassung an die herrschenden Lehren in Familie, Schule, Hochschule, und aus der offenen Auseinandersetzung die Intrige – so ähnlich beschreibt Wilhelm Reich in seinem Buch »Christusmord« das Rätsel, warum der frei geborene Mensch als Sklave durch das Leben geht und seine eigene Lebenslust und die menschliche Liebe zum Leben verfolgt. Das ist die schlechte Botschaft. Aber es gibt auch eine gute und das ist die wahre Geschichte vom »Überraschungsei«, der die Autorin dieses Buches vertraut, weil sie uns an ein Wissen erinnert, das wir alle in uns tragen, das Wissen vom Leben und der Freiheit, sich selbst an die Hand zu nehmen und mitten durch die Widerstände hindurch das menschliche Potenzial zu entfalten.

Wilhelm Reich hat die Situation, um diese Aufgabe in Angriff zu nehmen, in seinem letzten Buch »Christusmord«, das er den Kindern der Zukunft gewidmet hat, so beschrieben: »Eine unbewegliche, sitzende Menschheit erwartet eine Antwort auf ihre Frage nach dem lebendigen Leben. Während sie sich auf dem Existenzminimum dahinschleppt, wartet, träumt, leidet und sich nach vielen nutzlosen Revolten in neue Sklaverei begibt, wird sie von Theorien und Dogmen über das menschliche Leben bedrängt. Zu dem existierenden Wirrwarr von Philosophien, Religionen und politischen Patentrezepten ein neues Dogma über das menschliche Leben hinzuzufügen, hieße, einen weiteren Stein der Verwirrung zum Bauwerk des Turms von Babel beizutragen. Die Aufgabe besteht nicht in der Ausarbeitung einer neuen Lebensphilosophie, sondern in der Ablenkung des Interesses der Menschen von nutzlosen Dogmen auf eine grundlegende Frage: Warum haben alle bisherigen Dogmen, wie das Leben zu leben sei, versagt?«

Nicht die festgefahrenen Menschen werden eine Antwort finden, aber wegen der Kinder von morgen sollten wir dennoch suchen. Sie nämlich sind die nachgeborenen »Überraschungseier«, die alle Entwicklungsmöglichkeiten wieder mitbringen und die Chance haben, sich als Menschen umfassend zu entwickeln und Verhältnisse zu schaffen, in denen wir zusammen mit anderen menschenwürdig leben können, die sich als Leben, das leben will, inmitten von Leben, das auch leben will, begreifen.(Albert Schweitzer). Wir konnten und können als die, die geboren wurden, wie die, die noch nicht geboren sind, Ort und Zeit nicht bestimmen, an dem und in der die biografische Arbeit beginnt. Manchmal ist es ein beginnender Weltkrieg, der einem erwartungsvollen Überraschungsei zeigt, wo es langgeht. Manchmal eine Mutter und ein Vater, die den Stab des Lebens und die Botschaft der Freiheit zur Entwicklung eigentlich nicht weitergeben wollen. Wir begegnen dem Leben nicht irgendwo und irgendwann, sondern beginnen den Lebensweg mitten in der Zeit. »Dieser Weg der Erfüllung führt uns durch alles, was ihn uns, innen wie außen, verstellt. Der Weg der Begegnungen durch die Verstellungen hindurch heißt Existenz.« (zur Lippe). Von einer solchen biografischen Begegnung mit den Verstellungen von Kriegs- und Nachkriegszeiten, von Zusammenbrüchen und Aufbrüchen, von Abstiegen und Aufstiegen, von Kindsein, Erwachsenwerden und Älterwerden soll im letzten Kapitel die Rede sein. »Vom biologischen Überraschungsei zur eigenen Biografie« – beschrieben aus dem eigenen Erleben.

4. Kapitel

Biografie und Macht – ein Kriegskind unterwegs

Über die Begegnung mit der Macht der Ohnmacht

Meine erste Begegnung mit der Macht und ihrer grundsätzlichen Bedeutung für das menschliche Leben war die Erfahrung jener Ohnmacht, die ein Mensch erlebt, wenn er der Herrschaft des Faktischen ausgeliefert wird, ohne irgendetwas aus sich heraus bewirken oder verändern zu können. Als »Unfall« einer missglückten Beziehung deklariert, verweigerte meine Mutter zunächst die freundliche Annahme und gab mich in ein Heim. Auch jenseits dieser individuellen Erfahrung umstellen Hilflosigkeit und Abhängigkeit allerdings grundsätzlich die menschliche Geburt. Im ersten Schrei des kleinen Menschen macht sich die Not Luft, die mit dem Kampf ins Leben und der Ungewissheit verbunden ist, das Licht einer Welt zu erblicken, die unbekannt ist und deren Möglichkeiten und Gefahren für das eigene Leben nicht abzuschätzen sind. Nackt geboren, sind wir zunächst allem ausgeliefert. Für nichts gibt es eine Wahlmöglichkeit. »Friss, kleiner Vogel, oder stirb«, ist die erste Lebenslektion. Wir werden zur Existenz gezwungen, lange bevor wir »Ich« sagen können. Von Macht auf der Seite des kleinen Menschen kann keine Rede sein. Umso größer ist die Macht auf der Seite derer, die schon »erwachsen« sind. Mit ihnen muss der Aushandlungsprozess um das Leben geführt werden, das gerade begonnen hat. Menschen leben in Sorge um sich.

Um zu überleben, müssen sie ihr Leben unter Einsatz verfügbarer Machtpotenziale gestalten und erobern. In allen sozialen Beziehungen ist Macht ein konstitutives Moment, das gilt auch für die Beziehung der Eltern zu ihren Kindern wie für die Geschlechterbeziehung. Auch die Liebe hebt Macht nicht auf, aber in der Liebe gewinnt das Gegenüber eine Bedeutung, die sein Leben in das eigene integrierbar macht und die gemeinsame Kraft wachsen lässt.

Die Begegnung mit der Macht der Ohnmacht fällt in den frühen Tagen unseres Lebens zunächst auf hoffnungsvoll fruchtbaren Boden, denn wie wir gesehen haben ist der Mensch schon als Embryo darauf angelegt, sein Leben mitzugestalten und seiner mächtig zu werden. Ob ihm das zu jener Zeit schon gelungen ist, muss am Einzelfall überprüft werden. Ich hatte immerhin die Gefahr einer Fehlgeburt überstanden, ein verzweifelter Abtreibungsversuch meiner Mutter war misslungen und irgendwann war ich wahrscheinlich mit lautem Gebrüll da. Mit dem Verlassen jener ersten Lebenswelt im Mutterleib beginnt unmittelbar nach der Geburt für jedes kleine Überraschungsei nun die konkrete »Übung« dessen, was es im Prinzip schon weiß und für das es auch ausgerüstet ist, nämlich der lebensnotwendige Versuch, die Verhandlungen mit der neuen Welt aufzunehmen, sich ihr langsam und unter ständiger Kontrolle derer, die für die Sorge zuständig sind, anzunähern, Spielräume zu entdecken, Eigensinn zu entwickeln, Übergriffe abzuwehren, Schritt für Schritt auf die eigenen Füßen zu kommen und zu lernen, wie man das Leben in die eigenen Hände nehmen kann.

Mit jedem Entwicklungsschritt müssen wir uns vom ersten bis zum letzten Atemzug in eine Welt schon bestehender Beziehungen und Machtverhältnisse einmischen. Nicht nur der kleine, sondern jeder Mensch, auch die werdenden Eltern sind darauf angewiesen, dass sie erwartet und unterstützt werden, dass man sich ihnen sorgend zuwendet, ihnen den nötigen Schutz gewährt und Vertrauen schenkt, dass ihre Würde unantastbar bleibt, was immer in ihrer Entwicklung auch geschieht.

Wenn die Nabelschnur zerreißt, lebt der Mensch von der Hoffnung, dass er als Bürger und Bürgerin dieser Erde gebraucht wird und dass keine Macht der Welt ihn willkürlich vom Koexistenzminimum abschneidet, das er nötig hat, um ein Mensch im aufrechten Gang zu werden. Lebenskämpfe sind deshalb immer Machtkämpfe um Liebe und materielle Ressourcen, um Anerkennung und Bedeutung, gegen Bevormundung und Unterdrückung. Das menschliche Verhältnis zur Macht strukturiert und organisiert sich in einem kontinuierlichen Prozess von Bindung und Entbindung, teilen und zuteilen und nimmt die ewige Spannungsbeziehung des Lebens zwischen Geburt und Tod in sich auf. Leben lebt vom Teilen, auch von der Teilung der Macht zwischen den Geschlechtern, den Generationen, den sozialen Schichten, den Völkern.

Trotz aller selbstverständlichen Routine ist Leben keine Mechanik, die einmal eingeschaltet als Lebensuhr abläuft, sondern eher ein Prozess zwischen Selbstermächtigung, Machterwerb, Machtverlust und Ohnmachtserfahrung. Die Fähigkeit und Notwendigkeit, sich bewusst und auch unter schwierigen Bedingungen für das Leben zu entscheiden, sich einzubringen, Einfluss zu nehmen und zu bekommen, aber auch die Chance, etwas geschenkt zu bekommen, die Kräfte in Zusammenarbeit mit anderen vermehren zu können, im richtigen Augenblick auch zurückzutreten und loslassen zu können, ist Ausdruck des ungeheuren Potenzials machtvoller Möglichkeiten, die aber erst dann zum Zuge kommen, wenn wir uns mit Zuversicht und Vorsicht, kritisch und nicht um jeden Preis auf die Machtspiele einlassen, die sich uns als Verstellungen auf dem Weg in eine freie Zukunft entgegenstellen. Das Leben hat nicht versprochen, dass dies leicht ist und gut ausgeht.

Macht und Ohnmacht, über etwas verfügen oder nicht verfügen zu können, an etwas beteiligt oder ausgeschlossen zu sein, stehen in einem ständigen Dialog mit dem gesellschaftlichen und individuellen Leben. Die konkrete biografische Erfahrung färbt die Auswirkungen dieses Dialogs in die subjektive Lebensgestaltung und Lebensgefühle der einzelnen Menschen ein und gibt dem Leben eine Art Stimmungsprofil. Adam, der biblische Nackedei, bedeckte seine Blöße mit Lorbeer, weil er sich als erster Mensch noch nicht um ein Machtprofil bemühen musste. Nur zweite in der Reihenfolge und als wild gewordene Rippe des Mannes schon im Vergleich bedeckte Eva ihre Blößen mit Feigenblättern und schrieb so eine andere Geschichte von Macht und Ohnmacht. Manche Männer spielen nicht mehr Adam, aber Patriarch, Pinscher, Haudegen, Tyrann oder Traummann, wenn sie in Stimmung sind. Eva kommt als Matrone, Giftnudel, Heimchen, Flintenweib, Unschuld vom Lande oder Drachen daher, um ihre Sichtweisen von Macht und Ohnmacht ins Spiel zu bringen. Ewige Sieger und ohnmächtige Verlierer setzen sich gegenseitig die Denkmäler und verkümmern auf den Podesten. Nur selten werden die individuellen und gesellschaftlichen Erfahrungen mit Macht und Ohnmacht reflektiert, wirklich nachempfunden und bewusst in den Umgang mit ihnen eingebracht. Viel eher werden sie als Betäubung benutzt, um die Einsicht zu verhindern, wie verletzend, kränkend, aber oft auch lächerlich der Umgang mit Macht und Machtgehabe ist und dass die Sucht nach dem Größten uns alle zu Liliputanern macht.

Sich seines Lebens bemächtigt zu haben, über Ressourcen zu verfügen, beteiligt und anerkannt zu sein, sind Grundlagen des Gefühls von Autonomie, von wachsendem Selbstbewusstsein und Ausdruck von Selbstwirksamkeit, das heißt der Erfahrung, die Welt zusammen mit anderen im eigenen wie im gemeinsamen Interesse beeinflussen zu können. Sich in dieser Weise machtvoll zu fühlen, ist ein stolzes Gefühl. Kinder bringen das ganz unvermittelt zum Ausdruck, wenn sie sich an der eigenen Leistung mit dem Jubel »Ich kann das schon alleine!« begeistern. Selbstbestimmtes Leben ist uns nicht einfach in die Wiege gelegt und kein angeborenes Gen, das für Macht zuständig ist, wird diese Arbeit für uns erledigen. Wir selbst müssen biografisch bestimmen und mitbestimmen lernen, wohin die Lebensreise gehen soll.

Machtspiele verstellen den Weg

Jede der Lernaufgaben unseres Lebens konfrontiert uns mit Hoheitsgebieten und Trägern der Macht. Eltern und Familie, Schule, Betrieb, jeder Freizeitverein, jedes Krankenhaus, in das wir eingewiesen werden, und nicht zuletzt die Macht der öffentlichen Meinung fordern uns direkt und indirekt zur ständigen Auseinandersetzung mit ihren Machtstrukturen heraus. Siegermentalitäten, Null-Bock-Haltung , Machthaberallüren, die Lebensmuster der ewig zu kurz Gekommenen, Muttersöhne und Vatertöchter haben ihren Ursprung in diesem Lern- und Erfahrungsprozess. Sie basieren auf den gleichen politischen und ökonomischen Voraussetzungen, die weltweit jenes unglaubliche Machtgefälle produzieren, dass diejenigen, die im Kühlschrank etwas zu essen haben, angezogen sind, ein Dach über dem Kopf und ein Bett zum Hinlegen haben, reicher sind als 75 Prozent der Bewohner dieser Welt!

Auf dem schwierigen Weg von der Ohnmacht und Abhängigkeit des Anfangs zur Selbstständigkeit und zum Eigensinn des Lebens, auf dem Weg zum eigenen Anteil an Macht in der Auseinandersetzung mit der Macht der Verhältnisse und den Machtgelüsten anderer erfahren wir lustvoll oder äußerst schmerzlich, wie unterschiedlich die Kleider der Macht sind, die man uns angezogen hat oder die wir uns selbst geschneidert haben. Wir erfahren im unverhofften Verlust der einmal erworbenen äußeren Macht oder inneren Stärke in der Lebenskrise auch, wie sich Hilf- und Hoffnungslosigkeit leiblich anfühlen und auf das Nachdenken über Zukunft auswirken. Wir erleben in der fremden und eigenen Inszenierung der Macht, welche Masken sie trägt, um das menschliche Gesicht darzustellen, zu verhüllen oder zu schonen und wie viel Lebensenergie die berühmten Machtspiele kosten, die uns kränken und krank machen, aber eben auch viel Spaß bringen, wenn sie von Erfolg gekrönt sind. Wenn wir wissen wollen, spüren wir im Laufe des Lebens bewusster, wie und von wem wir unsere Machtspiele gelernt haben, wie sie uns erobern, enteignen, instrumentalisieren und beherrschen oder wie wir sie selbst erfinden, hinterlistig oder offen Regie führen und welchen Nutzen sie für uns haben. Manchmal können wir auch innehalten oder die Fäden der Macht sogar loslassen, weil wir den Stress spüren, mit dem sie unsere Kräfte übersteigen. Das Spiel mit der Macht um ihrer selbst willen ist ein gefährliches Spiel, weil es uns jenseits eines Nutzens oder Gebrauchswertes in die Erstarrung der Selbstbehauptung oder Rechthaberei bringt, die darunter liegende Angst nicht bändigt, uns allmählich das Gefühl für uns selbst nimmt und lebenswichtige Beziehungen unterwandert und gefährdet, in denen es nicht um Macht und Kontrolle über andere, sondern um die Liebe, das Mitgefühl und den Respekt vor der Unterschiedlichkeit des anderen geht.

In der politischen und persönlichen Auseinandersetzung mit den Lebens- und Arbeitsbedingungen der Menschen im Allgemeinen und ihrer besonderen Auswirkungen auf das Leben der einzelnen Menschen lernen wir viel über die Manifestationen und realen Folgen der Macht, über die Ausdehnung der Kontroll-, Experten- und Herrschaftssysteme in Kultur und Gesellschaft, die sich gegen die Autonomie und Selbstbestimmung der Subjekte richten. Wir lernen angesichts zunehmender Bedrohung der sozialen Sicherung und der Veränderung sozialer Netze auch etwas über den Übergang von Macht in mehr oder weniger subtile Formen der Gewalt. Immer deutlicher wird, dass die wirklichen Machthaber dieser Welt eine hauchdünne Minderheit sind, dass die Aneignungsprozesse auf der einen Seite mit Enteignungen und Ausbeutungen auf anderen Seiten verbunden sind und wie schwer es weltweit für die meisten Menschen ist, an der Macht zu partizipieren, ihren Anteil am Reichtum der Erde zu erobern, ihre Ressourcen zu entwickeln und für dass eigene Überleben nutzen zu können.

Die Melodie unserer Zeit wird in Banknoten, Gewinnanteilen und Produktionsverlagerungen, in gegenseitiger Beschuldigung, Machthunger und Rechthaberei geschrieben. Der »große Gesang über die Evolution der menschlichen Koexistenz« und die »Biologie der Liebe« ist eher leise oder wurde noch gar nicht angestimmt, wie die beiden Biologen Humberto Maturana und Gerald Hüther schreiben. Weil manche Leute sich nicht beherrschen können, versuchen sie es mit anderen, auf welche Weise auch immer. Das bestimmt den Machtkampf zwischen Männern und Frauen, zwischen Eltern und Kindern, Ärzten und Patienten, Lehrern und Schülern, Inländern und Ausländern beiderlei Geschlechts. Gestützt durch naturwissenschaftliche und andere Theorien über die Bedeutung der natürlichen Auslese und das Überleben der Besten im Kampf ums Dasein, über angeborene Verhaltensweisen und Instinkte, über egoistische Gene und den Krieg der Geschlechter setzen die herrschenden Kräfte auf das Prinzip der Konkurrenz und die Macht der Akkumulation und vergessen zu erklären, welche Rolle das Prinzip der Liebe, des Mitgefühls, der Bescheidenheit und des Teilens für den Zusammenhalt der Menschheit spielt.

Es lohnt sich, die Macht der Liebe in all ihren Variationen nicht nur zu besingen, sondern auch denkerisch in einen mächtigen Strom zu verwandeln, der immer wieder neu jene Turbulenzen im Gegenstrom von Konkurrenz und Ausgrenzung erzeugt, die zu Richtungsänderungen im Umgang mit der Macht führen. Die Sammler und Jäger, die ohne nach links oder rechts zu schauen mit allen Mitteln alles anhäufen, was über Macht und Geld erreichbar ist, wären zwischendurch daran zu erinnern, dass dem Geschenk der nackten Geburt am Ende des Lebens der Abschied im letzten Hemd folgt, das, wie man weiß, keine Taschen hat. Die eigentliche Macht der Ohnmacht besteht in der Tatsache, dass Leben grundsätzlich nichts versprochen hat und nur das hält, was wir selbst im Rahmen der historisch-gesellschaftlichen Bedingungen durch Gestaltung und Mitgestaltung in die Hand nehmen. Leben ist eine Art soziales Waisenkind, das jeden Tag von uns adoptiert werden muss und auf die Kraft und den Mut hofft, dass Menschen dies unter allen Umständen und mit allen ihnen zur Verfügung stehenden Machtmitteln auch tun.

Aufrüstung als Lebensprinzip: Die biografische Arbeit kleiner Mädchen im Krieg

Das Erleben, die Erfahrung und der Umgang mit Macht oder Gewalt sind nicht abstrakt, sondern immer biografisch und leibhaftig. Weil Macht ein konstitutives Moment aller sozialen Beziehungen, auch der Geschlechterbeziehungen ist, kommen wir schon im Augenblick der Geburt mit der Dynamik eines spezifischen Machtgefüges in Berührung, mit dem uns die Zeit- und Kulturgeschichte im Kontext der Familie erwartet. Auf der Suche nach einem neuen Haus, das wir nach der Phase im Mutterleib bewohnen können, stoßen wir die Tür in unbekannte Räume auf und erfahren, wie bereit diese Welt ist, uns zu beherbergen. Nicht Selbstbedienung, sondern Zuteilung und Eroberung sind angesagt, wenn es um die Macht geht.

Als ich am 17. Januar 1939 in Berlin geboren werde, hat sich mein Vater bereits davongemacht und aus der Verantwortung für die Folgen eines so genannten Seitensprungs gezogen. Ein männliches Kampfmittel im Machtkampf zwischen den Geschlechtern? Ein weibliches Kampfmittel im Machtkampf zwischen einer kinderlosen Ehefrau und der Geliebten ihres Mannes, die ihm zum Nachweis seiner nachhaltigen Wirkung ein Kind schenken will? Das gesellschaftliche Stigma »unehelich« trifft nicht den Erzeuger, sondern Mutter und Kind und schickt beide an den Rand des gesellschaftlichen Machtgefüges, weil kompensatorische Ressourcen wie Geld, andere Beziehungen oder soziale Netzwerke fehlen. Auf jeden Fall findet die frühe Erfahrung im Umgang mit einem Mann und die Vater-Tochter-Beziehung für mich nicht statt. An die Stelle des machtvollen und stolzen Gefühls, das gewollte Kind einer so genannten normalen Familie mit Vater und Mutter zu sein, tritt der besagte Makel der Unehelichkeit und später ein Gefühl der Schwäche, nicht mithalten zu können, wenn andere Kinder mit der Macht ihrer Väter angeben oder drohen. Was unter diesen Voraussetzungen auch nicht entsteht, ist die Auseinandersetzung mit einigen Grundfragen des familiären Machtgefüges: dem Verhältnis von weiblicher und männlicher Macht in der Ehe, den geschlechtsspezifischen Familiendynamiken, mit Formen der Arbeitsteilung zwischen den Geschlechtern oder der Frage, wer wann und auf welche Weise das nötige Geld verdienen muss und wie es für was ausgegeben werden darf. Die mit dem Fehlen solcher Erfahrungen verbundenen Kenntnisse und Gefühle bleiben, wie ich erst viel später entdecke, als Misstrauen und unerfüllte Sehnsucht nach Versorgung und Schutz durch einen Vater zurück und enthalten eine »kriegerische Potenz« für meine späteren Liebes- wie beruflichen Beziehungen zu Männern, deren Schutzangeboten oder offenen wie verdeckten Machtansprüchen ich äußerst misstrauisch begegne.

Meine Mutter nimmt die ihr zugedachte Rolle der Frau und Mutter, die selbstverständlich allein für ihr Kind sorgt, wenn sie sitzen gelassen wird, nicht an und gibt mich in ein Waisenhaus. Nicht nur aus ökonomischen Gründen sagt sie der gesellschaftlich formierten weiblichen Rollenerwartung den Kampf an. Aufräumen, Putzen, Kochen, für Familie und Kinder sorgen, sich altruistisch dem Schicksal beugen sind nicht ihre Vorstellungen vom Leben einer sich emanzipierenden Frau, schon gar nicht ihr Traum. Schon der Erste Weltkrieg und die Durchsetzungsmacht ihrer Mutter hatten ihren Wunsch, zu studieren und berufstätig zu werden, zerstört und gezeigt, dass die Ehe mit einem morphiumsüchtigen Offizier, in die sie die Mutter hineinmanövriert hatte, keinerlei Sicherheit bot, sie vielmehr unversorgt als junge Kriegerwitwe zurückließ. Ein uneheliches Kind, mit dem sie sitzen blieb, sollte zwanzig Jahre später nicht zum erneuten Hindernis für den Versuch werden, ein selbstständiges und unabhängiges Leben zu führen, auch wenn der Zweite Weltkrieg dem erneuten weiblichen Aufbruchsversuch schon seine Grenze gesetzt hatte.

Mein wichtigster Gegenstand im Kinderheim der NSDAP in Polen ist ein kleiner Koffer, meine Ausrüstung für Fluchtversuche. Er begleitet mich in die Luftschutzkeller, wenn wieder was »von oben« angesagt ist, wie die Kinderschwester sich ausdrückt und auch an Wochenenden, an denen ich meine Mutter besuchen darf, die in der Nähe des Waisenhauses ein Hotel leitet. Mein Lieblingsplatz dort ist ein Schweinestall, in dem sich Stephan, ein polnischer Fremdarbeiter, versteckt hält. Er gewinnt meine Zuneigung, weil er mich trotz seiner anderen Sprache versteht und mit mir spielt. Auf Menschen zugehen, Freundschaften mit Fremden schließen und ihnen auch zu vertrauen, hatte das Heimkind gelernt. Ich begreife früh, dass man um etwas kämpfen und es gleichzeitig teilen kann wie beispielsweise öffentliche Erzieherinnen im Heim, die alle Kinder zu ihren Müttern machen wollen. Mir ist unverständlich, weshalb ich dem fremden Mann im Schweinestall das Essen aus der Hotelküche so geheimnisvoll zustecken soll, aber ich ahne, dass er verfolgt wird und Schutz braucht. Ich selbst fühle mich bei meinen Aktionen stark und kann offensichtlich auch als kleiner Knirps etwas bewirken. Wachheit, Beobachtungstalent, Durchsetzungsvermögen und Organisationsgeschick gehören schon früh zu meiner Ausrüstung für den Versuch, mich selbst zu behaupten und aus der Ohnmacht eines Kindes Stück für Stück auszusteigen.

Am 17. Januar 1945 treten meine Mutter und ich gemeinsam die Flucht aus den Gebieten des Ostens an. Meiner sicheren Evakuierung nach Westen in einem Kindertransport des Roten Kreuzes zusammen mit den anderen Kindern des Waisenhauses stimmt meine Mutter nicht zu, weil es sich für eine allein stehende Frau mit einem Kind leichter flieht, wie sie der Heimleitung erklärt. Von einem Augenblick auf den anderen bin ich gezwungen, meinen bisherigen Lebensort zu verlassen, verliere meine erwachsenen Bezugspersonen und meine »Geschwister«. Ich muss ohnmächtig akzeptieren, dass ein mir fremder Mensch, wenngleich meine Mutter, das Recht auf meine Erziehung fast gewalttätig durchsetzt. Elternmacht ist eine Form der Hausmacht und beinhaltet unter anderem die Möglichkeit der Bestimmung des Aufenthaltsortes eines anderen Menschen zu welchem Zweck auch immer. Diese Form der Machtausübung als Inbesitznahme eines Kindes fand ich schon als Sechsjährige auf meine Weise unwürdig und schon gar nicht im Kindesinteresse, wenn das meinige damit gemeint war. Gegenüber denen, die die Verantwortung für mich bisher übernommen hatten, denen ich vertraute und die mir über Jahre mütterlichen Schutz und zärtliche Zuwendung gewährt hatten, war diese Machtausübung in meinen Augen eine Anmaßung, und ich erinnere mich noch sehr genau an die Wut und das Gefühl des ohnmächtigen Ausgeliefertseins, als ich an der Hand meiner Mutter das Kinderheim und die weinenden Erzieherinnen verließ. Ich schämte mich, weil ich glaubte, Schuld an ihren Tränen zu haben.

Immer wenn irgendwo Vater- oder Mutterbilder, auch die von »Stief- und Ersatzmüttern« entworfen werden, möchte ich gerne Wechselrahmen verteilen. Diese Bilder können weder gesellschaftlich noch individuell halten, was sie versprechen, weil die Klischeefabrikanten aus Wissenschaft, Politik und öffentlicher Meinung sich eher selten an den unterschiedlichen Lebenslagen, Bedürfnissen, Alltagserfahrungen und biografischen Konstruktionen der Kinder und ihrer Eltern orientieren. Das Elternrecht auf Erziehung wie überhaupt jeder Besitzanspruch auf Kinder seitens der Erwachsenen ist für mich seit diesen frühen Tagen weder selbstverständlich noch natürlich, sondern rechtfertigt sich eigentlich wesentlich aus dem in diesem Recht enthaltenen Auftrag, die Zukunft eines Kindes zu ermöglichen und die begründete Zukunftsangst zu mindern, die Kinder mit der Muttermilch oder Milchflasche einsaugen. Daran gemessen hat Elternmacht immer auch den Beigeschmack der Willkür, weil sie unüberprüfbar und auf subtile Weise die Möglichkeit enthält, die Lebensinteressen der Kinder für die eigenen zu instrumentalisieren. In meiner biografischen Erfahrung ist Hausmacht eine weibliche Macht. Das innere Unterwerfungsbündnis zwischen Mutter und Tochter funktionierte trotz gelungener Ausbrüche auch dann noch als Kette verpflichtender Inbesitznahme, als ich längst auf eigenen Beinen stand, Karriere gemacht hatte, therapeutisch geschult war und, die Rollen umkehrend, die volle Sorgepflicht und

Verantwortung für meine Mutter und damit letztlich auch die Macht über ihre Lebensbedingungen übernommen hatte.

Die Flucht beginnt in den letzten Wochen des Krieges, und dieser wie die Nachkriegszeit werden meine Lehrmeister auf dem Weg zur späteren »Powerfrau«. Als sechsjähriges Mädchen soll ich die Angst meiner Mutter bannen und bin gleichzeitig zu Selbstständigkeit und Selbstversorgung aufgerufen. Zum nackten Überleben müssen Frauen die Macht übernehmen, scheint eine Lehre des Krieges zu sein. Wenn alles in Trümmern liegt, bekommen selbst kleine Mädchen die Gelegenheit, zu zeigen, was in ihnen steckt. Die Rüstung wird mitgeliefert, und sie sitzt nicht zuletzt deshalb wie angegossen, weil sie dem ambivalenten Auftrag »flüchten und standhalten« gerecht werden muss. Zwei Spruchbänder mit Befehlen meiner Mutter nehme ich zu Beginn unseres gemeinsamen Lebens 1945 in meine Hände: »Du darfst nicht weinen, auch wenn du Angst hast!« und: »Wenn w i r überleben wollen, musst d u etwas tun!«

Weibliche Sozialisation scheint in den Kriegen nicht gefragt. Der Wunsch nach Anlehnung wird im Keim erstickt, Eigenständigkeit und Selbstorganisation, Ellbogenkraft und Aggressivität sind gefordert. Spielerische Fantasie und List sind erlaubt, wenn sie dem Ziel des Überlebens dienen. Die umfassende Aufforderung an mich, für das gemeinsame Überleben zu sorgen, fördert meine männlichen Machtfantasien und lässt dennoch gleichzeitig Raum für die Entwicklung weiblicher, sich einfühlender Fürsorge und sozialen Engagements, wie ich sie im Heim erfahren hatte. Meine Schutzbedürftigkeit setze ich in die Fähigkeit um, Schutz zu bieten. Das Bedürfnis nach zärtlicher Verwöhnung hat es da schon viel schwerer. Soziale Situationen gestalten das Geschlecht und strukturieren das Verhältnis von Frauen zu ihren Gefühlen und zur Macht.

Männer und Kerle umstellen die weibliche Sozialisation

Im Flüchtlingstreck der Frauen und Kinder wie später im russischen Kriegsgefangenenlager folge ich wesentlich der männlichen Herausforderung und verhalte mich wie eine kleine Kriegerin, denn männliche Sozialisation und Krieg haben offenbar viel gemeinsam. Bei Angst nicht weinen, das gilt nicht nur für Indianer, sondern auch für kleine Mädchen. Bei Tieffliegerangriffen in Deckung gehen, aber tapfer sein und nicht schreien. Bei Annäherung an ein Dorf mit der Unschuldsmiene eines Kindes als Späher vorangehen und ausspionieren, ob die Häuser wirklich verlassen sind und ob der Flüchtlingszug Unterkunft und etwas zu essen finden kann. Beim Anblick von Hingerichteten, Verwundeten oder Gefangenen nicht mit der Wimper zucken, nicht weglaufen und den Schreck verbergen. Brot kann man im Gefangenenlager nicht erbetteln, man muss es stehlen können. Wenn die Vergewaltiger kommen, muss das Kind mit Geschrei die Mutter verteidigen. Ich wusste nicht, was Vergewaltigung ist und warum die gleichen Soldaten, die tagsüber freundlich mit uns Kindern spielten, nachts zu männlichen Raubtieren wurden, die die Frauen mit der Aufforderung »Matka komm!« aus dem Schlafsaal holten. Mit dem Mut der Verzweiflung habe ich meine Mutter fast immer vor den Übergriffen retten können. Jedes Mal fühlte sich dies wie ein körperlicher Sieg gegen die Überlegenheit eines großen Mannes an.

Auf jeden Fall: Heldenmut statt Zimperliese. Keine Schwäche zeigen, bringt Anerkennung, auch von denen, die weinen. Hart bleiben, wo alles in einem nach Hinschmelzen drängt, das erzeugt Durchhaltevermögen, eine wichtige Tugend für das Überleben in Kriegs- und Nachkriegszeiten. Als mich der Arzt im Auffanglager Friedland bei Göttingen am Ende der Gefangenschaft und nach gelungener Flucht entlaust, sagt er zu mir: »Du bist ja ein tüchtiger Kerl!« Trotz all meiner männlich-kriegerischen Fähigkeiten antworte ich überzeugt und sehr entschieden: »Ich bin aber ein Mädchen!« Es hat lange gedauert, bis ich hinter solchen heroischen Antworten die Bagatellisierung meiner Erfahrungen als Kriegskind aufdecken konnte. Davongekommen zu sein war wichtiger, als den Spuren der Angst, der Demütigung, der Erfahrung von Gewalt, dem Verlust jeder Hoffnung oder den inneren Bildern zu folgen, die die Todesbegegnungen in mir hinterlassen hatten. Ich konnte diese Kriegserfahrungen und Eindrücke von einem Frauenleben im Krieg nicht ernst nehmen, weil niemand mit mir darüber sprach, was es biografisch bedeuten kann, wenn die eigene Lebensgeschichte eine so gewalttätige Verbindung mit der Geschichte eines Krieges und der Geschichte einer Frau, meiner Mutter, eingehen muss, deren Leben durch zwei Weltkriege, die Terrorherrschaft des Nationalsozialismus und die persönlichen Niederlagen immer wieder an den Rand der Selbstaufgabe geführt wird. Wer aber wäre ich ohne diesen Krieg? Wer ohne die Kraft, den Glauben und das Vertrauen, dass die kleine Annelie das Leben schaffen wird, mit dem mich die Jahre im Waisenhaus ausgerüstet hatten? Welches andere Bild von mir als Frau hätte ich entwickeln können, wenn ich weniger unter dem Druck gestanden hätte, die Ernährerrolle in der Familie zu übernehmen? Und wie sicher kann ich in meinem Glauben sein, die weibliche und männliche Seite für mich angemessen integriert zu haben?

Unter der Oberfläche erworbener Selbstsicherheit und sichtbarer Erfolge blieben biografische Fragen zurück, die nicht gleich nach Antworten verlangten und sich erst in letzter Zeit Zugang zur Lebenswirklichkeit der heute 67-jährigen Frau am Ende ihrer Berufskarriere verschaffen. Was hat die durch den Krieg beschädigte Kindheit möglicherweise an Verhaltensweisen und Problemen hinterlassen, die das Älterwerden beschweren oder auch erleichtern werden? Zunächst hatte ich im Kampf ums Überleben und im Ringen um Machtpositionen gelernt, mich zu panzern. In manchen dieser Panzer aus meiner Kriegskindheit fühlte ich mich auch lange danach noch sehr wohl, stark und mächtig und hatte Mühe, sie zu verlassen, wenn sie sich auch sonst als nützlich erwiesen, ohne dass ich sie wirklich gebraucht hätte. Es hat lange gedauert, bis ich mich ungeschützt zeigen konnte, und die Erkenntnis, wie ohnmächtig Kinder und alte Menschen den Leistungs- und Effektivitätskriterien unserer Gesellschaft ausgesetzt sind, macht mich nachdenklich für das, was kommt. In meiner Restfamilie aus Mutter und Großmutter war man stolz darauf, eine furchtlose und unabhängige Frau zu sein, und nie kam ein Zweifel darüber auf, dass eine Frau alles kann, was auch ein Mann kann, erst recht dann, wenn kein Mann da ist. Im ersten Jahrzehnt meines Lebens und bis tief in die Pubertät hinein waren Männer für mich »Kerle«, die abhauen, wenn es drauf ankommt. Die keine Alimente zahlen und Frau und Kinder hungern lassen, auch wenn sie reich sind. Im Krieg waren sie mir vorrangig als Angreifer begegnet, als entfernte und anrückende Front, die man während der Flucht immer spüren und hören konnte. Manchmal färbte diese unsichtbare Männergewalt den Nachthimmel rot ein, so dass ich mich vor Angst auf meinem Späherposten kaum retten konnte und nicht wusste, ob ich »Entwarnung« oder »Deckung« melden sollte. »Kerle«, das waren die, die sich von oben mit ihren Maschinen im Tiefflug auf hilflose unbewaffnete Frauen, Kinder und alte Leute stürzten und feige mit dicken Panzern die Gegend abklapperten. »Kerle«, das waren die, die sich grünbraune Tarnnetze über ihre Helme zogen und am Tor des Lagers gelangweilt mit einer Knarre herumstanden, als gäbe es ernsthaft etwas zu tun. »Kerle«, das waren uniformierte Ordnungskräfte, Stellvertreter der Macht, die sich an die Stirn zeigen, wenn sie einander begegnen und grüßen.

In meiner Kindheit standen Frauen und Mädchen ihren Mann, nicht die »Kerle«. Aber es gab auch einen Mann, der mitten im Krieg mein Herz eroberte und ich das seine, der nicht feige war, nicht zuschlug, sein Gewehr weglegen konnte, um mich zur Begrüßung auf den Arm zu nehmen und durch die Luft zu wirbeln. Ein russischer Offizier, dessen Frau und Kinder beim Angriff auf Stalingrad von deutschen Soldaten ermordet wurden, konnte seine eigene kleine hilflose Tochter in mir entdecken, als er mich beim Stehlen von Brot in der Soldatenkantine erwischte.

Wir wurden Freunde. Er zeigte mir, wie man einen Panzer lenkt, mit Splitterbomben Fische fängt und mit Sprengsätzen Feuerwerk macht. Es gab wenig Gelegenheit für Mädchenspiele, aber welcher Junge hätte später in der Schule mit solchen Geschichten angeben können? Dass meine Mutter diesen »adoptierten Vater« nicht heiraten wollte, als er von Polen nach Russland versetzt wurde, habe ich sehr bedauert. Die Spur dieser Beziehung blieb lange erhalten und war von heute gesehen der Keim für ein anderes Männerbild.

An die Bindungs- und Beziehungsstörungen als Folge der Art und Weise, wie sich mir in jener frühen Zeit die Beziehung der Geschlechter zueinander darstellte, habe ich erst viel später gedacht. Was meine Identität als Frau und mein Kampf um Anerkennung mit dem fehlenden Modell »Mann« zu tun haben könnte, habe ich ausgeblendet: in meinen Freundschaften, Partnerschaften und Ehen, eigentlich auch für mein Alter und erst recht für eine Partnerschaft im Alter. Die Folgen des Krieges hören nicht auf. Nach dem Herrn im Haus, dem Boss, dem Gernegroß, dem Muttersöhnchen oder dem Weiberheld habe ich mich nie gesehnt. Als Alte, Traumfrau, Modemieze, Eva, Hausmütterchen oder Klageweib hätte ich mich nicht geeignet. Die Frage, was Frauen und Männer antreibt, solche Rollen zu übernehmen und welche dieser Anteile wir alle in uns tragen, kann man nicht beantworten, aber eigentlich steckt in der jeweiligen Zuspitzung immer ein Moment der Verachtung und der Versuch, das andere Geschlecht in seiner komplexen Bedeutung auf irgendeinen Nenner zu bringen. Intellektuelle oder Frauen an der Macht werden schnell zu Blaustrümpfen, Gouvernanten, Emanzen oder Mannweibern abgestempelt und bekommen auf diese Weise etwas von der Angst des anderen Geschlechts zu spüren, wenn sie die ihnen zugedachte weibliche Rolle sprengen.

Der Krieg hatte für mich die geschlechtsspezifische Front und die Erfahrungen im Umgang mit der Macht vom Augenschein her verdreht und gleichzeitig bestätigt. Die frühe Heimsituation wie die spätere Erfahrung, als Kind einer Sozialhilfeempfängerin aufzuwachsen, lieferten zusätzliche Erkenntnisse für die Einsicht, dass nicht kleine, sondern große Unterschiede die Welt der Geschlechter und ihren Zugang zur Macht bestimmen. Als Kind habe ich gefühlt, was ich später erst begriffen habe: Wenn Menschen hungern, ist kein Frieden; wenn Frauen vergewaltigt werden, ist kein Frieden; wenn Menschen fliehen müssen und ein Obdach suchen, ist kein Frieden; wenn ein Kind Angst haben muss oder keine Angst haben darf, ist kein Frieden; wenn Menschen die Macht ihrer Rollen ausnutzen, um seelische oder körperliche Gewalt auszuüben, ist auch kein Frieden. Man muss stark, unerschrocken und warmherzig wie mein russischer Offizier sein, wenn man von einer Macht träumt, die Frieden schaffen kann, dachte ich, aber auch fühlen können, was man sieht, um das Zusammenleben sichern zu können wie Tante Ichen und Tante Ilse im Heim: Lebensmittelkarten besorgen, Bunkerplätze organisieren, aus Uniformen Kindermäntel nähen, Brotaufstriche erfinden, Brennholz holen, zur Not mit Granaten so viele Fische fangen, dass es für alle im Lager reicht. Frauen und Männer, von denen man das lernen kann, gibt es überall.

Was immer mich letztlich biografisch ermutigt und bestärkt hat, nicht aufzugeben und um einen Platz zu kämpfen: Ich wollte leben und deshalb in den Kriegen, die ich erlebte, ganz pragmatisch etwas mit der Möglichkeit zum Frieden zu tun haben. Leben muss man für den Kampf *um* das Leben nutzen, und deshalb ist entscheidend, was man aus dem macht, was sich anbietet oder was übrig bleibt. Das wurde zur entscheidenden Selbstermutigung und pragmatischen Orientierung. Zu verschwenden gab es wenig. Was nicht direkt gebraucht wurde, nicht einigermaßen Erfolg versprechend war und vom Weg abgelenkt hätte, kam in meiner Lebensperspektive weniger oder nur als Ausbruchsfantasie vor. »Wissen ist Macht« und Lernen und Leistung die einzige Möglichkeit, dem Sumpf der Abhängigkeit durch Sozialhilfe zu entkommen. Mit dieser Haltung prügelte meine Mutter mich durch die Schule. Gegen die da oben ist man misstrauisch, passt sich bedingt an, zeigt sich höflich, aber leistet entschiedenen Widerstand, wenn Unterwerfungsforderungen zum Selbstverrat führen. Die Leiter, die man aufsteigen will, hat kein sichtbares Ende, weil die Anzahl der Stufen unbekannt ist. Dass Aufstieg leicht ist, hatte mir niemand versprochen und Frauen den Vortritt bekommen auch nicht. »Nur wer was wird, wird Wirt«, sagt meine Mutter mit dem entsprechenden Unterton und übt die Hausmacht für zwei aus. Statt Trost gibt es Prügel, geweint wird immer noch nicht. Für den Aufstieg muss man hart im Nehmen sein, man braucht Ausdauer und Geduld, wenn man ihn vom Rande der Gesellschaft aus versucht. Meine Mutter verschwieg, dass jeder Aufstieg Menschen braucht, die die Leiter eines anderen halten und Hindernisse zu überbrücken helfen. Dazu gehörten für mich die Lehrer und Lehrerinnen, die begriffen, dass Schule nicht alles ist und meine Leistung nicht nur an Zensuren, sondern auch an meinen emotionalen und sozialen Kompetenzen ablasen, mit denen ich Projekte organisierte und mir Anerkennung holte. Eltern anderer Kinder, die mich zum Essen einluden, weil es bei uns zu Hause nichts mehr gab, oder der Pastor, der mich gegen den Willen meiner Mutter taufte und Albert Schweitzer zum Helden meiner Pubertät machte, sind andere Helfer auf dem Weg in die Eigenständigkeit.

»Alles, was ich nicht schaffen konnte, wirst du schaffen, und du wirst es meiner Strenge und meiner Unterstützung zu verdanken haben«, ist ein mütterlicher Leitsatz, der mein ohnehin fragiles Selbstbewusstsein immer wieder in Frage stellt, aber gleichzeitig meinen Widerstand gegen diese Art meiner Enteignung stärkt. Dieser Widerstand bringt mich zunächst zu der falschen Annahme, dass Unabhängigkeit darin besteht, niemandem etwas verdanken zu müssen, und später zu der Einsicht, dass der Weg von Frauen an die Macht neben der eigenen Leistung auch von Geschenken begleitet ist. Ich habe lange gebraucht, um zu verstehen, welche brutale Konkurrenz das intergenerative Verhältnis von Frauen bestimmen kann und auf welch subtile Weise soziale und emotionale Lebenslagen wie

Kriegs- und Nachkriegszeiten die Personen und ihre Beziehungen substanziell durchdringen. Was meine Mutter und ich in der Auseinandersetzung mit gesellschaftlicher und politischer Macht wie auch in unserem persönlichen Machtkampf miteinander gelebt und erfahren haben, war trotz aller Ambivalenzen eine Form historisch entstandener Solidarität unter Frauen und geteilter Macht.

Mit Sicherheit war es für meine Mutter schwer und Teil ihrer wütenden Resignation, die fehlende ökonomische Absicherung Schritt für Schritt durch die Abhängigkeit von einem Kind einzutauschen und mit anzusehen, dass die eigene Tochter als Frau einer anderen Generation das verwirklichen konnte, was ihr – aus welchen Gründen auch immer – verwehrt blieb. Ihr Recht auf Erziehungsgewalt war für eine bestimmte Zeit ein Machtmittel gegen die eigene Ohnmacht und auch eine Art Genugtuung. Innerlich hielt diese Verstrickung unsere Beziehung lange in Schach. Wir haben uns am Ende ihres Lebens auf ehrliche Weise versöhnt. Ich konnte irgendwann als erwachsene Frau mit therapeutischer Hilfe den drängenden Wunsch aufgeben, sie zu jener liebenden Mutter aus den Lesebüchern erwarteter Weiblichkeit zu machen, die sich von der Tochter an ihrer Seite beglückt fühlt und das auch zum Ausdruck bringt. Meine Mutter konnte dann in all ihrer Aufrichtigkeit am Endes ihres Lebens sagen: »Du warst meine beste Rente!« – ohne mich noch einmal tief zu verletzen. Es war schließlich wahr, und wie viele Ehen werden geschlossen und beibehalten, um genau das zu garantieren?

Die Lust auf Passivität, die Sehnsucht nach Schönheit, Spontaneität ohne Rückversicherung stand auf keinem meiner Lehrpläne. Die äußerlich sichtbare Armut, der Hass auf Männer und die Bitterkeit meiner Mutter gegenüber jeder Art von weiblichem Dasein, das faul und angepasst im Versorgungsnetz eines Mannes hängt, waren zusätzlich ein guter Nährboden für die wachsende Überzeugung in mir, eine unattraktive Frau zu sein, deren weibliche Mittel nicht dazu ausreichten, einen Blumentopf zu gewinnen. Also machte ich mich nach dem Krieg wie befohlen an die Nutzung meines Kopfes und in Verbindung mit meiner Qualifikation als »Kriegerin« und »Fürsorgerin« konnte ich Schritt für Schritt Terrain gewinnen, Erfolge vorweisen und kleinere »Machtpositionen« sozialer Art wie Schulsprecherin, Gruppensprecherin im Sportverein und als Organisatorin von Flüchtlingspaketen erobern. Ich hatte gelernt, meine Angst hinter offensivem Verhalten zu verbergen, und konnte abwarten, um im richtigen Moment die Initiative zu ergreifen. Meine Mutter war neben vielen kämpferischen Eigenschaften, ihrer analytischen Intelligenz und ihrem beißenden Humor auch eine gute Trainerin für die abwägende Entscheidung, wann und mit welchen Mitteln man in den Konkurrenzkampf mit Frauen oder Männern eintritt. Der mit Männern ist mir immer leichter gefallen, weil er mir auf dem Hintergrund meiner Sozialisation vertrauter und weniger gefühlsbesetzt war. Frauen erschienen mir im Machtkampf undurchsichtiger, hinterhältiger und in der Konkurrenz überlegener, vor allem wenn es um Männer ging.

Frauen an der Macht: Lebensverleugnung als Karrieremodell

Ich war gut auf die Nachkriegsgesellschaft und ihre Regeln vorbereitet. Die Hoffnung, den Krieg zu überleben, wird durch die Hoffnung auf Erfolg ersetzt, um ein dauerhaftes Überleben zu garantieren. Arbeitszwang ersetzt nach 1945 den Krieg und setzt ihn in gewisser Weise fort. Ein unter dem Siegel der Kindheit erfahrener Krieg kann ebenso wenig aufhören wie der Rollentausch, der in dem gleichen Krieg zwischen Mutter und Tochter vorgenommen wird. Sie sind Teil der Person und ihrer Wirklichkeitserfahrung geworden. Auch wenn vieles bewältigt wird, Autonomie und Selbstbestimmung das Gefühl des Ausgeliefertseins allmählich verdrängt haben, traut das Kriegskind auch als erwachsene Frau der Welt weniger und nimmt alles am liebsten selbst in die Hand.

Für den erfolgreichen Weg nach oben und die partielle Beteiligung an der Macht sind Verzicht, Bescheidenheit, Frustrationstoleranz, Sublimation, aber auch Aggressionsbereitschaft angesagt. Realitätssinn gegenüber den Machtverhältnissen ist gefordert und der schließt die Bereitschaft ein, sich auseinander zu setzen und Verletzungen in Kauf zu nehmen. Als Motivation reicht die bewusste und erlebte Erfahrung, »entrechtet« und »benachteiligt« zu sein und die Hoffnung, dass dies mit großer Anstrengung zu überwinden sei. Hilfreich sind die bekannten Verhaltensweisen der Kriegskinder, die zum zentralen Bildungsprogramm des Krieges gehörten: Ordnung, Sparsamkeit, mangelnde Rücksicht auf sich selbst, Durchhalten statt Jammern, Vorausplanen, Organisieren, Kampf um Unabhängigkeit, nicht unangenehm auffallen. Was mich besonders antrieb, war der Kampf um Autonomie und Unabhängigkeit, die ich mir mühsam mit den kleinen Schritten eines Kindes erworben hatte. Nie wieder wollte ich erneut Situationen der völligen Hilflosigkeit und des Ausgeliefertseins erleben, nicht als Flüchtlingskind über die Dörfer ziehen und betteln oder noch einmal wie zu Beginn meines Lebens ohne Begründung verlassen werden. Jeder Bittgang zum Sozialamt um Unterstützung auf Lebensunterhalt oder Bekleidungsbeihilfe war für mich eine fast unerträgliche Herausforderung. Meine Mutter weigerte sich konsequent, Bittstellerin zu sein und schickte mich. Auch ich hätte nach dem Krieg lieber weiter geklaut als Anträge gestellt und um Unterstützung gebeten. Jede Konfrontation mit den bürokratischen Machtstrukturen staatlicher Hilfe bringt noch heute das Gefühl kindlicher Ohnmacht, der Beschämung und Angst vor Stigmatisierung hervor. Biografische Spuren lassen sich auch durch eigene Forschungsarbeiten zu solchen Themen nicht einfach verwischen.

Die Nachkriegszeit wurde also erst recht zur Bewährungsprobe für die Erledigung des mütterlichen Auftrags, der Mittel- und Einflusslosigkeit der zwei Frauen zu entkommen. Aus der Aufrüstung des kleinen Mädchens für das Überleben im Krieg wird die Rüstung einer Frau, die nun mehr als überleben will und dabei zulassen muss, dass diese Rüstung das Leben in den Würgegriff der sachlichen, später politischen Notwendigkeiten nimmt. Vom Leben jenseits der Arbeit oder weiblichen Lebenswünschen im Allgemeinen spricht man nicht, schon gar nicht vom eigenen Leben. Diese Erfahrung, die meine familiäre wie schulische Sozialisation wie ein roter Faden durchzieht, wird mit Beginn meiner politischen und wissenschaftlichen Sozialisation in den 50er und 60er Jahren, der Phase der Studentenbewegung und der Herausbildung einer sozial und pädagogisch engagierten »Linken« zu einem politischen Glaubensbekenntnis. Jetzt kann ich den Aufstiegswunsch meiner Mutter und das individuelle Schicksal des Flüchtlingskindes, das von Sozialhilfe leben muss, mit einem sozialen und politischen Auftrag verbinden. Ich begreife, wie sich gesellschaftliche Machtverhältnisse in den persönlichen Lebenslagen widerspiegeln und lerne gleichzeitig von meinen persönlichen Erfahrungen im Umgang mit Familiengewalt, Armut und Stigmatisierung so zu abstrahieren, dass die Einzelkämpferin sich in die kollektive Auseinandersetzung um die Veränderung von Machtverhältnissen zusammen mit anderen einbringen kann und sogar so etwas wie »Heimat« und »Ersatzfamilie« findet. Meine Mutter wird in meinen politischen Analysen zu einem »Opfer der Verhältnisse«, und das Gefühl, dass sie mich als Frau in und zwischen den Weltkriegen und in einer mächtigen Männergesellschaft gar nicht anders behandeln konnte, wird zum persönlichen Trost. Meine Politisierung einschließlich der mit ihr verbundenen Verdrängung leistet einen wichtigen Beitrag für meine psychische Stabilität, den Aufstieg in Angriff zu nehmen. Die innere Auseinandersetzung mit den Gefühlen, die zu den Erfahrungen mit Krieg und Mutter gehören, wird erneut auf Eis gelegt.

Meine Kampflinie ist nicht Frauen gegen Männer, sondern Frauen gegen allgemeine Ausbeutung und Ungerechtigkeit, weil Frauen auch nicht zufällig am meisten darunter zu leiden haben. Ich entdecke die, die noch unterlegener sind, als ich mich je fühlte und schlage mich auf ihre Seite, ohne speziell dazu aufgefordert zu sein. Wenn Krieg ist, muss man sich für andere einsetzen und kämpfen, und nach meinen soziologischen Kenntnissen herrscht in einer Gesellschaft, die von ökonomischen Widersprüchen und Ausbeutungsstrukturen durchzogen ist, immer Krieg. Ich kann gut gebrauchen, was ich als Kind im Waisenhaus und im Krieg intuitiv und in Notwehr gelernt habe und bekomme nun die Gründe zu Gesicht.

»Wissen ist Macht«, die Antriebskraft aus frühen Tagen bekommt eine gesellschaftliche Dimension. Clara Zetkin, die engagierte Pädagogin und Begründerin der sozialistischen Frauenbewegung zwischen 1889 und 1932, Rosa Luxemburg, die Humanistin, Kriegsgegnerin und nonkonformistische Sozialdemokratin, deren Weitblick, Glaube, Mut und Selbstlosigkeit bis zu ihrer brutalen Ermordung durch feige Männer mich tief angerührt haben, oder Hannah Arendt, die mich durch ihre politischen Analysen die Elemente und Ursprünge totaler Herrschaft verstehen ließ, wurden meine geistigen Mütter. Die sozial engagierten Psychoanalytiker Siegfried Bernfeld, Wilhelm Reich oder Bruno Bettelheim, die durch die politischen Katastrophen des 20. Jahrhunderts in ihrem Kampf für eine menschlichere Zukunft der nächsten Generation geprägt wurden und Außenseiter blieben, der Philosoph Ernst Bloch mit seinen Gedanken zum Prinzip Hoffnung oder der Arzt Viktor von Weizsäcker mit seinem Konzept einer biografischen Medizin wurden neben anderen meine geistigen Väter.

Obwohl ich nach Ansicht meiner Mutter mit dem erfolgreichen Abschluss des Studiums, weiteren Qualifikationen für die wissenschaftliche Laufbahn und meiner Berufung zur Professorin 1971 das Ziel erreicht habe, ins Machtzentrum der Wissenschaft vorgedrungen bin und zur Elite der fünf Prozent weiblichen Lehrstuhlinhaberinnen an deutschen Hochschulen gehöre, kann ich mich nicht zurücklehnen. Nun beginnt der nächste Auftrag, denn meinen inneren Prinzipien folgend muss ich jetzt unter Beweis stellen, dass dieser Erfolg auch langfristig seine Berechtigung hat und dass eine Frau dem wissenschaftlichen und politischen Anspruch, den ich zusätzlich zum Kriegskind als 68erin aus der Studentenbewegung im Gepäck hatte, mindestens so gut wie Männer, vor allem konsequenter genügen wird. Die Tatsache, dass ich mit 30 Jahren schon Lebenszeitbeamtin bin, gibt dem Kriegskind nur bedingt ein Gefühl der Sicherheit und schon gar nicht die Legitimation, jetzt die Hände in den Schoß zu legen und zu vergessen, dass draußen vor der Tür der Gesellschaft noch viele stehen, die ausgeschlossen sind.

Das Prinzip »Arbeit vor Leben« legt sich wie ein Eisenring um alles, was auf Abweichung sinnt, den Kram hinschmeißen oder mit den Hippies auf eine sonnige Insel auswandern will. Krankheit bleibt zu Beginn der Laufbahn wie in alten Zeiten Verdienstausfall, der lebendige Geist kann keinen schwachen Körper gebrauchen. Angst und depressive Verstimmungen muss Frau wegstecken. Was Männer gelernt haben, können Frauen auch: Gefühle von Schwäche, Traurigkeit, Nachgiebigkeit und Schmerz müssen früh kontrolliert und unterdrückt werden. Für private Dinge habe ich wenig Zeit und will lange nicht wahrhaben, dass der Lebenstraum von einer Familie mit vielen Kindern trotz Karriere aus verschiedenen Gründen unter meinen Händen zerrinnt. Ich beneide die männlichen Kollegen um die Frauen, die hinter ihnen stehen, oder ihre Drachen, die sie steigen lassen, weil sie sich mit ihnen schmücken. Einen vergleichbar stützenden, ein solches Verhältnis aber auch reflektierenden Mann habe ich auch unter denen, die sich für die Frauenbewegung stark gemacht haben, nicht gefunden. Meine beiden Ehen haben mir in ihrem durchschnittlichen Glück deutlich gemacht, wie möbliert die Geschlechter denken, wenn es um die Veränderung von Beziehungsmodellen geht. Eine gute Kinderstube und die passende Emanzipationstheorie sind wie geschaffen für Versteckspiel und Doppelzüngigkeit, wenn es um die Arbeitsteilung zwischen Männern und Frauen auf dem Weg zur Macht geht.

Neben das Leistungsprinzip, den Arbeitsdruck und die Bereitschaft zur Selbstausbeutung trat ein abstrakter Begriff von politischer Perspektive, selbstverständlich fortschrittlich voranschreitend und immer für den Einsatz bereit. An der Spitze der Demonstration gehen hieß an der Spitze der Bewegung sein, auch wenn die Knie schlotterten. Die wissenschaftliche Arbeit sollte den klassisch-männlichen Qualitätskriterien genügen und in jeder Hinsicht quantifizierbar, darüber hinaus interdisziplinär, praxisbezogen und gesellschaftlich relevant sein. Auch wenn die Überforderung, die darin steckt, schnell klar wurde, war die gemeinsame Bereitschaft und Lust, das auch zu versuchen, eine große Bereicherung meines Berufsanfangs.

Ich hatte für den Lehrberuf der Professorin keine Ausbildung, keine Praxiserfahrung, wusste nicht, wie man Drittmittel einwirbt und war hin und her gerissen zwischen dem Wunsch, die Ordinarienuniversität abzuschaffen und der anderen Aufgabe, eine Reformuniversität mit aufzubauen, die den Muff unter den Talaren verhindert. Meine Sicherheit, es dennoch zu schaffen, beruhte auf der starken gemeinsamen Vision meiner Generation, dass das Land wirklich neue Universitäten braucht und dass wir als die jungen Wissenschaftler und Wissenschaftlerinnen die Gelegenheit bekommen, unsere Vorstellungen von einem anderen Lehr- und Lernmodell zu realisieren. Darüber hinaus war ich der Überzeugung, dass meine wissenschaftliche Neugier, meine emotionale und soziale Kompetenz und mein leidenschaftliches Interesse an der Lehre genau die Qualitäten sind, die ein zukunftsorientiertes, neues Universitätsmodell brauchte. Ich wollte meine Ordinarienmacht dazu nutzen, Beteiligungsformen für Mitarbeiterinnen, Mitarbeiter und Studierende zu entwickeln und nicht Ordinariendominanz praktizieren. Nicht die Einsamkeit des Einzelforschers, sondern forschendes Lernen, Teamarbeit und die Freude am gemeinsamen Erfolg beflügelten mein Berufsbild. Nicht Vorsitze, Direktorenposten und Kommissionsleitungen standen auf meiner Hitliste, sondern Möglichkeiten, zusammen nachzudenken, Perspektiven zu entwickeln und Forschungsergebnisse auch in der Praxis umzusetzen. Orientierung an Leistung, Transparenz von Anforderungen und qualifizierte Beratung waren mir wichtiger als Überraschungsangriffe auf Studierende während der Prüfungen und geschlossene Türen, an denen »Bitte nicht stören« steht, weil ich meine Ruhe haben will und die Studierenden zu Bittstellern um ihre Ausbildung werden.

Schon während meiner Bewerbungsvorstellung merkte ich, dass dies nicht leicht sein würde. Ich spürte, dass der Muff von tausend Jahren sich auch mit Jeansjacken und längeren Haaren tarnt, und dass männliche Ehrenformationen in Berufungskommissionen die Zähne fletschen, wenn sie lächeln und dabei eher auf Frisur, Kleidung, Tonfall der Stimme oder die politisch korrekte Linie als die Inhalte achten, wenn eine Frau zu ihnen zu sprechen versucht. Die Eignungsprüfungen für Frauen sind umfassender und undurchsichtiger, dies wurde mir rasch klar, und sie hören nicht auf, wenn Frau die Stelle hat. Wer als Frau in der Wissenschaft Macht haben und mit an der Spitze stehen will, muss sich dem männlichen Syndrom mit weiblichem Charme beugen. Zunächst muss sich Frau auf sichtbare Erfolge wie Drittmitteleinwerbung, Länge der Literaturliste, auf Status und Statussymbole wie Größe des Zimmers, Sekretariatsausstattung oder Visitenkarten und Briefpapierentwürfe fixieren. Ihre Identität muss sie über die Arbeit und deren Gratifikationen bestimmen, Fakultätsgrenzen achten, Hüterin eines möglichst engen Bereichs ihrer Disziplin sein, die Familie zur Nebensache erklären und vor allem eine standhafte professionelle Ignoranz und Frigidität entwickeln, die unerschütterlich erscheint. Sprachrohre sind hohl, das muss sie wissen, wenn aufkommende Leere und Perspektivlosigkeit nach Mitteln der Kompensation suchen.

In der direkten Auseinandersetzung mit männlichen Kollegen im Wissenschaftsbetrieb müssen Frauen darauf geeicht sein, dass die berühmten roten Fäden der Diskussion nur noch Zündschnüre sind und dass Männer in der Regel als Herde auftreten, mit Leithammel, einigen trainierten Streithammeln und vielen Neidhammeln. Kampfabstimmungen für honorierte Führungsposten, Rechthaberei und Dominanzstreben im Kleid der herrschenden Lehre und Missgunst und Neid durch den Zwang zum ständigen Vergleich mit der Konkurrenz scheinen dem Professorenstand den Rest von Leben einzuhauchen. Auch wenn sie sich einzeln bis aufs Messer Konkurrenz machen, lieben Männer ihre »Brüder«, wenn Frauen im Betrieb auftauchen und nicht nur als Quotenfrau, fleißiges Lieschen oder Gretchen fungieren wollen. Sie rücken zusammen und bilden in den Fakultäten die merkwürdigsten Bruderschaften: als Bundesbrüder, Vereinsbrüder, Stammtischbrüder, Schützenbrüder, Waffenbrüder, Glaubensbrüder oder Tippelbrüder der Wissenschaften halten sie zur Not wie Pech und Schwefel zusammen, wenn Frau nicht zur Mehrheitsfraktion gehört. Interessant, aber nicht überraschend ist das ähnliche Verhalten von Frauen in Schwesternschaften, zumindest im Wissenschaftsbetrieb, und aus diesem Grund habe ich den Machtbündnissen von Frauen keine Attraktion abgewinnen können.

In meiner Funktion als Dekanin einer großen Fakultät konnte ich insbesondere bei dem Versuch, meine Macht dafür zu nutzen, Anwesenheitspflichten für Hochschullehrer einzuführen, die Einhaltung von Sprechstundenzeiten zu fordern, nicht genutzte Räume für den Fachbereich zurückzubekommen oder den Beschwerden von wissenschaftlichen Mitarbeitern oder Studierenden konsequent nachzugehen, erfahren, dass solche Vorhaben bei den Bruderschaften als Form einer matriarchalischen Machtanmaßung ausgelegt wurden und auf Widerstand stießen. Die Kolleginnen fühlten sich von einer Übermutter kontrolliert und sanktioniert. Sie zogen sich enttäuscht in die Schmollecke zurück. Nur mit weiblichem Verhandlungsgeschick und schwesterlicher Güte war etwas zu erreichen, sozusagen als höfliche Geste gegenüber einer bittenden Frau. Wie viel Kraft solche Machtspiele in den so genannten Machtpositionen kosten, ist unvorstellbar und sie enthüllen manchmal deutlicher als die großen politischen Entscheidungen über die Zukunft der Universitäten, wie leer gebrannt diese Institutionen und ihre Menschen sind, weil sie sich wesentlich um sich selbst drehen und das Interesse an Gestaltungsaufgaben für die Zukunft verloren haben.

Was bleibt

Der Weg des unehelichen Kriegskindes mit Heimerfahrung vom Rand der Gesellschaft über die Studentenbewegung zur im begrenzten Raum relativ einflussreichen Frau in der Wissenschaft mit Professorinnentitel brauchte für die Ankunft in dieser gesellschaftlich anerkannten Machtposition 30 Jahre und hatte für die Ausführung und Gestaltung weitere 35 Jahre zur Verfügung. Unter dem Blickwinkel der Möglichkeiten, die meine Mutter zu ihrer beruflichen und politischen Selbstverwirklichung hatte und mit Blick auf die begrenzten Möglichkeiten, den die jungen, von mir ausgebildeten Wissenschaftlerinnen haben werden, ist dies ein unglaubliches Privileg und großes Geschenk an mein Leben. Lange Strecken waren steinig, ich bin oft gestürzt, manche Hindernisse habe ich erst erkannt, als ich sie schon hinter mir gelassen hatte. Ich wollte mich durchsetzen, um zu überleben und zu leben und auf dem Weg zur beamteten Macht einer einflussreichen Position blieb mein Leben immer wieder gebannt an den Erfahrungen eines Kriegskindes und an der Realität eines erzwungenen Arbeitslebens hängen, das andere Vorstellungen vom Leben oder längere Auszeiten nicht zuließ. Kindheit und Jugend waren keine Übungsfelder für Träume, sondern eher Anlass, das theoretische und politisch-praktische Engagement für die Lebensbedingungen und den Lebenskampf der Fürsorgezöglinge, Lehrlinge, der Psychiatrieinsassen, der Frauen in Frauenhäusern, der Arbeitslosen, der Asylbewerber, der von Armut und Ausgrenzung betroffenen Menschen in den Mittelpunkt meines Lebens zu stellen. Als mein Körper mir mit Hilfe schwerer Krankheiten schon früh mit dem Tode drohte, konnte ich die Lebenshilfe durch Krankheit annehmen und noch mitten in meinem Arbeitsleben mit der Abrüstung beginnen. Ohne meine Arbeitsleistungen wirklich zu verringern, konnte ich die Entrüstung gegen die Zielbegradigung meines Lebens auf vielfältige Weise vorantreiben und eine neue Tiefendimension in meine Arbeit und mein Leben bringen. Der schmerzhafte Verlust der Wechselwirkung von Aktivität und Passivität, von weiblicher mit männlicher Kraft, der Verlust eigener Rhythmen wie die Abtrennung von spezifischen Bedürfnissen meiner Seele, Trennungen und Abschiede von Freundinnen und Freunden, die Bedrohung meiner politischen Identität und die Angst vor Machtverlust und Anerkennung waren Übungen im Umgang mit dem Dialog zwischen Macht und Ohnmacht. Erst in der Auseinandersetzung mit den verschiedenen Formen des Lebensschmerzes wird uns bewusst, wie Leben lebt und was wir tun müssen und können, damit es immer wieder neu in die Erfüllung hineinwächst.

Alt werden und sterben ist das Ziel der Lebensreise

Das Leben ist nur eine Idee, eine Art biografische Utopie, eine entwerfende Geste für die Zukunft. Wir bekommen Leben nur als eine Möglichkeit, leben müssen wir es selbst. Leben ist eine Provokation, der Aufruf, aus der Möglichkeit zu leben, unser eigenes konkretes Leben zu gestalten und ihm unseren Namen zu geben. Wir treten eine Reise, die Lebensreise an, ohne das Ziel der Reise, die Begleitpersonen noch die Reisezeit zu kennen. Niemand kann ahnen, was ihn auf dem Weg durch die Fremde erwartet, welche Stationen es geben wird, wie Gewinn und Verlust sich zueinander verhalten werden, in welchem Verhältnis Ankünfte und Abschiede stehen werden. Der Lust zu leben ist die Angst um die menschliche Existenz einverleibt. Verlust, Trauer und Abschied begleiten als Schatten die Liebe zum Leben. Auf schwankendem Boden schleust Leben die Vergangenheit durch die Gegenwart in die Zukunft. Wirf deine Angst in die Luft, noch bist du da. Sei was du bist, gib was du hast, heißt es in einem Gedicht von Rose Ausländer. Wir brauchen Wurzeln, Flügel, den Mut der Verzweiflung und vor allem Vertrauen, um dieser ständig entwerfenden Geste des Lebens zu folgen und dabei herauszufinden, wer wir sind, woher wir kommen und wohin wir gehen. Leben ist die stoffliche Seite des Prinzips Hoffnung. In Prozessen notwendiger Veränderung und den Krisen unseres Lebens spüren wir konkret, worum es eigentlich geht und wie groß die Herausforderung und die unglaublichen Überraschungen sind, die in der Tatsache stecken, dass unser Leben vom ersten bis zum letzten Tag eine unbekannte Größe ist. Hätte ich geahnt, was in den Begegnungen mit dem Leben auf mich zukommt, hätte ich den Krieg, die Gefangenschaft, das Leben mit Sozialhilfe, die Krankheiten oder die Trennungen von geliebten Menschen schon vorher gewusst, ich weiß nicht, ob ich mich im Voraus für dieses konkrete Leben entschieden und die Freiheit zu meiner Entwicklung mitten durch diese Art der Verstellungen hindurch angenommen hätte. Dass ich es nicht gewusst und nicht geahnt habe, hat die Begegnung mit dem Leben leichter gemacht und zu all dem geführt, was mein Leben heute reich, zufrieden, erfüllt und auch im Angesicht von Narben und Zweifeln in einem tiefen Sinn glücklich macht. Die Reise geht weiter. Ob wir zehn, zwanzig oder achtzig Jahre alt werden, bleibt offen. Das kleine Überraschungsei mit seiner Fähigkeit, sich selbst mit an die Hand zu nehmen, ist als geistiges, fühlendes und soziales Wesen stärker als alle Schicksalsschläge des Lebens. Die Tatsache, dass wir mitten im Leben sterben, ist kein Gegenbeweis, sondern die andere Seite der Medaille, die Leben heißt. Der Satz von Albert Schweitzer: »Ich bin Leben, das leben will, inmitten von Leben, das auch leben will«, hat meine persönlichen und politischen Überzeugungen vom Leben und meinen Glauben gestärkt, dass die Schöpfung es gut mit dem Menschen meint, wenn er ihre Ordnung in sich selbst und im Außen anerkennt und sich klar macht, dass wir sie im Innen wie im Außen nur selbst erfüllen können. »Altwerden und Sterben ist das Ziel der Lebensreise, nicht als schmerzvoller Verzicht und Verlust, sondern als Gnade und Erfüllung«, schreibt Ram Dass.

Ich bin immer noch beim Älterwerden und weiß, dass ich auch weiterhin vor keiner Überraschung sicher bin. Die Frage: »What does it mean to be human?« – Was bedeutet es unter den jeweiligen Bedingungen ein Mensch zu sein –, begleitet mich als persönliche, politische und spirituelle Frage weiter.

Zu guter Letzt …

Die Jugend ist nicht ein Abschnitt des Lebens,
sie ist ein Zustand der Seele,
der in einer bestimmten Form des Willens besteht, in einer Bereitschaft zur Fantasie,
in einer gefühlsmäßigen Kraft,
im Überwiegen des Mutes über die Zaghaftigkeit
und der Abenteuerlust über die Liebe zur Bequemlichkeit.

Man wird nicht alt wegen der einfachen Tatsache,
dass man eine bestimmte Anzahl von Jahren gelebt hat,
sondern nur, wenn man sein eigenes Ideal aufgibt.
Wie die Jahre ihre Spuren auf den Körper zeichnen,
so zeichnet der Verzicht auf Begeisterung sie auf die Seele.

Der Abscheu, der Zweifel, das Fehlen an Sicherheit,
die Furcht und das Misstrauen
sind lange Jahre, die das Haupt beugen
und den Geist zum Tod führen.

Jung sein bedeutet, mit sechzig oder siebzig Jahren die Liebe
zum Wunderbaren zu bewahren, das Erstaunen
über die leuchtenden Dinge und die strahlenden Gedanken,
den kühnen Glauben, den man den Ereignissen entgegenbringt,
den unstillbaren Wunsch des Kindes auf alles, was neu ist,
den Sinn für die angenehme und fröhliche Seite des Daseins.

Ihr werdet so lange jung sein,
wie euer Herz die Botschaft der Schönheit,
der Kühnheit und des Mutes aufnehmen wird,
die Botschaft der Größe und der Stärke,

die euch von der Welt, von einem Menschen,
von der Unendlichkeit geschenkt werden.

Wenn alle Fasern eures Herzens zerrissen sein werden
und wenn sich auf ihnen der Schnee des Pessimismus
und das Eis des Zynismus gehäuft haben werden,
erst dann werdet ihr alt sein,
und dann möge Gott sich eurer Seele erbarmen.

Inschrift im
Parco Giardino
Sigurtä, Lombardei

Literaturhinweise

Es gibt so viele Autoren und Autorinnen, auf die ich verweisen könnte, so viele Menschen, deren Gedanken mich begeistert und begleitet haben, viele andere, deren Beiträge fast vergessen sind, obwohl man sie wieder und wieder lesen sollte. Das Leben selbst ist ein Buch mit sieben Siegeln. Eine kleine, sehr persönliche Auswahl habe ich getroffen, damit Sie wissen, wer mir beim Schreiben dieses Buches besonders nahe war.

Adorno, Theodor W. (1962): Minima Moralia, Frankfurt

Alheit, Peter u.a.(1999): Biographie und Leib, Gießen

Bauer, Joachim(2005): Warum ich fühle, was du fühlst, Hamburg

Blechschmidt, E.(2002): Wie beginnt das menschliche Leben, Stein am Rhein

Boff, Leonardo (1998): Die Stunde des Adlers, Düsseldorf

Brito, Marty (1997): Wohin gehen die geträumten Dinge, Bremen

Cramer, Friedrich (1993): Chaos und Ordnung, Frankfurt

Danzer, G./Rattner, J.(1999): Der Mensch zwischen Gesundheit und Krankheit, Darmstadt

Dass, Ram (2001): Die Reise geht weiter, München

Eicke, Dieter (1973): Der Körper als Partner, München

Franck, Frederick (2003): A Zen Book of Hours, Warwick (USA)

Föllmi, Danielle und Olivier (o.J.): Die Weisheit des Buddhismus, Berlin

Gadamer, Hans-Georg (1993): Über die Verborgenheit der Gesundheit, Frankfurt

Gibran, Khalil (1997): Die sieben Worte der Weisheit, Zürich/Düsseldorf
Gruen, Arno (2006): Ich will eine Welt ohne Krieg, Stuttgart
Hanneberg, Björn (1995): Leib und Identität, Würzburg
Hanses, Andreas (Hg) (2004): Biographie und Soziale Arbeit, Stuttgart
Haerlin, Peter (1987): Wie von selbst, Weinheim
Hersch, Jeanne (1968, 1990): Das Recht ein Mensch zu sein, Basel (Unesco)
Hesse, I./Wellershoff, H.(Hg): (1996): »Es ist ein Vogel. Er kann fliegen im Text« (Bremen)
Hüther, Gerald (2001): Bedienungsanleitung für ein menschliches Gehirn, Göttingen
Hüther, Gerald (2004): Die Macht der inneren Bilder, Göttingen
Hüther, G./Krens, Inge (2005): Das Geheimnis der ersten neun Monate, Düsseldorf
Illich, Iwan (1996): Klarstellungen, Pamphlete und Polemiken, München
Illner, Maybritt (Hg) (2005): Frauen an der Macht, München
Jonas, Hans (1973): Organismus und Freiheit, Göttingen
Jork, Klaus (1993): Alternativen in der Medizin, Stuttgart
Keil, Annelie (2004): Wenn Körper und Seele streiken, Kreuzlingen/München
Krishnamurti, Jiddu (1995): Wandel durch Einsicht, Bern/München
Kükelhaus, Hugo (1991): Organ und Bewusstsein, Köln
Kütemeyer, M./Masuhr, F. (1981): Psychosomatische Aspekte in der Neurologie, Stuttgart
Lippe, Rudolf zur (1991): Freiheit die wir meinen, Hamburg
Lippe, Rudolf zur (2000): Sinnenbewusstsein (2 Bände), Hohengehren
Maturana, H./Varela, F. (1987): Der Baum der Erkenntnis, Bern/München
Mercier, Pascal (2004): Nachtzug nach Lissabon, München
Pankow, Gisela (1974): Gesprengte Fesseln der Psychose, München

Reich, Wilhelm (1979): Christusmord, Freiburg im Breisgau
Schweitzer, Albert (1990): Kultur und Ethik, München
Schweitzer, Albert (1988): Die Ehrfurcht vor dem Leben, München
Sölle, Dorothee (1991): Lieben und arbeiten, Stuttgart
Stern, Daniel N. (1993/2005): Tagebuch eines Babys, München
Teilhard de Chardin, Pierre (1981): Der Mensch im Kosmos, München
Valere, Valerie (1980): Das Haus der verrückten Kinder, Tübingen
Weizsäcker, Viktor v. (1950): Der Gestaltkreis, Stuttgart
Wieneke, Brigitte (1990): Auf dem Weg ins Leben, Diplomarbeit , Universität Bremen

Annelie Keil

Wenn Körper und Seele streiken

Die Psychosomatik des Alltagslebens

216 Seiten, gebunden mit Schutzumschlag
ISBN-10: 3-7205-2569-4
ISBN-13: 978-3-7205-2569-5

Die Ganzheit von Körper, Geist und Seele ist uns im Alltag viel zu wenig bewusst. Wer seine Wünsche und Bedürfnisse missachtet, reagiert oft mit psychosomatischen Beschwerden und Krankheiten. Annelie Keil, die renommierte Sozial- und Gesundheitswissenschaftlerin, zeigt in ihrem Buch, wie wichtig es ist, auf die Signale zu hören, die Körper und Seele geben, und Verantwortung für das eigene Leben zu übernehmen.

ARISTON